蔡元培论学集

中国近代法政文献资料丛编 南洋公学辑

蔡元培 著

史少秦 编

商务印书馆

编者前言

一个半世纪以前,中国社会开始了深刻的变化,无数仁人志士先后掀起了向西方学器物、制度、文化以救亡图存的热潮。在向西方学习的浪潮中,上海交通大学的前身——南洋公学应运而生。鉴于当时中国学界对中外交涉的法政之学知之甚少,南洋公学在初创时期便将为近代中国培养高端法政人才及创立近代法政之学作为办学宗旨,故南洋公学之创建者、领导者、任教者以及受教育于其中者,均在中国近代法政史中扮演了极为重要的角色,取得了举世瞩目的成就,也成为今天正在步入世界一流大学的上海交通大学的历史荣光。

这套《中国近代法政文献资料丛编》即以与南洋公学有学缘关系的著名法政学者的理论著述为基础,兼及同时期与其相关的法政学者论著,期待以此反映这一时期中国法政人筚路蓝缕的学术探索和思想成就。之所以选取近代,尤其是从晚清至1947年,是因为晚近中国是从晚清新政才真正开始了从王朝政治向现代国家的转变。时至今日,当我们站在21世纪的国内与国际的经纬线上回首这段历史,就会发现这个历史的轨迹是如此深刻、厚重和惊心动魄,即便是这套五十卷集的《中国近代法政文献资料丛编》,也不过是一个微小的例证,难以囊括其万一。

　　优先选择法律与政治资料为编撰内容,尤其是以著名法政人物的言论作为中国近代国家建设的一个主题,主要是基于两个方面的考虑:其一,目前学术界关于中国近代社会制度变迁方面的资料编辑工作,如近代经济、外交、军事、科技、教育、思想等方面的汇编与梳理工作,已经或多或少地有人做过,但聚焦于国家建设尤其是法政方面的资料汇编却是一个薄弱地带。其二,本丛编收录的近代中国法政人物,依据的是一个社会政治史的标准,不仅包括思想界和政治界的精英,而且囊括了法律、经贸、外交、军事等各界专才。他们的言论深刻地影响着近代中国的社会制度与政治的兴建。

　　经过数年的准备与努力,这套《中国近代法政文献资料丛编》陆续编撰完成,第一辑即将付梓。在此首先要感谢参与此项工作的近五十位青年学子,他们甘于清贫,奉献于这项辛苦的文献整理和编撰事业;其次,要感谢企业界的朋友们,没有他们的慷慨资助,这项工程根本无法展开,他们的默默资助,使我们深刻感受到中国民间的公益之道;再次,还要感谢上海交通大学和凯原法学院,他们的支持也使得这项工程实至名归,南洋公学的法政传统传续有成;最后,还要感谢商务印书馆的支持,一个多世纪前,张元济主持南洋公学,因图书印刷结缘商务印书馆,此次丛编由商务印书馆出版,可谓赓续前缘。

上海交通大学凯原法学院

宪法与国家治理研究中心

凡　例

一、《中国近代法政文献资料丛编》收录近代法政学人所著,成就斐然、泽被学林的法政作品。入选作品以名作为主,或选录名篇合集。

二、入选作品正文之前加专家导读,意在介绍作者学术成就、选文背景、学术价值及版本流变等情况。

三、入选作品率以原刊或作者修订、校阅本为底本,参校他本,正其讹误。前人引书,时有省略更改,倘不失原意,则不以原书文字改动引文;如确需校改,则出脚注说明版本依据,以"编者注"或"校者注"形式说明。

四、作者自有其文字风格,各时代均有其语言习惯,可不按现行用法、写法及表现手法改动原文;原书专名(人名、地名、术语)及译名与今不统一者,亦不作改动。如确系作者笔误、排印舛误、数据计算与外文拼写错误等,则予径改。

五、原书多为直排繁体,均改作横排简体。原书无标点或仅有简单断句者,增加新式标点;专名号从略。

六、原书篇后注原则上移作脚注,双行夹注改为单行夹注。文献著录则从其原貌,稍加统一。

七、原书因年代久远而字迹模糊或纸页残缺者,据所缺字数用"□"表示;字数难以确定者,则用"(下缺)"表示。

目　　录

法政论卷

文化论卷

教育论卷

蔡元培思想传记

史少秦

　　蔡元培,字子民,又字鹤卿、仲申、民友,1868 年 1 月出生于浙江省绍兴府山阴县城(今浙江省绍兴市),1940 年 3 月逝世于香港,是我国近代著名的政治家、革命家、教育家和思想家。蔡元培身历晚清与民国,在那个风云变幻而又波澜壮阔的时代,他的思想轨迹与人生历程也随着民主革命的进程而发生了较为明显的变化。作为清末出身科举的翰林学士,蔡元培却没有成为清朝统治的拥护者。在戊戌政变后,他对清廷深感失望,因此愤而出走,投身反清道路,成为革命组织光复会以及之后同盟会的元老级人物。在投身民主革命运动之初,蔡元培深受那个时代特别流行的俄国“虚无党”思想的影响,赞同以暴力与恐怖暗杀等激进手段作为革命之主要手段,而批评德国哲学家之缓慢“渐进”的革命方式。

　　辛亥革命胜利之后,蔡元培主张在中国实行民主共和,提倡议会制与联邦制,即其所说的“联省自治”,他指出由于专制之传统在中国根深蒂固,因此实行总统制有出现“专制者”的风险。以蔡元培为代表的知识分子还提出“好人政府”这样的政治改革的理想目标。总体而言,都是在与袁世凯独裁和北洋政府专制统治的斗争中,勾勒出的民主共和的政治蓝图。蔡元培是世界主义者,在他看来,"一战"中协约国的胜利是"光明"战胜"黑暗",是俄国无政府主义者克鲁泡特金所言的"互助主义"对于"互竞主义"的胜利。蔡元培所理解的"世界主义",是一种联合众"小国"以抵抗大国强权的"合纵"式的世界主义:小国之间实现"互助",以"人道主义"精神反对"互竞"的国家主义,以世界主义的姿态促进人类和平和文明进步。

蔡元培是那个时代较为少见的热心教育事业的政治人物,他是中国教育改革的先驱,也是北京大学历史上最为著名同时也是最为令人怀念的校长。他指出民主共和时代的教育应当是超越政治的教育,学生的责任在于学习,应有爱国之热忱,但也应当"正确"对待爱国之行为。他对于五四运动中学生的行为持批评态度,然而蔡元培也是爱学生的,为了营救学生而不遗余力地奔走。

一、革命与暴力

青年时期的蔡元培勤敏好学,25 岁即中进士,授翰林院庶吉士,后升补翰林院编修,仕进之路一帆风顺,假以时日,必将跻身达官显贵之列。然而,身处那个动荡不安与急剧变革的时代,尤其是受到西方新思潮影响之后,蔡元培悲叹清廷之腐朽与中国之孱弱,深感唯有"革新"才能够救中国。在戊戌变法运动失败之后,蔡元培离京回乡,致力于教育事业,希望能以教育启发民智。新式学校是民主主义革命的摇篮,民族主义与民主革命的思想,最初便是在各种新式学校中传播与蔓延的。蔡元培等民主主义革命的先驱们希望能以教育的手段,培养革命的人才。他提倡以革命救国,其所主持的教育机构成为宣传革命的阵地,为之后如火如荼的民主革命运动进行了舆论宣传。

尽管蔡元培以教育为阵地,为民主革命运动进行了前期的舆论准备与力量积累,但他本人在革命之初,批评德国哲学家奴性太深,其"正当革命"主张"亦复尔尔",反对德国哲学家所提倡的将革命宣传视为革命预备的唯一方式,而仰慕俄国"虚无党"通过暗杀、暴动等剧烈形式进行激进革命的行为。俄国"虚无党"并不是某个政党组织,而主要是指19世纪初开始出现的俄国民粹派,他们主张彻底改革社会制度,并以暴力恐怖手段破坏沙皇政府组织,暗杀官员,甚至策划刺杀沙皇。俄国"虚无党"的立场与暗杀"事迹"在清末传入中国,梁启超等人在《新民丛报》、蔡元培等人在《警钟》等刊物上多次报道与介绍俄国"虚无党"之事迹,颂扬其刺杀俄国高官的行为,更将矛头直指专制君主。蔡元培曾一度参加革命暗杀组织,赞同以此非常规和恐怖手段实现革命目的,赞成目的神圣论(为了正当目的可以使用各种手段)。在那个时期,他仿效俄国"虚无党",致力于培养杀手和研制毒药、炸药,希望能够以恐怖之手段与当时的清廷统治者展开斗争。

在"暗杀团"扩大的基础之上,蔡元培成立了革命团体光复会——"光复我汉族祖国",联络了东南地区反清革命人物陶成章、徐锡麟以及章炳麟等人加入光复会,开始策划有组织的暴动和起义。不过,蔡元培仍然偏重于暗杀,即使在光复会成立之后,暗杀团仍然继续活动,最为著名的暗杀事件即1905年9月吴樾暗杀清廷出洋考察宪政的五大臣未成而身殉革命。几年之后蔡元培在回复吴稚晖的信函(《复吴敬恒函》,1909年8月21日)中,对于这段时期的思想与行为进行了反思,他感叹人性之弱点——"以习惯为第二之天性",造成了为了目的而不择手段(目的证明手段正当)最终变成了习惯于丑恶之手段(指暗杀等行为),甚至渐将此丑恶手段替代了美善而成为最终之"目的"。

同俄国"虚无党"一样,蔡元培此种激进的暴力革命手段显然是不能够成功的,加之当时上海革命形势陷入低潮,蔡元培对革命感到疲惫倦息,因此在 1906 年春天回到绍兴老家。同年秋天,当得知清廷拟派翰林院编修、检讨出洋留学时,他十分希望能够赴德留学,因此回到北京等候派遣。最终,蔡元培以清廷驻德使馆工作人员的身份成功留学德国,并得到清政府驻德国公使孙宝琦的资助。①

二、民主与共和

武昌起义胜利之后,蔡元培从德国返回上海,并担任了新诞生的中华民国临时政府的教育总长。然而,革命政权很快落入了以袁世凯为首的北洋军阀手中,蔡元培作为"迎袁专使",北上迎接袁世凯到南京赴任临时大总统。但最终,南京临时政府却不得不妥协,接受袁世凯在北京就任的要求。作为民主革命主义者的蔡元培,无法同专制主义的袁世凯政府合作,他坚持民主共和的理想,反对袁世凯政治独裁的倒行逆施。

蔡元培将省议会视为国会之外最为接近国会的民意代表机关,在袁世凯政治独裁的时代背景中,他希望以各省议会组成省议会联合会,以与袁世凯对抗。"虽然,联合会者,所以代表各省会共同之主张者也。其因时、地特别之关系,而各省会有不为特别之主张者。不得因已有联合会之

---

① 此处值得注意的是,在《致汪康年函》(1906 年 11 月 22 日)中,蔡元培以"进京销假"之事请时任内阁中书、学部咨议官汪康年的帮忙;同年冬,在蔡元培给清政府学部进呈的出国咨文中,他自称"编修蔡元培",以清廷翰林院为"本衙门"。我们从以上两封文书可以推断,虽然蔡元培在 1898 年离京回乡,之后参加并组织反清革命活动,其间还多次受到清政府逮捕之威胁,然而直到 1906 年,蔡元培仍能够以清廷翰林院编修之身份回京申请由清政府资助的出洋留学之计划,实在令笔者费解,尤其是"销假"一事,可以大胆推测蔡元培于 1898 年"离京回乡"之行为可能为请假回乡行为。限于相关资料的缺乏,笔者在此无法推断清廷是如何与有"暴力革命"前科的革命党人蔡元培达成"和解"的,也无法解释反清革命运动的先驱和领导者,甚至是暗杀清廷高官的策划者又为何主动寻求清政府及其官员的资助而出洋留学的。

一机关,而不一措意;且对于联合会,尤不可自忘其为直接之后劲,而一切太放任之。"(《敬告各省议会》,1913 年 7 月 23 日)省议会以实现各省自治为目的,联合会则是联合自治的制度基础,以省议会这样的民意代表的权力机关,对抗各省"袁氏之私惠",以拯救时局。除国会南迁和选举新的总统之外,省议会以及省议会联合会是蔡元培反对袁世凯独裁政权的第三种措施,他进而提出了实现方式:"促成之之道有二,一宜各电本省议员速出北京,二宜促联合会速电两议院,量移地点。言论者,事实之母,苟合公理,虽私人之主张,犹生巨效;况代表民意之机关如省议会者乎?"(《敬告各省议会》)他所说的"联省自治",即在国家结构层面实行联邦制,原因在于中国广土众民,欲以一人统一天下相当难;在政府组织层面实行两院制,分为代表人民的议会和代表地方的议会,实行责任内阁制。

宋教仁案之后,袁世凯政府控制了国会,企图将《中华民国临时约法》中所规定的责任内阁制转变为实际意义上的总统制,以巩固其专制权力。以史为鉴,蔡元培指出中国在民国之前为君主政体,但并非专制集权,只有秦朝是中央集权制,而别的时候都是有限的集权制——君主对人民负责,以及中央与地方是分权而治的。蔡元培将君主对人民负责之原因归结为儒家学说的影响,在他看来,法家以国家为目的,以人民为工具,倡导君主集权;道家以无政府主义为目的,以个人为本体;儒家以人民为国家之主体,君主教养人民,君主应为国家中道德最高者,君主应选举而成,有德者居之。(《支那之专制政体》,1922 年)中国实行君主制已有几千年的历史,蔡元培警惕如果以总统制作为民主国的国家制度,那么易产生皇帝这样的专制者,而袁世凯无疑是这样的野心家,而责任内阁制比总统制更加灵活,也具备承接君主时代的制度潜力。(《成见》,1913 年 7 月 27 日)他批评当时国会的腐败,认为被专制意志所左右的国会必须解散并重新选举。然而,辛亥革命的果实最终为北洋军阀窃取了，北京（袁世凯政府）国会不能够为南方（南京国民党）所承认，蔡元培因此建议成立"非常国会"，这个"非常国会"，即其所提倡的"省议会联合会"，但最终也没有成功。

　　总的来讲，《中华民国临时约法》本规定责任内阁制度，然而现实政治却是以"统一""集权"和"强政府"为主导，因此原本的"议会制"演化为总统制，甚至出现帝制复辟。蔡元培所希望的总统，是议会制下的"虚位"总统，以德临位，有荣耀而无实权，也无需负担政治责任。（《对于送旧迎新二图之感想》，1916 年 9 月 15 日）他所建构的理想国家，是以共和制作为国体，以立宪制作为政体，以民主宪政作为政治事业的集成，将民主（民本）主义宪法视为国内永远和平的基础。在他看来，当时中国的立宪派和民治派在扶植民权、主张法治、反对专制和排斥人治的立场上是相同的，也可以认为他们的共通之处在于宪政主义，所以，以国民制宪会议制定国家宪法是能够实现的。

　　蔡元培所希望实现的政治改革的基本原则是形成一个"宪政"的、"公开"的和"有计划"的政府。这个原则得到了当时诸多知识分子的认同，1922 年，胡适、蔡元培、李大钊等 15 名北大教授联合发表《我们的政治主张》，构想了一个"好人政府"的理想政府结构；"好人政府"，也即好人当政的政府，好人需要奋斗，需要在政治上进取。他们将"好人政府"作为理想的政治改革目标，也是改革中国政治的最低限度要求，是同国中"恶势力"斗争的共同目标。"好人政府"最低限度的目标是要有正当的监督机关，防止一切营私舞弊的不法官吏。积极的目标有两点：一是政权机关为全民谋福利，另一是保障个人自由与个性发展。

　　同年 9 月，黎元洪以王宠惠为国务总理组织"好人政府"，然而，只存在了 72 天就夭折了。

三、战争与正义

从世界主义的角度来看，1902年日英联盟的形成与东亚形势有很大的关系，民族主义论调的"黄白二种激剧之竞争"已经不再是国际形势的主流，"由是而潜化"。蔡元培认为，以生物进化论的观点来看，人类有共同的祖先是毋庸置疑的，但是在欧洲白种人盛行之时，以宗教之名义划分种族之优劣，并以"征服异色种族为白人之天责"，尤其美国，将白种人与别种人作区分，如同中国之区分人与禽兽，进而促成虐待华人等别种人之事情发生，他批评这是没有"公理"的。那什么是公理呢？"虽然，公理者，附丽于强权而始行。"即公理是强权的附庸。唯有亚洲诸国国力的日渐强大，方可以实力动摇此"公理"。尤其明治维新之后日本的崛起，对于欧美产生了重要的影响。不过，日本因为自身条件的制约，也不可能代表整个黄种人种群，因此"以世界主义扩民族主义之狭见"的"枢机"在于中国的奋起。

"光明与黑暗"的斗争，成为继"黄白二种激剧之竞争"之后国际形势的主流。1914—1918年期间爆发的第一次世界大战，尽管主战场远离中国，但也对中国之政治时局产生了巨大影响，其中最为重要与深远的当属五四运动。1914—1916年，蔡元培旅居法国，对于欧洲战事有近距离的观察。他将德国和法国武力强大的主要原因归于精神，即"科学"与"美术"（艺术）。具体来讲，一者为科学技术应用于军事，尤其是制造业和运输业上；一者为"美术"塑造国民之精神，蔡元培所说的"美术"，不只是指艺术，也包括思想以及精神，他认为"美术"（思想或精神）对于国家的功用，在于"可以使吾人利害生死束缚之解除，盖军人而束缚于利害生死，其结果必致不知天职为何物"，即培养一种舍生忘死、忠于天职的军人精神。军人只有破除利害与生死之观念，才能够避免出现不道德的情形——欺辱贫民、退缩或者背叛。在蔡元培看来，人之利害生死的观念是宗教所无法从根本上解决的，宗教只是借"神"或者"上帝"的外在监督来促使人避免不道德的行为，是一种迷信，而那些"知识力强者"，即不迷信的人，是不会被宗教所迷惑的。只有"美术"，即精神或者思想，才能够在根本上帮助人们解除利害生死的束缚。"此壮美之效用也，是故优美能引起人超脱之思想，而使此心以利害生死为不足计较，壮美能引起人高大之思想，而使此心以利害生死为不必计较。从而此时吾之思想，沿一直线以行，而不致为外物所诱。"（《吾人所受于欧战之教训》，1916 年11 月 20 日）蔡元培以美学的角度审视精神对于人的力量，以"优美"视拉丁各族（讲拉丁语各族，如法国），以"壮美"视日耳曼各族。而他们这种"美"之性格的养成，与其都市建设和格局审美有极大的关系，对于"美"有追求的国家，则"绝无利害生死之可念"。

"一战"之中对战的双方，是蔡元培所说的代表"光明"的人道主义与代表"黑暗"的"帝国主义"之间的对抗，以法国为代表的协约国是代表光明的力量，以德国为首的同盟国是黑暗的力量，协约国的胜利即光明对胜黑暗的胜利。德意志帝国主义民族国家，实行武断主义与种族主义，遵奉"有强权无公理"，条约对其没有约束力，而竟然进攻中立国，实行情报战，是阴谋作风，其价值观念是达尔文"物竞天择，适者生存"的进化论思想，尤其尼采"世界种族愈强，则愈进化，谓谦退逊让，皆柔弱之差"的主张，蔡元培认为这种思想使世界退步。他批评这种丛林法则式的"世界主义"精神，赞扬一种人道主义的精神，认为法国以人道主义对抗德国帝国主义是代表公理，因此终将获得胜利。

尼采的"强权主义"（"权力意志"与"超人"学说），托尔斯泰的不抵抗主义（原话是"无抵抗主义"）和克鲁泡特金的互助主义都是无政府主义，且分别为各国政府国际政策的理论基础。蔡元培指出，克氏的"互助主义"实现世界和平的途径就是联合众"弱"以抵抗强权，在国际政治层面，即以互相合作来抵抗单个个体无法抗衡的强权国家（这里是指德国），各国在欧洲，甚至世界范围内的互助（美国、日本和中国的加入），才最终实现了打败德国军国主义的目的，这是互助主义的胜利！互助主义的另一层成效在于"一战"结束之后和平条约的缔结，规定了各国减少军备，并促进世界范围内的自由贸易，实现了互助主义对于互竞主义的胜利。俄国无政府主义者克鲁泡特金的"互助"思想被视为协约国"互助"而对抗德国的思想基础，是互助主义在国际政治层面的运用，是人道主义的国际体现，蔡元培坚信人道主义是世界和平的保障，能够促成永久和平的实现，代表公理的人道主义必胜。"公理"不再是"强权"的附庸，公理必将战胜强权。

"互助主义"及其在国际上的"胜利"，被蔡元培视为中国传统所说的"大同主义"发展的机会。回到中国，蔡元培警示国内专制主义、阴谋和偏执的政治势力放弃这样的黑暗主义，因为德国的失败已经证明这是行不通的。

"自他均利的外交"是蔡元培针对当时国际形势而为中国政府提供的对策。在蔡元培看来，个人层面的绝对利己主义是罪恶，国家层面的绝对利己主义则是普遍被认可的，并生出"有强权无公理""强国与弱国无公法可言"等"信条"，在世界"森林"中，这种类丛林法则的国际政治理念有它广泛的市场。与绝对利己主义相对的，是"绝对利他主义"，此主义在主动层面体现为舍己为群、以身殉道的奉献精神，而在被动层面则呈现为奴隶般的服从与"忍受"，是弱国在国际政治世界不具有主动地位的表现，用另外的话讲，即"弱国无外交"。蔡元培所说的"自他均利主义"，是将利益在自己与他人之间进行平等与均匀的分配，而不是以强弱之差区别对待。这样的一种主义，在社会中普遍可见，但在国际政治领域只是"外交辞令"而鲜有人真正实行。在蔡元培看来，"一战"的胜利是一个转折点："自他均利主义"战胜了绝对的利己主义。蔡元培将德国视为绝对利己主义的代表,将比利时视为绝对利他主义的代表,将英、法、美的联合抗德视为"自他均利主义"的代表,后者的胜利将带来国际政治领域主导观念由"绝对自利"向"自他均利"的过渡。

在回顾历史中,蔡元培发现中国的外交传统中有绝对自利主义的倾向,因此有"以夷制夷"的政策,但是由于国家实力的弱小,最终被列强压迫成为"被动"的他利。因此,中国应当乘此机会而扭转国际政治地位中被动他利的不利局面,一则可以为世界永久和平之计划力持正义,另一则可以摆脱一直以来列强对于中国的压制。蔡元培批评军阀政府(袁世凯)的秘密外交,他对美国总统威尔逊的"十四条"持乐观的态度,赞同其"公开外交"的主张,希望国民能够参与到国家外交政策的制定中来。

蔡元培是一名世界主义者,在他看来,世界主义的精神,是一种人道主义的精神,而不是帝国主义丛林法则式的精神。在蔡元培看来,世界大交通的时代,使得中国与欧洲之间的交往变得密切,欧洲人不得不承认我们亦是世界一分子这一现实,我们也承认存在西方文明,并开始向西方学习。他认为世界的交通并不是国家之间的交涉,更重要的是普通人——"吾人",要有一种世界主义的姿态和精神,这种精神表现为人的身份的两重,一者为家庭、民族、国家的一分子;一者为人类世界中的一分子,并且能够对世界文化有所增益。世界主义的精神能够促进人类文明的进步,国与国之间有政治关系,或者仇恨或者亲密,但科学、哲学或艺术等,是跨越国界、超越国家的,能够为人类文明做贡献。

四、教育与治国

黎元洪继任总统之后,蔡元培受邀回国,并于 1917 年 1 月 4 日正式就任北京大学校长。甫一任职,即对北大展开大刀阔斧的改革,确立了思想自由、兼容并包的办学方针，并改革学制和教育体制，实行民主办校和教授治校，使得北大风气发生质的转变，从衰败腐朽没落的老式"大学堂"，变成了一个具有先进教育制度与教学内容，以及民主和科学思想盛行的新式大学，促成了北大的"新生"。

人才和教育，被蔡元培视为拯救国难的关键，在他看来，中国与国外相比，军事（军械设备）、内政、工商业均不发达的关键在于人才的缺乏，因此他坚持教育治国的理念，希望能够以大学作为中心，指导中小学校，以成系统。学生是未来的"人才"，需经过认真之"学习"才能够"成才"，所以，蔡元培将"学习"视为学生的责任与义务，学生应以"学"为主，而"不宜多问外事"，潜心于学问，才可以为未来谋大计。在五四运动中，学生成为运动的主力，走上了政治历史的舞台，这是蔡元培所不愿意看到的。五四运动出于学生爱国的热忱，但是具体的救国计划，则必须以冷静的头脑对待，以事实作判断，而不能妄下结论，即要"正确"对待爱国。他坚持学生之义务在于学习，而爱国之心使得学生不得已参与别的事务，爱国主义应当是大多数国民有之，而学生应致力于学习，学成以报效国家，然而当时的形势使得学生不得已牺牲时间与心力于爱国之事务。"依我看来，学生对于政治的运动，只是唤醒国民注意。他们运动所能收的效果，不过如此，不能再有所增加了。他们的责任，已经尽了。"（《去年五月四日以来的回顾与今后的希望》，1920 年 5 月）学生之政治运动，在于唤醒而不在于其他。"诸君以环境之适宜，而有受教育之机会，且有研究纯粹科学之机会，所以树吾国新文化之基础，而参加于世界学术之林者，皆将有赖于诸君。诸君之责任，何等重大。今乃为参加大多数国民政治运动之故，而绝对牺牲之乎？""自今以后，愿与诸君共同尽瘁学术，使大学为最高文化中心，定吾国文明前途百年大计。诸君与仆等，当共负其责焉。"（《告北大学生暨全国学生联合会书》，1919 年 7 月 23 日）

　　在蔡元培看来,教育分为两种,一则是隶属于政治的教育,另一则是超越于政治的教育。专制时代的教育是隶属于政治的教育,以政府之方针为标准;而共和时代的教育是超越政治的教育,以人民的地位为标准。此外教育又可以分为军国民教育、实利主义的教育和公民道德教育。军国民教育隶属于政治,在当时的国际国内形势下不得不采取,实利主义的教育也是隶属于政治的,是普通教育的中坚,是要满足人民生计的,也是当前教育的当务之急。以上两种教育,是富国强兵主义,但也存在潜在的隐患。而公民道德教育,被蔡元培认为应当是教育的最终目的,但那个时代的公民道德教育,仍然没有超越于政治。

　　何种教育是超越于政治之外呢?蔡元培认为是"世界观教育",方式则是"美感之教育",也就是审美的培育。"虽然,世界观教育,非可以旦旦而聒之也。且其与现象世界之关系,又非可以枯槁单简之言说袭而取之也。然则何道之由?曰美感之教育。美感者,合美丽与尊严而言之,介乎现象世界与实体世界之间,而为津梁。此为康德所创造,而嗣后哲学家未有反对之者也。"(《对于新教育之意见》,1912年2月11日)军国民教育培养意志,实利主义教育培养知识,公民道德教育兼意志与情感两个方面,在蔡元培看来,唯有以美感教育为途径的世界观教育才能够统合以上诸种,也应当为教育之鹄的。

　　作为清末民初民主革命运动的亲历者和参与者,以及革命的先驱和新思潮的引领者,蔡元培在近代历史上起到过重要的作用,也产生了巨大的影响。他的思想轨迹有过转变和冲突,他的人生历程,尤其是政治生活,也表现出了保守、软弱和曲折的一面,甚至存在失误,但总体而言,他的一生是为觉醒民众和民主共和而奋斗的一生。

伦理论卷

中国伦理学史(节选)①

(1910 年 4 月 25 日)

中国伦理学史·第十二章·商君

　　商鞅是革新派,国家主义派,以人民对于国家之公德为无上之道德。国家主义在于以威权控制众人,他的道德主义是崇尚公德,以法律维护公德而限制个人的自由。认为人性是恶的,因此尚刑而非乐,天性凉薄。

中国伦理学史·第十三章·韩非子

　　韩非子:审时度势制定法律,人民于法律之外没有自由与名誉,君主控制人民的思想自由、言论自由。以法律统摄道德,君主之外没有自由。

---

① 《中国伦理学史》于 1910 年由商务印书馆出版,是我国第一部系统研究中国古代伦理思想的专著,本论学集仅节录其中一部分。本书脚注皆为编者注。

墨子的非攻与善守（节选）

（1936 年 10 月 11 日）

墨子是一个极端反对侵略的人，他作《非攻》篇，历举侵略非义的例证，又历举侵略者自身不利的例证。对于侵略者，不但词严义正的责他们，而且也苦口婆心的劝他们。但是他并不是空言禁攻，而有一种抵抗侵略的准备，有事实可以证明。

《生活星期刊》第 1 卷第 19 号，1936 年 10 月
11 日

时局论卷

日英联盟

（1902 年 3 月 13 日）

日英联盟成,论者皆以于东方之事极有关系,是固然矣。吾又以此举或当为世界主义之发端,而黄白二种激剧之竞争且由是而潜化。要其成毁之枢机,则在我国人之所为而已。

盖自生物进化之理明,原人同祖,已无疑义,徒以地土国界之分合,教宗之激导,勤窳驽驯,异其天择,运会所趋,适值欧洲白人特别优胜之时,而红棕诸种,又以不及变计,骤致痿荼,狃于此者,遂乃吸宗教家七日分造之余波,谓猿人代嬗,种性已殊,当以征服异色种族为白人之天责。合众国人至欲别构名词,如人禽例,以为白种与他种之识别。观本报所译司梯反氏、诺脱氏论黑人之说,可以窥其居心。至于虐待华工,禁止日人,则尤新闻纸所习见者。呜呼,此尚有公理也耶!

虽然,公理者,附丽于强权而始行。诚使亚洲诸国疲弱不振,终见吞噬,则此说者将遂为人类学家之定论;湔雪之责,在我而已。日本维新以来,文化进步,抗行彼族,乃造为红白种黄白种之说,以冀附于其列。然西人夸赞日本,多含惊讶嫉妒之意,日本人屡言之。辽东之役,以英之利害相关,而坐视不助,乃乘机窜取威海卫以自肥,彼其种族之见,固未泯也。及庚辛间，日本节制之师，直凌欧美；而英人内掣于非国之战争，外怵于俄、法之阴谋，踌躇四顾，慨然而允日本联盟之请，此诚日人所谓史乘中非常大事者也。虽其所约以东西交涉为限，而观雪梨埠各报之所惧，坎拿大政府之所电，知其于两人种间之关系大矣。

然其后效，尚在不可知之数。何则？我国地大民散，非五十年前土耳其之比，势力范围，已成熟语。苟其政策不变，社会如故，则列强均势之日，适为和平瓜分之媒，将使我国黄人尽为诺脱所论之黑人而后已。当是时，日本即能自立，地隘人寡，一欧洲之匈牙利而已，曾何足为全数黄人之代表？是故破黄白之级，通欧亚之邮，以世界主义扩民族主义之狭见，其枢机全在我国也。嗟乎！日本论者，方以联盟既成，负责愈重，警策其上下。我国挟世界和平之策，而乃有受人保护之耻，宜如何惕厉而奋起哉！

蔡元培手稿

《警钟》发刊之旨趣①

(1904 年 2 月 26 日)

　　药所以治病也，而病或缘药而滋变；道所以降魔也，而魔乃随道而愈高。嗟乎！扣槃求日，锲舟求剑，诚吾国人之普通根性哉！宋之季也，仇辽则联金，而攫其国之半者金也；仇金则又联元，而元遂举全国而挟之以去。嗟乎！当其时，外族之凭陵者，不过此辽、金、元三族，且亦迭为盛衰，而宋之所以联之者，亦稍参自力焉，而其结果乃如是。方今列强环伺，以其平等之势力相抵相荡，以迫而取偿于我，而我徒从其鳞爪之偶现者，乃欲以彼各国为傀儡，而以弱线牵之，使之为蚌鹬之争，以贻我渔翁之利，若无所用自力者。固自以巧过于宋哉，而其结果何如？甲午之役，绌于日本，政府则联俄以排之，又由俄以及德、法为我干涉，索回辽东，于是联俄派泰然自足曰：莫余毒也已。及乎胶、威、旅、大之事既见，而又有国事犯为外人所庇护，于是有一派竭力排外之顽固党，欲尽杀外人以为快。此亦未尝不足为倚赖外人者之药石，然其所见，仅仅有寓居国内之

---

① 《警钟》原刊名为《俄事警闻》，即本文末之《警闻》。据蔡元培《〈俄事警闻〉改刊广告》载，《俄事警闻》拟于 1904 年 2 月 20 日更名为《警钟日报》。

若干外人，而所恃者，又仅仅义和拳之蛮法。彼以为尽杀此曹则真莫余毒也已，其结果乃与之相反，而联俄党之积毒反缘之而大发。

庚、辛以来，俄人驻兵不撤，残虐无艺，我国人之稍稍有知识者，虑无不深恶痛绝于俄人。吾辈方以为此一动机也，或可因以激国民自立之精神，而进之以文明攘夷之举动，于是有《俄事警闻》之作。自日俄战讯亟，则新闻家之鼓吹排俄者，遂异口而同声矣。而国人之冥然罔觉者，姑不论其所谓深恶痛疾于俄人者，亦束手而无所为。至于日俄开战，日胜而俄败，则又泰然自足曰：俄之横暴，彼日本者，已为我惩而膺之矣，今而后莫予毒也已。呜呼！彼环伺吾侧，何一非俄，而扣槃、锲舟之见乃如是耶？无亦非独听之者之咎，而言之者亦分其过耶？

社会至蕃变也，人则以至简单之知识迎之，如有色之玻璃然，各各吸收几种之光线，而吐其余。太阳者，以至复杂之光线投之，故无所遇而不光；言之于人也亦然。以简单之论旨投简单之心灵，其不相左也仅矣。且夫鲁酒薄而邯郸围，举烛书而燕说起，因之与果，有不可以剂量论者。吾国积弱之因，若列强之眈逐，政府之因循，求之于外交界，其攻取迎距之故既浩博无际矣，而其总原因，乃又在于国民之志薄而见短；而更进而求之，则远之政体、教宗之所酝酿，近之家风、乡俗之所援系，几席之近，锱铢之微，视听之娱，牙角之讼，无在非社会教育之所涵濡，而均与时局有密接之关系。诚为之解剥其内幕，究竟其归宿，发无数平行之线，以与各种简单□脑筋相接触，使之不动于此，必感于彼，而徐以醒其自伐之迷梦，以进于同力之范围，则吾辈今日之目的，而所为扩张《警闻》以为之者也。

复吴敬恒函(节选)

(1909 年 8 月 21 日)

稚晖先生左右：

……

弟从前甚钦慕俄国虚无党之所为，且亦甚赞成目的神圣手段之说。然如德国哲学家则于此等事绝对的反对，而专主张堂堂正正之革命，以言论鼓吹为唯一预备方法。弟初以为德人奴隶根性太深，故其言学理，亦复尔尔(理论之力至大，德国政治家压力颇重，而从无暗杀案，可惊也)。近来鉴于我族党人之变态，与俄国警界之丑状，乃使弟不能无疑。盖人类以习惯为第二之天性，其初固不惜以丑恶之手段赴其美善之目的。然所谓美善之目的者，相距至远，接触之点极微。而丑恶之手段，则不免时时循返之，由是习惯于丑恶而不知不觉，遂至以是为目的，殆人类所难免乎。

……

弟子民顿　八月廿一日

蔡元培手稿

致孙中山电

（1912 年 3 月 4 日）

　　培等此次奉总统令而来，本止有欢迎被选大总统袁君赴南京就职之目的。顾自抵天津而北京，各团体代表之纷纷来见，呈递说帖者，北方各军队首领之驰电相商者，已数十通，佥以袁君不能离京为言，且无不并临时政府地点为一谈。元培等以职务所在，无稍事通融之理。且袁君面称"极愿早日南行，唯徇于北方各种困难问题，须妥为布置"云云，是本与培等北来之目的，绝无差池。故培等一方面对于诸要求者，撤去临时政府地点问题，而唯坚执袁公不可不赴宁受职之理论；一方面催促袁布置北方各事，以便迅速启行。

　　不意前月二十九日夜，北京军队忽然变乱。一般舆论，以袁将南行为其主要之一原因。内变既起，外人干涉之象亦现，无政府之状态，其害不可终日。于是一方面袁君颇不能南行，而一方面则统一政府不可不即日成立，在事实上已有不可易之理由。培等会议数次，全体一致，谓不能不牺牲我等此来之目的，以全垂危之大局。

　　爰于初一、初二两日，迭发公电私电多次，提议改变临时政府地点，冀得尊处同意，以便改转交涉之方针。乃两日间未得一复，而保定、天津相继扰乱，大局之危，直如累卵。爰于今日午后开会议，准备与袁君为最后之交涉，于会提议准备之主旨两条：（一）消灭袁君南行之要求。（二）确定临时政府之地点为北京。其达此主旨之方法，大略袁君在北京行就职式，而与南京、武昌商定内阁总理，由总理在南京组织统一政府，与南京前设之临时政府办交代，公遣外务总长或次长到北京任事。其参议院及内阁迁北京时，用重兵护卫，以巩固政府，弹压内乱，全体赞同。然此事虽为今日必要之举，而以培等职务所在，绝不能为此案之提议者。迨唐绍仪、汪兆铭与袁君最后熟商之结果，适与培等准备会议所提出之两条相同。

唯以何等手续行此两条始无窒碍，则非在南京讨论不可。嗣定于欢迎团中推数人，袁君亦派亲信者数人，同赴南京。仪、铭回寓告之培等，培等皆赞同，遂推定教仁、永建、正廷、汉遗四人回南。袁君所应派之人，属仪酌定，绍仪与同人商酌，指定唐在礼、范源濂二君，已商袁派定同行。将来一切详细办法，均由教仁等到南京后妥商，不先赘述。

唯约计自启行以至商定，至早必要十日以外，而北地之人，以恐误大局者，函电纷至，外人亦啧有烦言，若不从速解决，以安人心，恐至败坏，不可收拾。敢请尊处迅开会议，如赞同袁君不必南行就职，及临时统一政府设在北京之议，请即电复，并宣布中外，以拯危局。至培等放弃职务之罪，则敬请执法惩处。蔡元培。支。

《国父全集》第 2 册，台北 1973 年版；参阅《申报》1912 年 3 月 9 日

告全国文

（1912 年 3 月 11 日）

培等为欢迎袁大总统而来,而备承津、京诸同胞之欢迎,感谢无已。南行在即,不及一一与诸君话别,敬撮记培等近日经过之历史以告诸君,托于临别赠言之义。

(一)欢迎新选大总统袁公之理由　自清帝辞位,大总统孙公辞职于参议院,且推荐袁公为候选大总统。参议院行正式选举,袁公当选,于是孙公代表参议院及临时政府,命培等十人欢迎袁公莅南京就职。袁公当莅南京就临时大总统职,为法理上不可破之条件;盖以立法、行政之机关,与被选大总统之个人较,机关为主体,而个人为客体,故以个人就机关则可,而以机关就个人则大不可。且当专制、共和之过渡时代,当事者苟轻违法理,有以个人凌躐机关之行动,则涉专制时代朕即国家之嫌疑,而足以激起热心共和者之反对。故袁公之就职于南京,准之理论,按之时局,实为神圣不可侵犯之条件,而培等欢迎之目的,专属于是,与其他建都问题及临时政府地点问题,均了无关系者也。

(二)袁公之决心　培等二十七日到北京即见袁公,二十八日又为谈话会,袁公始终无不能南行之语。且于此两日间,与各统制及民政首领商留守之人，会诸君尚皆谦让未遑，故行期不能骤定也。

（三）**京津之舆论**　培等自天津而北京，各团体之代表，各军队之长官，及多数政治界之人物，或面谈，或投以函电，大抵于袁公南行就职之举，甚为轻视。或谓之仪文，或谓之少数人之意见。（其间有极离奇者，至以小人之心度君子之腹，只可一笑置之。）而所谓袁公不可离京之理由，则大率牵合临时政府地点，或且并迁都问题而混入之，如所谓藩属、外交、财政等种种关系是也。其与本问题有直接关系者，唯北方人心未定一义；然以袁公之威望与其旧部将士之忠义，方清摄政王解职及清帝辞位至危疑之时期，尚能镇慑全京，不丧匕鬯，至于今日，复何疑虑？且袁公万能，为北方商民所公认，苟袁公内断于心，定期南下，则其所为布置者，必有足以安京、津之人心，而无庸过虑。故培等一方面以京、津舆论电达南京备参考之资料，而一方面仍静俟袁公之布置。

（四）**二月二十九日兵变以后之情形**①　无何而有二月二十九日夜中之兵变，三月一日之夜又继之，且蔓延保定、天津一带。夫此数日间，袁公未尝离京也，袁公最亲信之将士，在北京自若也；而忽有此意外之变乱，足以证明袁公离京与否，与保持北方秩序，非有密切不可离之关系。然自有此变，而军队之调度，外交之应付，种种困难，急待鳃理，袁公一日万机，势难暂置，于是不得不与南京政府协商一变通之办法。

（五）**变通之办法**　总统就职于政府，神圣不可侵犯之条件也；临时统一政府之组织，不可以旦夕缓也；而袁公际此时会，万不能即日南下，则又事实之不可破者也。于是袁公提议，请副总统黎公代赴南京受职。然黎公之不能离武昌，犹袁公之不能离北京也。于是孙公提议于参议

---

① 即“北京兵变”。1912 年 2 月南京临时政府参议院选举袁世凯为临时大总统，要求袁到南京就任。袁氏为保存实力，拒不南下，指使曹锟于 29 日夜发动兵变。

院,经参议院议决者,为袁公以电宣誓,而即在北京就职,其办法六条如麻电。由是袁公不必南行,而受职之式不违法理,临时统一政府,又可以速立,对于今日之时局,诚可谓一举而备三善者矣。

(六) 培等终局之目的及未来之希望　培等此行,为欢迎袁公赴南京就职也。袁公未就职,不能组织统一政府;袁公不按法理就职,而苟焉组织政府,是谓形式之统一,而非精神之统一。是故欢迎袁公,我等直接之目的也;谋全国精神上之统一,培等间接之目的也。今也袁公虽不能于就职以前躬赴南京,而以最后之变通办法观之,则袁公之尊重法理,孙公之大公无我,参议院诸公之持大局而破成见,足代表大多公之大公无我,参议院诸公之持大局而破成见,足代表大多数国民,既皆昭揭于天下;其至少数抱猜忌之见,腾离间之口者,皆将为太和所同化,而无复纤翳之留。于是培等直接目的之不达,虽不敢轻告无罪,而间接目的所谓全国精神上之统一者,既以全国同胞心理之孚感而毕达,而培等亦得躬逢其盛,与有幸焉。唯是民国初建,百废具举,尤望全国同胞永永以统一之精神对待之,则培等敢掬我全国同胞之齐心同愿者以为祝曰:中华民国万岁!

《民立报》1912 年 3 月 11 日

敬告全国同胞

（1913 年 7 月 22 日）

兵凶战危，吾侪安分良民，对于不正当之战争，绝无有赞成之者。其正当之战争，为保护吾侪安全幸福之间接作用，则吾侪不特不肯反对，且相率而助成之。其或吾侪虽不必加入战争，而确于战争以外，尚有可以致力之处，使吾侪之安全幸福，由此而保存，而且使间接作用之战争，由此而截止，则尤吾侪所当引以为己任者矣。

一年以来，政府之失德，虽吾侪挚爱之者，绝不能为之讳。至于恣行暗杀，擅借外款，不复留吾侪以承认政府之余地。吾侪中之一部分所谓民党也者，攻击政府为激烈之主张，何尝不公认为必不得已之举。徒以兵乱初经，疮痍未复，苟于和平解决一方面，尚有几希之望，则终告诫民党，而强抑制之。虽然政府之播恶也，乃变本而加厉，且以是为锄除民党之机会，而日日与之挑战。当斯时也，吾侪而稍稍移其注视民党之目光，而静观政府，得民党所以不能不激昂之故，纠政府而去其疾，未尝不可以达保持和平之希望。不幸吾侪大多数见未及此，徒日日监视民党，责以不许妄动，而转使政府益施其纵恶挑战之手段，既民党忍无可忍，而为武力解决之宣告，反之于吾侪往日希望和平之美意，诚不能不谓之失望。

然吾侪于归咎政府之余，又不能不自省纵容政府之过，而深自引咎也。

今者战端开矣，犹未至全国糜烂之境也，往者不谏，来者可追，吾侪而坐视其孰胜孰负，若秦越人之视肥瘠，则亦已耳；若惕于战祸之延长，而为迅速恢复平和之计划，则不可不洞见窍要而指导之。时局之窍要何在？曰：民军之起也，号曰讨袁，袁去而民军之目的达，战祸熄矣。吾侪而以袁氏为至可敬爱之总统，唯恐其去则已耳！苟认为不可不去者，则去之唯恐其不速，吾侪而诚无观望无游移，争先恐后，赞同讨袁，则袁氏又曷能孤立于全国国民以外而不去耶？

其或震慑于讨袁之名之已激，而求为和平之解决，则莫若以国民之公意，要求国会南迁，别选正式总统，俾袁氏正式解职，无复为众矢之的。是则爱袁氏者所宜出也。

又或爱袁氏也甚挚，务使挟令名以去，如前清之隆裕太后，则宜集合同宗旨之人，哀求袁氏，速速宣布退位，以示其不忍牺牲全国国民，以保存一己之权位，是又爱袁氏者所代为心许者也。

呜呼！使吾侪对此种种之策划，而曾不一措意，日唯待两方面胜负之决定，则无论孰胜孰败，而危凶之象，势所难免。在民党夙抱为国牺牲之志，而政府亦已抵日暮途穷之境，死而无悔，亦固其所；独吾大多数之同胞，以渴望和平之故，而转熟视无睹，陷时局于不可收拾之地位，噬脐之悔，宁有既极，曲突徙薪，虽欲缓须臾而不可得矣。

《民立报》1913 年 7 月 22 日

敬告各省议会

（1913 年 7 月 23 日）

吾国民意之总代表，有参议院及众议院。参议员之选举，在中国本部，自中央议会外，以省而定额。众议员之选举，虽以比准人口为本义，而亦以省为最后之分区。然则于国会以外，求一代表民意之机关，最接近于国会者，唯省议会。国民有援助国会、督促国会之公意，自得以省议会为代表。

自袁氏任总统以来，金钱买收，武力胁迫，使国会顿失其自由之意志，业为全国国民所公认。于是各省议会各出代表，组合为省议会联合会，以作国会之后劲，诚非得已也。

虽然，联合会者，所以代表各省会共同之主张者也。其因时、地特别之关系，而各省会有不为特别之主张者。不得因已有联合会之一机关，而不一措意；且对于联合会，尤不可自忘其为直接之后劲，而一切太放任之。

自袁氏派兵入江西，江西议会有讨袁之通告，有公举都督、总司令、民政长之通告，若江西议会者，洵可谓能称其职矣。

吾意各省议会，悉宜宣布赞成讨袁之主张，以表示全省之民意。其或拥兵之都督,行政之官署,蔽于袁氏之私惠,而游移不决,则纠弹之而督促之者,唯省议会。

今之舆论,佥谓解决时局之难点,无外乎国会南迁,选举正式总统,谅各省议会亦既饫闻之而赞成之矣,而尤不可不各尽促成之之责任。促成之之道有二,一宜各电本省议员速出北京,二宜促联合会速电两议院,量移地点。言论者,事实之母,苟合公理,虽私人之主张,犹生巨效;况代表民意之机关如省议会者乎?

愿各省议会速履行其最大之责任。急起直追,毋或后时。

《民立报》1913 年 7 月 23 日

论非常议会

（1913 年 7 月 25 日）

国会在北京，当利诱威胁之冲，重以一部分议员习施卑劣之手段以扰大局，失代表民意之资格，当世久有定论。自各省讨袁军起，议员纷纷南下，国会有瓦解之朕。由是失望于国会者，因时势之要求，而有召集非常议会之说。

夫议员之受攻击也久矣，选举时之贿买也，挟市井之见而无学识也，徇私见而仇公理也，暴乱也，不以时出席也，耽征逐声色之好而放弃责任也，甚且为政府所买收。以吾侪所最敬最爱推为代表之议员，而不名誉乃如此。说者遂谓此等国会，非解散之而重行选举不可。

虽然，被选举者之不称职，非特被选举者之罪，抑亦选举者之罪也。使选举者而有常识，有公德，不肯放弃其责任，则被选举者何自而贿买。然则当民智未开、民德未进之时代，虽改选至十次、百次，而欲求被选举者之悉合于资格，殆不可得之事。不观陆徵祥氏之提出国务员乎，其第二次所提出者，乃远逊于第一次，斯可以为前车之鉴矣。

且吾侪苟平心而观察之，两院议员之中，其死心塌地、必取金钱、迎合政府者，究居其少数。其大多数，率可以为恶而亦可以为善；又有一部分,则实为利所不能诱而威所不可胁者。是故北京之国会,虽已失其信用,而吾侪对于两院之议员,则仍公认为民意之代表。譬如患热病者,时为谵语;及其疾瘳,则出语自有伦次。又如专制时代,罪囚之被刑讯者,供词每多失实;复其自由,则亦称心而谈。又如优伶登台,歌泣皆不由中;及在交际社会,则自有率真之悲喜。大多数之议员,不能以其在北京之态度断定之,亦犹是耳。

迤者,国会议员既已纷纷南下,苟其达于法定开议之人数,则择一适当之地点而开会,固易事也。

唯北京之国会,既不为吾侪所承认,而吾侪欲于国会未迁以前,得一民意代表之机关,是即非常议会之说之所自起。虽然,吾以为有省议会联合会在。盖吾国国会,本以省议会为直接之后劲。吾既于《敬告各省议会》篇证明之。集各省议会之代表而为联合会,即有代表各省共同公意之资格。不观南京之参议院乎,其所由组织者,各省代表耳,其人数亦数十人耳,与今日之省议会联合会适相当。当其时,议决约法,选举临时总统,落落大者,为全国国民所公认。今日如有大政,非经国民代表议决不可者,宜仿南京参议院前例,付省议会联合会议决之,不必为非常议会之组织也。

《民立报》1913 年 7 月 25 日

正独立之误会

（1913 年 7 月 26 日）

此次民军之起，号曰讨袁，所以不质言革命者，以易言汤武之革命，虽于讨伐独夫之义至为符合，而新承辛亥革命之后，当时所谓革命，实包有改革政体之意，恐闻者以彼例此，而有所误会，故揭讨袁二字以代之。唯直接讨袁，为军人之责。而军人以外，全省之人民官吏，非直接加入讨伐，而又欲举其全省表示赞成之意，则宣布独立之举。独立也者，表其不承认袁氏之命令，而与之断绝关系云尔。

善夫江苏都督、民政长之通电各属也，曰此次独立，与辛亥起义时不同。辛亥起义时，立法、行政各机关之组织，自中央政府以迄地方，皆从根本上推翻，而从新建造；今也国体犹是民主政体，犹是共和，其所以独立相号召者，以欲言讨袁，则不得不与袁政府断绝关系，而与袁政府断绝关系，即不得不以独立名。又曰今之独立，仅对袁世凯而言，对袁世凯私人机关之政府而言，国体、政体并不变更。前经参议院通过之法律，依然适用，则所有各机关组织之情形与其统系，自相沿不变，与未独立时相同。此诚宣布独立各省之人民官吏所当心知其意者矣。

一省既宣布独立，则全省各县自然同此主义，而无待别为宣布。乃闻独立省各县间，有特别宣告独立者，其意志实表赞成，而行为乃同纷更，实由误会独立之义而起。至或改置知事，扣留公款，则全违本省独立之初意，而行政统系遂为之紊乱矣。军事机关深以紊乱秩序为虑，于是严滥招兵丁、擅募饷糈之禁令，乃于行政界中自生紊乱，可不悬为严禁乎！

间有一二省，因省会当道固执拥护中央之成见，而外县迫不及待，遂以一部分先揭独立之帜者，其事虽视前述一例较有不同，然地方秩序之维持，尤当加慎矣。

《公论》1913 年 7 月 26 日

成　见

（1913 年 7 月 27 日）

迩者，我国言论家有一成见也，即所谓中华民国第一期总统非以袁世凯任之不可，是也。

是语也，解剖而观之，实隐然以总统负责任为前提。虽然，中华民国果宜用总统制、而使总统负责任乎？是大不然。《记》曰"孙可以为王父尸，子不可以为父尸"，所以别嫌也。美以新造之国，而用总统制；法以君主国而改为民主国，则用内阁制，一无嫌，一有嫌也。

中国之为君主国也，四千有余年矣。今一旦改为民主国而用总统制，则易生近于皇帝之嫌，而国基虑其不固。且内阁制之精神，乃转与君主时代之历史隐相贯通，其推行也，乃视总统制尤为圆活。周以上之制，嗣君亮暗，三年不言，百官总己以听于冢宰。汉制，日食，免三公。商太甲不德，伊尹放之而自听政。周成王幼，公旦居摄。宰相之代元首而负责任也，盖常有此等惯例矣。且如历史中君主之差强人意者，率皆得力于贤相。齐桓之霸也以管仲，郑穆之治也以子产，秦孝公之强以商鞅，始皇之一统以李斯。其他若汉高之有萧何，汉宣之有魏相、丙吉，蜀昭烈之有诸葛亮，东晋之有王导、谢安，苻秦之有王猛，唐太宗之有魏徵、房玄龄、杜如晦，玄宗之有姚崇、宋璟，德宗之有陆贽，敬宗之有裴度，武宗之有李德裕，宋太祖之有赵普，真宗之有寇準，仁宗之有韩琦、富弼、范仲淹、欧阳修，哲宗之有司马光，明太祖之有刘基，神宗之有张居正，皆其著例。且齐桓用管仲而霸，用开方而败；唐玄宗用姚、宋而兴，用李林甫而乱，历史家习言之，尤为元首不必负责任之美证。夫君主时代，犹有内阁制之美意；岂总统时代行之而反有窒碍乎？然则中华民国之宜于用内阁制也甚明。

夫民国之宜用内阁制也既如是，而约法中且已采用之。则宜于总统之人，固不必如阿猫亦可、阿狗亦可之容易，而要之其途颇宽。苟其人之德行，颇足为全国矜式，而又有知人之明，能择一适当之总理者，皆足以任之。而如非某某不可云云之论调，即无自而发生矣。

《民立报》1913 年 7 月 27 日

折衷派

（1913 年 7 月 30 日）

　　哲学家海该儿求得世界进化之公例，曰：有甲之正，必有乙之负，以与之对待；由此对待之甲、乙而折衷之，是谓丙；由丙之正而得丁之负，是谓戊；循此例以进行，而无穷，是世界之历史也。我国古代哲学，见于《易》者为阴、阳二元论，而说之以互相消长之理，故后儒遂有扶阳抑阴之说，一若非消彼必不足以长此者，胶执此种思想，而生心害政，遂常有两派激剧之抗争，而折衷派之势力，无由而建立。

　　古代之朋党史无论矣。政党之帜既揭，而其最昭著者，常为保守与进取之对待，或附和政府与反对政府之对待。如国民党成立时，本尚有共和、民主、统一各党，未几则合为进步党矣。自新共和党一分出，始又有折衷派性质焉。

　　今日之战，甲曰讨罪，乙曰平乱。若极端反对，非屈彼一必无以伸此一也者。然而折衷之说，固已有先觉者，如李石曾君所主张，使甲、乙两方涉嫌疑之分子，悉宣告五年内不与闻政治，是也。而闻者顾不甚注意，殆拘于阴阳消长之成见而然。近闻武昌首事被逮诸君，尝公草一电，遍告海内外,大致在调和南、北两方面,请国会速行正式选举,袁、孙、黄、李〔黎〕①诸公以外,别求候选总统,以免竞争仇杀之祸。与李君之说大略相同。甚愿吾全国同胞,勿固执对待之成见,而于此等折衷派之说,三致意焉。

《公论》1913 年 7 月 30 日

---

① 李,疑为"黎"之误。袁、孙、黄、黎,即袁世凯、孙中山、黄兴、黎元洪。注:若作者表达实属有误,且不宜改动,则于正文照录原表述,并以六角括号括注正确表达,且于紧要处出脚注予以说明。若原文少字、漏字,亦作如是处理。若系作者、原底本已有之夹注、括注,及外文注释,则以圆括号括注之。

《学风》杂志发刊词

（1914 年夏）

今之时代,其全世界大交通之时代乎? 昔者吾人以我国为天下,而西方人亦以欧洲为世界。今也轸域渐化,吾人既已认有所谓西方之文明,而彼西方人者,虽以吾国势之弱,习俗之殊特,相与鄙夷之,而不能不承认为世界之一分子。有一世界博览会焉,吾国之制作品必与列焉;有大学焉,苟其力足以包罗世界之学术,则吾国之语文历史,恒列为一科焉;有大藏书楼焉,苟其不以本国之文学为限,则吾国之图籍,恒有存焉;有博物院焉,苟其宗旨在于集殊方之珍异,揭人类之真相,则吾国之美术品或非美术品,必在所搜罗焉。此全世界大交通之证也。

虽然,全世界之交通,非徒以国为单位,为国际间之交涉而已。在一方面,吾人不失其为家庭或民族或国家之一分子;而他方面,则又将不为此等种种关系所囿域,与一切人类各立于世界一分子之地位,通力合作,增进世界之文化。此今日稍稍有知识者所公认也。夫全世界之各各分子,所谓通力合作以增进世界之文化者,为何事乎? 其事固不胜枚举,而其最完全不受他种社会之囿域,而合于世界主义者,其唯科学与美术乎(科学兼哲学言之)! 法与德,世仇也,哲学、文学之书,互相传译;音乐、图画之属,互相推重焉。犹太人,基督教国民所贱视也,远之若斯宾诺赛之哲学、哈纳之诗篇,近之若爱里希之医学、布格逊之玄学,群焉推之,其他犹太人之积学而主讲座于各国大学者指不胜屈焉。波兰人,亡国之民也,远之若哥白尼之天文学、米开维之文学,近之若居梅礼之化学,推服者无异词焉。而近今之以文学著者尚多,未闻有外视之者。东方各国,欧洲人素所歧视也,然而法国罗科科时代之美术,参中国风,评鉴者公认之。意大利十六世纪之名画,多衬远景于人物之后,有参用中国宋、元人笔意者,孟德堡言之。二十年来,欧洲之图画,受影响于日本,而抒情诗则受影响于中国,尤以李太白之诗为甚,野该述之。欧洲十八世纪之唯物哲学,受中国自然教之影响也,十九世纪之厌世哲学,受印度宗教之影响也,柏鲁孙言之。欧洲也,印度也,中国也,其哲学思想之与真理也,以算学喻之,犹三坐标之同系于一中心点也,加察林演说之。其平心言之如此,故曰:科学、美术,完全世界主义也。

　　方今全世界之人口,号千五百兆而弱,而中国人口,号四百兆而强,占四分之一有奇。其所居之地,则于全球陆地五千五百万方里中,占有四百余万方里,占十四分之一。其地产之丰腴,气候之调适,风景之优秀而雄奇,其历史之悠久,社会之复杂,古代学艺之足以为根柢,其可以贡献于世界之科学、美术者何限? 吾人试扪心而自问,其果有所贡献否? 彼欧洲人所谓某学某术受中国之影响者,皆中国古代之学术,非吾人所可引以解嘲者也,且正唯吾侪之祖先,在交通较隘之时期,其所作述,尚能影响于今之世界,历千百年之遗传以底于吾人,乃仅仅求如千百年以前所尽之责任而尚不可得,吾人之无以对世界,伊于胡底耶? 且使吾人姑退一步,不遽责以如彼欧人能扩其学术势力于生活地盘之外,仅即吾人生活之地盘而核其学术之程度,则吾人益将无地以自容。例如,中国之地质,吾人未之测绘也,而德人李希和为之;中国之宗教,吾人未之博考也,而荷兰人格罗为之;中国之古物,吾人未能有系统之研究也,而法人沙望、英人劳斐为之;中国之美术史,吾人未之试为也,而英人布绥尔爱铿、法人白罗克、德人孟德堡为之;中国古代之饰文,吾人未之疏证也,而德人贺斯曼及瑞士人谟脱为之;中国之地理,吾人未能准科学之律贯以记录之也,而法人若可侣为之;西藏之地理风俗及古物,吾人未之详考也,而瑞典人海丁竭二十余年之力考察而记录之;辛亥之革命,吾人尚未有原原本本之纪述也,法人法什乃为之。其他述世界地理、通世界史、世界文明史、世界文学史、世界哲学史,莫不有中国一部分焉,庖人不治庖,尸祝越俎而代之,使吾人而尚自命为世界之分子者,宁得不自愧乎?

吾人徒自愧,无补也。无已,则亟谋所以自尽其责任之道而已。人亦有言,先秦时代,吾人之学术,较之欧洲诸国今日之所流行,业已具体而微,老庄之道学,非哲学乎? 儒家之言道德,非伦理学乎? 荀卿之正名,墨子之《大取》《小取》,以及名家者流,非今之论理学乎? 墨子之《经说》,非今之物理学乎?《尔雅》《本草》,非今之博物学、药物学乎?《乐记》之言音律,《考工记》之言筍簴,不犹今之所谓美学乎? 宋人刻象为楮叶,三年而后成,乱之楮叶之中而不可辨也,不犹今之雕刻乎? 周客画筴,筑十版之墙,凿八尺之牖,以日始出时加之其上而观之,尽成龙蛇禽兽车马,万物之状备具,不犹今之所谓油画乎? 归而求之有余师,闭门造车,出门合辙,吾侪其以复古相号召可矣,奚以轻家鸡、宝野鹜,行万里路而游学为?

虽然,西人之学术,所以达今日之程度者,自希腊以来,固已积二千余年之进步而后得之。吾先秦之文化,无以远过于希腊,当亦吾同胞之所认许也。吾与彼分道而驰,既二千余年矣,而始有羡于彼等所达之一境,则循自然公例,取最短之途径以达之可也。乃曰吾必舍此捷径,以二千余年前之所诣为发足点,而奔轶绝尘以追之,则无论彼我速率之比较如何,苟使由是而彼我果有同等之一日,我等无益于世界之耗费,已非巧历所能计矣。不观日本之步趋欧化乎?彼固取最短之径者也。行之且五十年,未敢曰与欧人达同等之地位也。然则吾即取最短之径以往,犹惧不及,其又堪迁道哉!且不观欧洲诸国之互相师法乎?彼其学术,固不失为对等矣,而学术之交通,有加无已。一国之学者有新发明焉,他国之学术杂志,竞起而介绍之;有一学术之讨论会焉,各国之学者,相聚而讨论之。本国之高等教育既有完备之建设矣,而游学于各国者,实繁有徒。检法国本学期大学生统计,外国留学者:德国二百四十人,英国二百十四人,意大利百五十四人,奥匈百三十五人,瑞士八十六人,俄国三千一百七十六人,北美合众国五十四人。又观德国本学期大学生统计,外国留学者:法国四十人,英国百五十人,意大利三十六人,奥匈八百八十七人,瑞士三百五十四人,俄国二千二百五十二人,北美合众国三百四十八人。其在他种高等专门学校及仅在大学旁听者,尚不计焉。其他教员学生乘校假而为研究学术之旅行者,尚多有之。法国且设希腊文史学校于雅典、拉丁文史学校于罗马,以为法国青年博士研究古文之所。设美术学校于罗马,俾巴黎美术学校高材生得于其间为高深之研究。学术同等之国,其转益多师也如此,其他则何如乎?故吾人而不认欧洲之学术为有价值也则已耳,苟其认之,则所以急取而直追之者固有其道矣。

或曰:吾人之吸收外界文明也,不自今始,昔者印度之哲学,吾人固以至简易之道得之矣。其高僧之渡来者吾欢迎之,其经典之流入者吾翻译之。其间关跋涉亲至天竺者,蔡愔、苏物、法显、玄奘之属,寥寥数人耳。然而汉唐之间,儒家、道家之言,均为佛说所浸入,而建筑、雕塑、图画之术,皆大行印度之风;书家之所挥写,诗人之所讽咏,多与佛学为缘。至于宋代,则名为辟佛,而其学说受佛氏之影响者益以深远,盖佛学之输入我国也至深博,而得之之道则至简易。今日之于欧化,亦若是则已矣。

虽然，欧洲之学术，非可以佛学例之。佛氏之学，非不闳深，然其范围以哲学之理论为限。而欧洲学术，则科目繁多，一科之中，所谓专门研究者，又别为种种之条目。其各条目之所资以研究而参考者，非特不胜其繁，而且非浅尝者之所能卒尔而迻译也。且佛氏之学，其托于语言文字者已有太涉迹象之嫌，而欧洲学术，则所资以传习者，乃全恃乎实物。最近趋势，即精神科学，亦莫不日倾于实验。仪器之应用，不特理化学也，心理、教育诸科亦用之。实物之示教，不特博物学也，历史、人类诸科亦尚之。实物不足，济以标本；标本不具，济以图画；图画不周，济以表目。内革罗人之歌，以蓄音器传之；罗马之壁画，以幻灯摄之；莎士比亚所演之舞台，以模型表示之。其以具体者补抽象之语言如此。其他陈列所、博物院、图书馆种种参考之所，又复不胜枚举。是皆非我国所有也。吾人即及此时而设备之，亦不知经几何年而始几于同等之完备，又非吾人所敢悬揣也。然则吾人即欲凭多数之译本，以窥欧洲学术，较之游学欧洲者，事倍而功半，固已了然。而况纯粹学术之译本，且求之而不可得耶？然则吾人而无志于欧洲之学术则已，苟其有志，舍游学以外，无他道也。

且吾人固非不勇于游学者也。十年以前，留学日本者达三万余人。近虽骤减，其数闻尚逾三千人。若留欧之同学，则合各国而计之，尚不及此数三分之一也。岂吾人勇于东渡而怯于西游哉？毋亦学界之通阂，旅费之丰啬，有以致之。日本与我同种同文，两国学者常相与结文字之因缘，而彼国书报之输入，所谓游学指南、旅行案内之属，不知不识之间，早留印象于脑海，一得机会，则乘兴而赴之矣。于欧洲则否。欧人之来吾国而与吾人相习熟者，外交家耳，教士耳，商人耳，学者甚少。即有绩学之士旅行于吾国者，亦非吾人之所注意。故吾人对于欧人之观察，恒以粗鄙近利为口实，以为彼之所长者枪炮耳；继则曰工艺耳，其最高者则曰政治耳。至于道德文章,则殆吾东方之专利品,非西人之所知也。其或不囿于此类之成见,而愿一穷其底蕴,则又以费绌为言。以为欧人生活程度之高,与日本大异,一年旅费,非三倍于东游者不可,则又废然而返矣。

　　方吾等之未来欧洲也,所闻亦犹是耳。至于今日,则对于学海之阂深,不能不为望洋向若之叹。而生活程度,准俭学会之所计划,亦无以大过于日本,未闻不叹息于百闻不如一见之良言也。夫吾人今日之所见,既大殊于曩昔之所闻,则吾国同胞之所闻,其有殊于吾人之所见,可推而知。鹿得萍草,以为美食,则呦呦然相呼而共食之。田父负日之暄而暖,以为人莫知者,则愿举而献之于其君。吾侪既有所见,不能不有以报告于吾国之同胞,吾侪之良心所命令也。以吾侪涉学之浅,更事之不多,欧洲学界之真相,为吾侪所窥见者,殆不逮万之一。以日力财力之有限,举吾侪之所窥见,所能报告于同胞者,又殆不逮百之一。然则吾侪之所报告者,不能有几何之价值,吾侪固稔知之。然而吾侪之情,绝不容以自己。是则吾侪之所以不自惭其弇陋,而有此《学风》杂志之发刊者也。

世界社编印《旅欧教育运动》;参阅新潮社编
印《蔡孑民先生言行录》

对于送旧迎新二图之感想

（1916 年 9 月 15 日）

民谊君选取袁氏归榇、黎氏继任两图，题为"官僚之送旧""国民之迎新"，而各系之以短评，既揭诸本期之杂志矣。而吾对于此两图，尚有种种之感想，为短评所未及，或及之而未详尽者，叙次于下：

袁氏之为人，盖棺论定，似可无事苛求。虽然，袁氏之罪恶，非特个人之罪恶也，彼实代表吾国三种之旧社会：曰官僚，曰学究，曰方士。畏强抑弱，假公济私，口蜜腹剑，穷奢极欲，所以表官僚之黑暗也；天坛祀帝，小学读经，复冕旒之饰，行拜跪之仪，所以表学究之顽旧也；武庙宣誓，教院祈祷，相士贡谀，神方治疾，所以表方士之迂怪也。今袁氏去矣，而此三社会之流毒，果随之以俱去乎？此吾感想者一。

国子高曰："葬也者，藏也。〔藏也者〕欲人之弗得见也。"孔子见桓魋为石椁，曰："若是其靡也，死不如速朽之为愈也。"墨子曰："葬埋之法，桐棺三寸，足以朽体；衣衾三领，足以复恶。及其葬也，下毋及泉，上毋通臭，陇若参耕之亩则止矣。"此节葬之义也。成子高曰："吾闻之也，生有益于人，死不害于人。吾纵生无益于人，吾可以死害于人乎哉？我死则择不食之地而葬我焉！"墨子曰："舜道死，葬南纪之市；禹道死，葬会稽之山。"淮南子曰:"禹之时,死陵者葬陵,死泽者葬泽。"皆随地可葬之义也。庄子将死,弟子欲厚葬之,曰:"吾恐乌鸢之食夫子也。"庄子曰:"在上者为乌鸢食,在下者为蝼蚁食,夺彼与此,何其偏也。"则且以埋骨为多事矣。今日西人,虽尚有茔墓之设,而火葬渐兴;海舶中偶有死者,例投诸海。合于子高不害之义。疾死者或送其尸于医院而解剖之,则不唯不害于人,而或且有益于学理。今闻袁氏之死,其棺自河南运至北京,盖取材于太昊陵旁之古柏,为袁氏生前所自选定者,此亦足以见吾国人郑重棺木之一斑,且吾国人尤以归骨故乡为重大之关系。凡商业都市,恒有各省同乡停柩之舍,预备运回。以游学生之开通,而偶有不幸,尚必运柩回国。如高子周君之火葬于日本,杨笃生君之长眠于利物浦者,转为例外,其他则又何说。至于丧仪,则北京扛房之所承办,上海大出丧之所炫耀,其猥鄙谲怪之状,观送旧图已可概见。不知此等无意识之举动,至何时而始能廓清也。此吾所感想者二。

中华民国约法,有责任内阁之制,而当时普通心理,乃不以为然。言统一,言集权,言强有力政府。于是为野心家所利用,而演出总统制,又由总统制而演出帝制。此亦崇拜总统、依赖总统之心理有以养成之。中国古代政论,若道家,若法家,若儒家,皆以无为为主道之第一义。道家、法家之无为尚术,而儒家之无为尚德,适合于不负责任总统之本分。或喻诸肥豚,乃不安分者不知德化之效力,而妄发牢骚耳。宁以古代学究压制女子之言,所谓无才是德者况之,尚可为谯而不虐。要之,总统不必有才,即有才而亦绝不容以才自见,唯德为其要素耳。总统既无实权,则所谓一国元首者,不过虚荣,直与勋位无异。世岂有竭实力以争虚荣者哉?约法既复,总统无责任之义,不可摇动,则总统者宜不复为有才有力者之竞争物。而普通心理,庶亦扫其崇拜倚赖之污点乎?此吾所感想者三。

　　人之生也,呼吸机关,无时不有吐故纳新之作用;全体细胞,无时不行其推陈出新之作用。非是,则病且死。吾国以病夫闻于世也久矣,振而起之,其必由日新又新之思想,普及于人人,而非恃一手一足之烈。此尤感不绝于予心,而愿与四百兆同胞共印证之者也。

《旅欧杂志》第 3 期,1916 年 9 月 15 日

吾人所受于欧战之教训

（1916 年 11 月 20 日）

欧洲战争,不独列强胥受其影响,即吾国之受其影响者,尤为深巨。此次从本国各处及协约国、同盟国、中立国各方面传来之消息,谅已夥颐,兄弟固无庸再为陈述,唯兄弟留寓法国,寒暑一易,自欧战发生以来,凡从报纸暨经历所得者,虽系片面之消息,但距离较近,或可较内地所见闻者,略为真确,亦未可知。

欧战二年,牵连被累者不知凡几,及细究其原因,实德法二国为之主要。里日真之著作战论也,谓德法二国可以代表双方,兄弟居德法久,所获消息亦较夥,虽与德国方面交通断绝,但绳迹茧丝不难寻绎,而得他山之石,可以为错,研究主要国之所在,以为将来之准备。区区之意,愿吾父老昆弟之垂察焉。请分述:

（一）战争之武力何以如此雄厚。（二）经济方面何以能支持久远。（三）人道主义与帝国主义之战争。

（一）武力。德自破比后,英俄之兵屡战屡北,似已所向无敌。现虽进步渐少,然境界之上,尚无敌人一骑一卒。法则因被普鲁士割去二州以来,国耻所在,不得不与之战争,然准备则不逮德之周密。当塞尔维亚事方起时,各国均以为开战尚未,乃德以侵占为主义,即锐意进行,致法国准备不及。然二年来,犹自能勉力支持。是德国优于侵占,而法亦长于防御也。从而中国之对于列强至少须具有如法之防御力。忆当中国与外国相值时,仅从事于制造枪炮等,以为师夷长技,足以制夷也。然迄不能占优胜之地位。于是知外国之政治亦多可采,更进而知国民力量与夫工商事实,亦须注意,再进而知教育之外形与内容,亦不可不以为师资,凡此皆中国近数十年来之进步,然一思夫德法何以有如是之武力,觉尤有精神上之主要原因,为吾人所当研究者,即科学与美术是也。

（甲）科学。科学之于军事上,有绝大效用者。第一制造。枪炮弹药之制造,须有算学化学之运用,否则国内科学不发达,不能发明新式之利器,唯购外国之旧械供军用,又如何能战胜乎？至于潜水艇、飞行艇之制造、之驾驶,尤纯粹为科学的作用,即浅言夫服装之设备,其分量与原料,亦与科学有关。德法唯科学发明是以双方武力均能持久。俄国不然,是以战败于日,至今尚向日本购枪炮以为用也。第二运输。军事贵乎神速,运输尤为主要,如德于铁道事业平素发达,故一旦战事发生,运输不虞阻滞。比利时之役,应用大炮,车运前敌,是以攻城略地,无敌不克。此外以摩托车运接驶行,而运军士与军械。法负行之时,德欲利用地面炮火轰击,后知法人有备不果,凡此皆战事有恃运输之实例也。然铁道之筑建,摩托车等之制构,全恃科学。中国近二十年来,亦知铁道运输,于军事上多重要关系,然工程之事借材外人,此皆科学之未能发达也。虽然制造精矣,运输便矣,而使军人鲜有科学知识,与夫统兵之人,不谙调遣战略,则亦驱市人而战之。故练兵有专门军事学之教授,而统兵者尤须有军事学上特别之能力。但德法之战,初亦不能有何等胜负,洎德大将某以运用谋略,结果德乃渐见战胜。故无科学知识之军,虽多奚为。举近来中国数十师之兵,难与外国一战,亦以军事学之不发达也。

（乙）美术。美术之功用,可以使吾人利害生死束缚之解除,盖军人而束缚于利害生死,其结果必致不知天职为何物。无事则骚扰地方,有事则退缩哗溃,甚或甘为间谍,以自卖其国。无他,此皆束缚于利害生死之观念,利害移之,生死诱之,而自沦入于不道德也。顾或谓宗教之效力,实可以解除人生一切利害生死之妄念,其说谓以神道设教,则人觉冥冥中有上帝之监临,而自耻不道德之行为。然知识力强者,恒能打破此宗教之迷信,而仍趋利以避害,好生以恶死。故以为宗教不足解除利害生死之束缚。唯美术能解除利害生死之束缚。美术有优美壮美之分。例如游西湖者,睹天然之丽景,此身飘飘欲仙,尘俗襟胸为之一涤。又如颂古名人之诗歌,致忘饥渴,此优美之效用也。例如海艇中骤遇惊涛飓风,危险极矣,然曾经此危险之人,觉此象亦不易复得。又如空旷之地,仰观恒星,觉一星一地球于无数世界中,返观吾躯,真渺小不知何物。此壮美之效用也,是故优美能引起人超脱之思想,而使此心以利害生死为不足计较,壮美能引起人高大之思想,而使此心以利害生死为不必计较。从而此时吾之思想,沿一直线以行,而不致为外物所诱。近今民族中,如拉丁族,近于优美;日耳曼民族,近于壮美。德人自实行俾斯麦政策,恒抱此铁血主义,而以极危险之事为极快乐,凡尔丁之役①死者如山,而前仆后继,曾不退却。此即以觇德人,可为壮美民族之代表。法之兵力不及德,人口亦少德百分之三,然卒能持久战争。亦以法军不纯从力量上着想,而绰有轻裘缓带之风。其战也,必俟敌军所丧之象与所费之军火,

---

① 凡尔丁,即凡尔登（Verdun）,1916 年 2—9 月,德法两国于此进行会战,双方伤亡惨重,史称"凡尔登绞肉机"。

其价值相当时,始与之对垒,若时未至,宁为防御,而避此锐不可当之气。盖所谓养其全锋,而待其弊者。此种战略,法大将祈乌尔实主张之。至凡尔丁一役,以地理上多重要关系,则又竭力扼守誓死勿去。此即以觇法人,可为优美民族之代表。然二国何以能收此优美壮美之效果,则亦以二国政府早有以养成国民优美壮美之性质。例如一小都市中,必有公园数处,道路洁净,植物美丽。凡兴一市场,而美术之陈设,必先计划,政府拟此提倡,是以全国人民,以美术思想发达之结果。而觉对于此可爱之国家,绝无利害生死之可念。故二国之好,性质在武力,尤在科学,而尤在美术。

(二)经济之持久。以近状言,法德每日所耗费之财力,足支吾国一年之需用,时已二年,而尤能支持不匮。推原其故,断非全恃政府之手段,而在于国民之富财。至其富力奚在,则无非实业上发生,而实业之发生,则农工商三者而已。

(甲)农业。中国以农立国,数千年来,农业甚为发达,然一就外国之农业而相与比较,觉彼之尽地力,其方法较优胜于中国,方法维何? 第一农人均有普通知识。如肥料之配制,机器之运用,不若中国农民之墨守旧规。第二农人均有公共组合,均由农户集合资本成之。中国旧时亦有青苗法等,然事一经官,即多弊害,唯公共组合,则集自农人之资本,一旦需要,自相通融,绝无典当盘剥之苦,其于机器、种子选挑,亦可由组合中代办。且组合之内,设有中等农校甚多,入校子弟但年输十五法郎,已足供学膳费之需。而学生半日听,半日实习,绝无逸豫忘劳之弊,不第学生归时,可以所学知识,输与邻里家人,而当实习时,野外操作,俱为农人所习见,从而工作之上仿效亦易。

(乙)工业。工业之发达,有二原因:第一间接之工少。盖直接之工能改变物料,使世界上多一种生产。间接之工虽生产亦多助力,然实与游民无异，其结果则间接之工多者，工业必致衰落，例如工人之车夫，亦间接之工也。以一车夫而御一工人，以往来工场，则作工者不啻有二人。犹忆十五年前，日本人力车、马车尚少，而电车已甚发达。盖电学一经发明，则可省无数间接之工，而直接作工之人自多。若夫一人作无益之事，而使多人供其服役，则尤不啻以一人之不能直接工作，而连累无数之人成为游民。故欲工业之发展，全在间接之工之减少，而欲间接之工之减少，全在发明科学以代人工。德法二国，现当物力匮乏，工人缺乏之时，而犹能支持战事，亦以国内之学者，率能发明学术之效用。以科学的制造替代人工，是以外国之战争虽剧，而国内之工业，其发达仍犹昔也。第二工会之组织。欧洲之工，现尚须仰资本家之鼻息，□□□□□，故皆有社会党之反对，代工人鸣其不平。务使工人之身力不致损害，工人之时间得有余闲。于是而为工者不致有自生自灭之虞，前乎此者。俾斯麦曾抱此主义，以维持此无告之工人，当时俾虽贵族，而眼光甚远。故为之定工价与工时，制限与夫储蓄之方法，由是因之而工人自设工会，力量乃渐扩充。先是罢工之事，工人与资本家恒双方亏耗，甚或资本家以利用财力之结果，而使工人不能与抗。自工会成立，为工人储蓄巨款，俾罢工时有所得食，不致受资本家之挟制。一方于罢工时，有私自入厂工作者，则工会立斥逐之，并宣言如资本家犹雇用此违背工会条约之工人，全体工人自后誓不再与此资本家服力，故其结果，工会之效力甚大。且工会又专承办工厂之招工与夫工人之待雇，而工人又具有普通知识，如社会上需要某工，而某工缺少时，工会即可介绍他工改作之，故工人失业者恒少。工人不失业，则原料多成生物而国自富，中国反是，故国多无业之人。而尽力于侥幸事业，从而影响所及，效尤者众，人格因之沦落。例如以中国之大，而人民胥愿入中央政府与省政府以为之服务，甚或役多数之人，而使为自己运动议员，或更以不规则之行为出之，是以工人竭力于侥幸之事业,而其结果,使社会多无业之游民也。且钻营者因种种方法谋一地位,恐其地位不巩固,又施种种运动力谋巩固其势力。始也以所入不敷应酬而借贷,继也以借贷不敷挥霍,而挪移甚至因而贪求,是不但一人人格因之堕落,且一家家众因之堕落,而多数之人因艳羡彼之生活,从而效尤不复为工作,此又比比是已。然此社会上亦须担负责任,盖社会上苟有能负公众责任之人,量其能力,为之介绍于各种社会,使从事有益之事业,或设一机关使无业者得所请愿,又或先筹的款,为之设法营业,俟获利时使之归还。是则人人有职业生利者多,而分利者少。国力自见其日富。故工部工会工局之组织,实为今日所不可少。

(丙)商业。中国古时之贱商主义,实属大谬,盖商之转运与农工之制造同为生产之一部分。特后来专事营利,致与本来性质相反。例如商业因社会之需要,故而多设分店,以为商业之竞争,然分店之需财力需人工,一方面并无收入之盈多,一方面即生支出之靡费。且需要有定额,因供有限之需要,靡费无限之财力人工,则亦不甚足取。欧洲则有大店之组织,店以内百货俱备,定价划一,且各司其事秩序井然。合各种之小商店,而成一大商店,其为省财力人工计,固无有甚于此者。至美国之托拉司①性质,虽近专制,而于商业之发展,则多助力。此外,如比利时三百万佛郎资本组织之协会,凡会员年纳会费二元者,其家需要物品时,即可开单交与协会,由协会以七折买进,八折卖出,及至年度告终,则以盈余之款,匀摊于众会员,是有些协会,而资财之凭以为中间人赚去者,已省不少。此又增其富力之一大原因也。

(三)帝国主义与人道主义。帝国主义与人道主义之孰战胜,现虽不能决定,然德国则抱帝国主义者也,法国则抱人道主义者也。帝国主

---

① 托拉司,即托拉斯(trust),垄断组织的高级形式之一。

义以民族或国家为单位,故德唯知有日尔曼民族,有德意志国家。其宣言则曰,世界有强权无公理,条约则可废止也。比利时中立,则可破坏也,无战斗力之妇孺,可以潜水艇轰击之也。盖自达尔文《天演论》①出版后,竞存之说,种于人心,1904 年,学者尼采主张,世界种族愈强,则愈进化,谓谦退逊让皆柔弱之差,总其结果,能使世界日趋于退步。德为力主强权之国,故二十四邦各自练存兵筹饷,而以联邦政府之参议院,综其大权,作为与列强竞存之准备。盖以强人即可淘汰弱种,将来全世界之人,不难以德国管领之。而行动之合于道德与否不顾也。人道主义以人为单位。并说一人即有一人权,国分二人不能各自共存于世界,是以联合组织国家以为之保障。盖以吾人因不能如犹太人之无国而生存,然亦不能以自己力图生存之故,仇视国以外之人数,故有以政府与政府所结之国际条约,为不可恃。而主张国与国之人民,自相交通联络情愫者。当欧战未开时,法国社会党魁深虑战衅一开,全世界将受其害。拟联合各国社会党宣言,如政府果欲战争,吾人唯有以罢工相对付,盖如军械厂制造厂等一经罢工,战斗绝不能发生也。时以德国社会党,迫于国家取缔之酷,不敢承认,于是各国社会党,群起詈之,一方并加入戎行,以共讨灭此帝国主义之德国,而战争乃成。综而言之,德以帝国主义破坏人道主义者也,法以人道主义抵抗帝国主义也。以公例言,法终当占优胜。忆前此德议员中之社会党魁,亦以反对帝制故,起而质问政府,施以主使罢工事被捕,且定罪恶,使德之社会党果占势力,第须克虏伯炮厂厂工全体罢工,战祸即可立时终了,又何致有今日之剧战哉?故各国现甚希望德国之变为共和联邦,否则或德力竭而败。使后之起者如日本等,不致

---

① 此处大概是指达尔文的《物种起源》,《天演论》是托马斯·亨利·赫胥黎的著作,由严复翻译。

为德意志之第二,而世界可永保和平。夫使国际间政府与政府,人民与人民,共抱此人道主义互相联合,互相提携,则情意既合,猜嫌自泯,中国于此时虽不致如欧人所云黄祸,然立国于地球之上而能不受人欺,蔚然独立为一大国。斯又人道主义之终战胜已。

《民国日报》1916 年 11 月 20—23 日

我之欧战观

——在北京政学会欢迎会上的演说词

（1917 年 1 月 1 日）

今日贵会开恳亲会，鄙人得随诸君子之后，躬逢其盛，欢欣莫名。鄙人对于政治方面，毫无经验，对于创造共和，亦未稍尽汗血之劳，欢迎两字，实不敢当。今日承贵会相招，命鄙人述欧战之情形。鄙人近从欧洲归国，自应略有见闻。但鄙人并无军事上之知识，对于此次战争，自不能发挥其真谛。又此次战争，一方系同盟国，一方系协约国。鄙人来自法国，对于同盟国一方面，自必大有隔阂。兹以管窥所及，略为诸君子陈之。

欧战持久之原因　此次欧洲战争，牵连之国甚多，除欧洲一二小国外，其余各国，尽牵连在内。至战争最激烈者，则属德、法、俄三国，而尤以德、法之战为最久。故鄙人所欲言者，为德、法二国所以能持久之原因。

科学之发达　据鄙人观察以为，第一因科学之发达，第二因美术之发达。骤聆此论，似近迂腐，然其中却有真理。何以谓由于科学发达也？战争要品，厥唯军械。世界日近文明，军械亦日新月异。比利时之列日炮台，为世界最著名者，当造此时，以为无论何种炮弹，皆能抵御。而德国秘制之巨炮，竟攻破之。是其战胜实由军械进步；而军械进步，实由科学进步。又粮饷尤为军事上要品。然为地力所限，不能为无已之加增。德国虑粮糈缺乏，恃科学之力，制造种种代用品以济之。又战争之初，德军得势，亦半由于交通之便利。德国之交通计划，于无事时预备已极周到，一值开战，则即为运输军队之用。其工程之完坚，组织之精密，无不源于科学。法为民主国，其军备不能如德国之强。故开战之初，不免失败。然以科学发达之故，军械之制造，饷糈之调度，交通之设备，尚足与德抗衡，故能持久不敝，与德互有胜负。至俄国则版图虽较德、法二国为大，而科学比较的不发达，军械不足，交通不便，遂一蹶而不振矣。

国民道德　然进而求之，战争以军人为主体。军备虽完善，交通虽便利，苟军人无舍身为国之公德，亦自无效。德国取侵略主义，法国取防御主义。主义虽不同，而为军人者，俱能奋勇前进，此由于国民之道德。俄国官吏有贪赃纳贿者，军官有私扣兵饷者，政治之腐败，已达极点，而国民教育，亦未普及。虽以德、法二国之精兵与之，亦万不能操必胜之券。

道德与宗教　至道德之养成，有谓倚赖宗教者，其实不然。以此三国比较之，俄国最重宗教，莫斯科一市，即有教堂千余所。国家以希腊教为正教，对于异教之人，不禁虐待。犹太人因保守犹太旧教，屡受俄人虐待。可见信仰宗教，实以俄人程度为最高。德国北方多奉耶教，南方多奉天主教。而德人对于宗教，并不极端信仰。即如星期日，各教堂虽均有教士演讲，而普通人不皆往听。至于大学生，则对于教士多非笑之。一元论哲学家如海开尔（Hecker）等，尤攻击宗教。法国人对于宗教，较之德人尤为浅薄，即如圣诞日，德国尚停市数日，饰树缀灯；法国则开市如常，并无何等点缀。至于教堂中常常涉足者，不过守旧党而已。自一八九二年至一九一二年，法国厉行政教分离之制，凡教士均不得在国立学校为教员，自小学以至大学皆然。此外反对宗教之学说，自伏尔泰以来，不知有若干人。可见法国人对于宗教之态度矣。俄人宗教上之信仰，较德、法人为高，而战争中之国民道德,乃远不如德、法,可见宗教与道德无大关系矣。

美术之作用　然则法、德两国不甚信仰宗教,而一般人民何以有道德心? 此即美术之作用。大凡生物之行动,无不由于意志。意志不能离知识与情感而单独进行。凡道德之关系功利者,伴乎知识,恃有科学之作用;而道德之超越功利者,伴乎情感,恃有美术之作用。美术之作用有两方面:美与高是。

美与高　美者,都丽之状态;高者,刚大之状态。假如光风霁月,柳暗花明,在自然界本为好景。传之诗歌,写诸图画,亦使读者观者有潇洒绝尘之趣,是美之效用也。又如大海风涛,火山爆发,苟非身受其祸,罕不叹为壮观。美术中伟大雄强一类,其初虽使人惊怖,而神游其中,转足以引出伟大雄强之人生观,此高之效用也。

德法之民性　现今世界各国,拉丁民族之性质偏于美,而日尔曼民族之性质偏于高。德国歌德之戏曲,都雷(Dürer)与呵尔拜因(Holbein)之图画、克林格(Klinger)之造像,皆于雄强之中带神秘性质,此偏于高者也。法国语调之温雅,罗科科时代建筑与器具之华丽,大卫(David)与英格尔(Ingres)等图画之清秀,皆偏于美者也。凡民族性质偏于高者,认定目的,即尽力以达之,无所谓劳苦,无所谓危险。观德军猛攻凡尔登之役,积尸如山,猛进不已,其毅力为何如! 凡民族性质偏于美者,遇事均能从容应付,虽当颠沛流离之际,绝不改变其常度。观法人自开战以来,明知兵队之数、预备之周,均不及德,而临机应变,毫不张皇,当退则退,可进则进,若握有最后胜利之预算,而绝不以目前之小利害动其心者,其雍容为何如! 此可以见美术与国民性之关系。而战争持久之能力,源于美术之作用者,亦必非浅鲜矣。

帝国主义与人道主义　又有一层,此次战争,与帝国主义之消长,有密切关系。使战争结束,同盟方面果占胜利,则必以德国为欧洲盟主,亦即为世界盟主，且将以军国主义支配全世界。又使协约方面而胜利，则必主张人道主义而消灭军国主义，使世界永久和平。何以言之？在昔生物学者有物竞争存、优胜劣败之说，德国大文学家尼采遂应用其说于人群，以为汰弱存强为人类进化之公理，而以强者之怜悯弱者为奴隶道德。德国主战派遂应用其说于国际间，此军国主义之所以盛行也。然生物学者又有一派发见生物进化公例，不在竞争而在互助。俄国无政府主义者克鲁泡特金亲王集其大成，而作《互助论》。其出版时本用英文，亦有他国文译本，然未为多数人所欢迎也。自此次战争开始，协约国一方面深信非互助无以敌德。既于协约各国间实验之，而《互助论》之销数乃大增。此即应用互助主义于国际，而为人道主义昌明之见端也。吾人既反对帝国主义，而渴望人道主义，则希望协约国之胜利也，又复何疑！

民国八年十二月三日改定

北京大学新潮社编印《蔡孑民先生言行录》

欧战与哲学①

——在北大"国际研究"演讲会上的演说词

（1918 年 10 月 18 日）

现在欧洲的大战争，是法国革命后世界上最大的事。考法国革命，很受卢梭、伏尔泰、孟德斯鸠诸氏学说的影响。但这等学说，都是主张自由、平等，替平民争气的；在贵族一方面，全仗向来占据的地盘，并没有何等学理可替他辩护了。现今欧战是国与国的战争。每一国有他特别的政策，便有他特别相关的学说。我今举三种学说作代表，并且用三方面的政策来证明他。

第一是尼采的强权主义，用德国的政策证明他。第二是托尔斯泰的无抵抗主义，用俄国过激派政策证明他。第三是克鲁泡特金的互助主义，用协商国政策证明他。考尼氏、托氏、克氏的学说，都是无政府主义，现在却为各国政府所利用。这是过渡时代的现象呵！

古今学者，没有不把克己爱人当美德的。希腊时代的诡辩派，虽对于普通人的道德，有怀疑的论调，但也是消极的批评罢了。到一千八百

---

① 本文系蔡元培在北大"国际研究"第三次演讲会上作的报告，曾改题为《大战与哲学》。

四十五年,有一德国人约翰加派斯密德(Johon Karpor Schmidt)发行一书叫作《个人与他的产业》,专说"利己论"。他说:"我的就是善的,'我'就是我的善物。善呵,恶呵,与我有什么相干? 神的是神的,人类的是人类的。要是我的,就不是神的,也不是人类的。也没有什么真的,善的,正义的,自由的,就是我的。那就不是普通的,是单独的。"他又说:"于我是正的,就是正。我以外没有什么正的。就是于别人觉得有点不很正的,那是别人应注意的事,于我何干? 设有一事,于全世界算是不正的,但于我是正的,因是我所欲的,那就我也不去问那全世界了。"这真是大胆的判断呵!

到了十九世纪的后半纪,尼采始渐渐发布他个性的强权论,有《察拉都斯遗语》《善恶的那一面》《意志向着威权》等著作。他把人类行为分作两类:凡阴柔的,如谦逊、怜爱等,都叫作奴隶的道德;凡阳刚的,如勇敢、矜贵、活泼等,都叫作主人的道德。他所最反对的是怜爱小弱,所以说:"怜爱是大愚","上帝死了,因为他怜爱人,所以死了"。他的理论,以为进化的例,在乎汰弱留强。强的中间,有更强的,也被淘汰。逐层淘汰,便能进步。若强的要保护弱的,弱的就分了强的生活力,强的便变了弱的。弱的愈多,强的愈少,便渐渐的退化了。所以他提出"超人"的名目。又举出模范的人物,如雅典的亚尔西巴德(Alcibiades),罗马的该撒(Caesar)、意大利的该撒波尔惹亚(Cesare Borgia),德国的歌德与俾斯麦。他又说:此等超人,必在主人的民族中发生,这是属于亚利安人种的。他所说的超人,既然是强中的强,所以主张奋斗。他说:"没有工作,止有战斗;没有和平,止有胜利。"他的世界观,所以完全是个意志,又完全是个向着威权的意志。所以他说:"没有法律,没有秩序。"他的主义是贵族的,不是平民的,所以为德国贵族的政府所利用,实行军国主义。又大唱"德意志超越一切"(Deutsche uber alles),就是超人的主义。侵略比利时，勒索巨款；杀戮妇女，防她生育；断男儿的左手，防他执军器；于退兵时拔尽地力，焚毁村落，叫他不易恢复。就是不怜爱的主义。条约就是废纸，便是没有法律的主义。统观战争时代的德国政策，几没有不与尼氏学说相应的。不过尼氏不信上帝，德皇乃常常说"上帝在我们"，又说"上帝应罚英国"，小小的不同罢了。

与尼氏极端相反的哲学，便是托氏。托氏是笃信基督教的，但是基督教的仪式，完全不要，单提倡那精神不灭的主义。他编有《福音简说》十二章，把基督教所说五戒反复说明。第一是绝对不许杀人；第四是受人侮时，不许效尤报复；第五是博爱人类，没有国界与种界。他的意思，以为人侮我，不过侮及我的肉体，并没有侮及我的精神，但他的精神是受了侮人的污点，我很怜惜他罢了。若是我用着用眼报眼、用手报手的手段去对付他，是我不但不能洗刷他的精神，反把我自己的精神也污蔑了。所以有一条说："有人侮你，你就自己劝他；劝了不听，你就请两三个人同劝他；劝了又不听，就再请公众劝他；劝了又不听，你只好恕他了。"这是何等宽容呵！《新约》福音书中曾说道："有人掌你右颊，你就把左颊向着他。有人夺你外衣，你就把里衣给他。"这几句话，有"成人之恶"的嫌疑，所以托氏没有采入《简说》中。

托氏抱定这个主义，所以绝对的反对战争。不但反对侵略的战，并且反对防御的战。所以他绝对的劝人不要当兵。他曾与中国一个保守派学者通讯，大意说：中国人忍耐的许久了，忽然要学欧洲人的暴行，实在可惜，云云。所以照托氏的眼光看来，此次大战争，不但德国人不是，便是比、法、俄、英等国人，也都没有是处。托氏的主义，在欧洲流行颇广，俄境尤甚。过激派首领列宁等本来是抱共产主义，与托氏相同，自然也抱无抵抗主义，所以与德人单独讲和，不愿与协商国共同作战了。在协商国方面的人，恨他背约。在俄国他党的人，恨他不爱国，所以诋他为德探。但列宁意中，本没有国界，本不能责他爱国。至于他受德国人的利用，他也知道。他曾说："军事上虽为德人所胜，主义上终胜德人。"就是说，他的主义既在俄国实演，德国人必不能不受影响。这是他的真心话。但我想，托氏的主义，专为个人自由行动而设。若一国的人，信仰不同，有权的人把国家当作个人去试他的主义，这与托氏本义冲突。过激派实是误用托氏主义；后来又用兵力来压制异党，乃更犯了托氏所反复说明之第一、第四两戒了。

现在误用托氏主义的俄人失败了；专用尼氏主义的德人也要失败了；最后的胜利，就在协商国。协商国所用的，就是克氏的互助主义。互助主义，是进化论的一条公例。在达尔文的进化论中，本兼有竞存与互助两条假定义。但他所列的证据，是竞存一方面较多。继达氏的学者，遂多说互竞的必要。如前举尼氏的学说，就是专以互竞为进化条件的。一千八百八十年顷，俄国圣彼得堡著名动物学教授开勒氏（Kesster）于俄国自然科学讨论会提出"互助法"，以为自然法中，久存与进步，并不在互竞而实在互助。从此以后，爱斯彼奈（Espinas）、赖耐桑（L. L. Lanessan）、布斯耐（Lovis Buchner）、沙克尔（Huxley）、德普蒙（Henry Drummond）、苏退隆（Sutherland）诸氏，都有著作，可以证明互助的公例。

克氏集众说的大成，又加以自己历史的研究，于一千八百九十年公布动物的互助，于九十一年公布野蛮人的互助，九十二年公布未开化人的互助，九十四年公布中古时代自治都市之互助，九十六年公布新时代之互助，于一千九百零二年成书。于动物中，列举昆虫鸟兽等互助的证据。此后各章，从野蛮人到文明人，列举各种互助的证据。于最后一章，列举同盟罢工、公社、慈善事业，种种实例，较之其他进化学家所举"互竞"的实例，更为繁密了。在克氏本是无政府党，于国家主义，本非绝对赞同,但互助的公例,并非不可应用于国际。欧战开始,法、比等国,平日抱反对军备主义的,都愿服兵役以御德人。克氏亦尝宣言,主张以群力打破德国的军国主义。后来德国运动俄、法等国单独讲和,克氏又与他的同志叫作"开明的无政府党"的联合宣言,主张打破德国的军国主义,不可讲和。可见克氏的互助主义,主张联合众弱,抵抗强权,叫强的永不能凌弱的,不但人与人如是,即国与国亦如是了。现今欧战的结果,就给互助主义增了最大的证据。德国四十年中,扩张军备,广布间谍,他的侵略政策,本人人皆知的了。且英、法等国,均自知单独与德国开战,必难幸胜,所以早有英、法协商,俄、法协商等预备,就是互助的基本。到开战时,德国首先破坏比国的中立。那时比国要是用托氏的无抵抗主义,竟让德兵过去攻击法国,英、法等国,难免措手不及了。幸而比国竟敢与德国抵抗,使英、法等国,有从容预备的时期。俄国从奥国与东普鲁士方面竭力进攻,给德国不能用全力攻法。这就是互助的起点。后来俄国与德国单独讲和,更有美国加入,输军队,输粮食,东亚方面,有日本舰队巡弋海面,有中国工人到法国助制军火。靠这些互助的事实,才能把德人的军国主义逐渐打破。现在,德人已经承认美总统所提议的十四条,又允撤退比、法境内的军队。互助主义的成效,已经彰明较著了。此次平和以后,各国必能减杀军备,自由贸易,把一切互竞的准备撤销,将合全世界实行互助的主义。克氏当尚能目睹的。

照此看来,欧战的结果,就使我们对于尼氏、托氏、克氏三种哲学,很容易辨别了。我国旧哲学中,与尼氏相类的,止有《列子》的《杨朱》篇,但并非杨氏"为我"的本意。(拙作《中国伦理学史》中曾辨过的。)托氏主义,道家、儒家均有道及的,如曾子说"犯而不校",孟子说的三"自反",老子说的"三宝",是很相近的。人人都说我们民族的积弱,都是中了这种学说毒,也是"持之有故"。我们尚不到全体信仰精神世界的程度,止可用"各尊所闻"之例罢了。至于互助的条件，如孟子说的"多助之至，天下顺之。寡助之至，亲戚畔之"，"不通功易事，则农有余粟，女有余布"。普通人常说的"家不和，被邻欺""群策群力""众擎易举"，都是很对的。此后就望大家照这主义进行，自不愁不进化了。

《北京大学日刊》1918 年 10 月 21 日

黑暗与光明的消长

——在北京天安门举行庆祝协约国
胜利大会上的演说词

（1918 年 11 月 15 日）

我们为什么开这个演说大会？因为大学教员的责任，并不是专教几个学生，更要设法给人人都受一点大学的教育，在外国叫作平民大学。这一回的演说会，就是我国平民大学的起点！

但我们的演说大会，何以开在这个时候呢？现在正是协约国战胜德国的消息传来，北京的人都高兴的了不得。请教为什么要这样高兴？怕有许多人答不上来。所以我们趁此机会，同大家说说高兴的缘故。

诸君不记得波斯拜火教的起源么？他用黑暗来比一切有害于人类的事，用光明来比一切有益于人类的事。所以说世界上有黑暗的神与光明的神相斗，光明必占胜利。这真是世界进化的状态。但是黑暗与光明，程度有浅深，范围也有大小。譬如北京道路，从前没有路灯。行路的人，必要手持纸灯。那时候光明的程度很浅，范围很小。后来有公设的煤油灯，就进一步了。近来有电灯、汽灯，光明的程度更高了，范围更广了。世界的进化也如此。距今一百三十年前的法国大革命，把国内政治上一切不平等黑暗主义都消灭了。现在世界大战争的结果,协约国占了胜利,定要把国际间一切不平等的黑暗主义都消灭了,别用光明主义来代他。所以全世界的人,除了德、奥的贵族以外,没有不高兴的。请提出几个交换的主义作个例证:

第一是黑暗的强权论消灭,光明的互助论发展 从陆谟克、达尔文等发明生物进化论后,就演出两种主义:一是说生物的进化,全恃互竞,弱的竞不过,就被淘汰了,凡是存的,都是强的。所以世界止有强权,没有公理。一是说生物的进化,全恃互助,无论怎么强,要是孤立了,没有不失败的。但看地底发见的大鸟大兽的骨,他们生存时何尝不强,但久已灭种了。无论怎么弱,要是合群互助,没有不能支持的。但看蜂蚁,也算比较的弱极了,现在全世界都有这两种动物。可见生物进化,恃互助,不恃强权。此次大战,德国是强权论代表。协商国,互相协商,抵抗德国,是互助论的代表。德国失败了。协商国胜利了。此后人人都信仰互助论,排斥强权论了。

第二是阴谋派消灭,正义派发展 德国从拿破仑时受军备限制,创为更番操练的方法,得了全国皆兵的效果。一战胜奥,再战胜法。这是已往时代,彼此都恃阴谋,不恃正义,自然阴谋程度较高的战胜了。但德国竟因此抱了个阴谋万能的迷信,遍布密探。凡德国人在他国作商人的,都负有侦探的义务。旅馆的侍者,苗圃的装置,是最著名的了。德国恃有此等侦探,把各国政策军备,都知道详细,随时密制那相当的大炮、潜艇、飞艇、飞机等,自以为所向无敌了,遂敢唾弃正义,斥条约为废纸,横行无忌。不意破坏比利时中立后,英国立刻与之宣战。宣告无限制潜艇政策后,美国又与之宣战。其他中立等国,也陆续加入协商国中。德国因寡助的缺点,空费了四十年的预备,终归失败。从此人人知道阴谋的时代早已过去,正义的力量真是万能了。

第三是武断主义消灭，平民主义发展　从美国独立、法国革命后，世界已增了许多共和国。国民虽知道共和国的幸福，然野心的政治家，很嫌他不便。他们看着各共和国中，法、美两国最大，但是这两国的军备都不及德国的强盛，两国的外交，又不及俄国的活泼。遂杜撰一个"开明专制"的名词，说是国际间存立的要素，全恃军备与外交。军备与外交，全恃武断的政府。此后世界全在德系、俄系的掌握。共和国的首领者法若美且站不住，别的更不容说了。不意开战以后，俄国的战斗力，乃远不及法国。转因外交狡猾的缘故，貌亲英、法，阴实亲德，激成国民的反动，推倒皇室，改为共和国了。德国虽然多挣了几年，现在因军事的失败，喝破国民崇拜皇室的迷信，也起革命，要改共和国了。法国是大战争的当冲，美国是最新的后援，共和国的军队，便是胜利的要素。法国、美国都说是为正义人道而战，所以能结合十个协商的国，自俄国外，虽受了德国种种的诱惑，从没有单独讲和的。共和国的外交，也是这一回胜利的要素。现在美总统提出的十四条，有限制军备、公开外交等项，就要把德系、俄系的政策根本取消。这就是武断主义的末日，平民主义的新纪元了。

第四是黑暗的种族偏见消灭，大同主义发展　野蛮人止知有自己的家族，见异族的人同禽兽一样，所以有食人的风俗。文化渐进，眼界渐宽，始有人类平等的观念。但是劣根性尚未消尽，德国人尤甚。他们看有色人种不能与白色人种平等，所以唱黄祸论，行"铁拳"政策。看犹太、波兰等民族不能与亚利安民族平等，所以限制他人权。彼等又看拉丁民族、盎格鲁-撒克逊民族又不能与日耳曼民族平等，所以唱"德意志超过一切"，想先管理全欧，然后管理全世界。此次大战争，便是这等迷信酿成的。现今不是已经失败了么？更看协商国一方面，不但白种的各民族，团结一致，便是黄人、黑人也都加入战团，或尽力战争需要的工作。义务平等，所以权利也渐渐平等。如爱尔兰的自治，波兰的恢复，印度民权的伸张,美境黑人权利的提高,都已成了问题。美总统所提出的民族自决主义,更可包括一切。现今不是已占胜利了么?这岂不是大同主义发展的机会么?

　　世界的大势已到这个程度,我们不能逃在这个世界以外,自然随大势而趋了。我希望国内持强权论的,崇拜武断主义的,好弄阴谋的,执着偏见想用一派势力统治全国的,都快快抛弃了这种黑暗主义,向光明方面去呵!

《北京大学日刊》1918 年 11 月 27 日

致孙中山函

（1918 年 11 月 18 日）

中山先生赐鉴：

久疏修候，时从北来诸同志中，得谂起居康胜为慰。

欧战既毕，国内和平之声浪洋溢南北，大势所趋，绝非少数人所能障挽。颇闻先生近方专著述，不接政客，当亦是赞同和平之表示。犹忆五年间，先生在张园演说，略称华人建屋以上梁为大礼，是政府集权之类例；西人建屋以奠基为大礼，是人民自治之类例；而要归于民国人民必具自治能力，是诚颠扑不破之主义。敢祈提挈同志，努力进行。倘于实业、教育两方面确著成效，必足以博社会之信用，而立民治之基础，较之于议院占若干席、于国务院占若干员者，其成效当远胜也。

四川尹君仲材，同盟会老同志也，谭石屏先生稔知之。尹君对于社会事业有一计划，欲请教于先生，特为专函介绍，幸进而教之。

肃此，敬请

道安不宣

蔡元培谨启　民国七年十一月十八日

王家出版社编印《蔡元培全集》

附:孙中山复蔡元培函(1918 年 12 月 4 日)

孑民先生道鉴:

　　频年奉睽教范,企想殊切。顷晤尹君仲材,并奉手书,顿慰积想。

　　今日国民希望平和之切,诚如尊论。唯是国民所蕲望之平和,为依法之平和,为得法律保障之平和。近闻少数谋平和者,方欲牺牲国会,而与武人为谋。夫国会者,民国之基础,法治之机枢,此而可废,于民国何有? 蔑法律而徇权势,是乃苟且偷安,敷衍弥缝。虽足以勉持旦夕,而武人把持政柄,法律不能生效,民权无从保障,政治无由进化。权利争竞,扰攘不已。一旦倾轧破裂,则战祸又起。故民国若不行法治之实,则政治终无根本解决之望。暂安久乱,所失益多。况自欧战既解,强权铲灭,公理大昌,欲求民治之实,尤非少数暴戾武人所能为。

　　自威尔逊总统提倡以正义公理维持国际之永久和平;同时,并闻有劝告中国、并助北方强制南方速就妥协之说。文窃虑其以爱中国之热心,而误用其调和之手段,期南方置法律不顾而苟且弥缝,则爱之适以害之,为患于将来益大。故于十一月十八日致电威总统,谓南方期保障国家之法治,为护法而战。所要求者,只一公平简易之条件,即国会须得完全之自由,行使其正当之职权也。若此简易之条件尚不能办到,则吾人唯有继续奋斗,虽北方援引任何强力,皆所不顾。此电去后,同时并由路透电遍传欧美,引起各国之注意。故美国上议院已有承认中国南方为交战团体之提议,而美政府对文电亦表示赞同。是则外交友邦且能为我主持公道,吾人天职所在,安可不益勉求贯彻初衷,以竟护法之全功,而期法治之实现。耿耿之忱,当亦执事所同然欤。

　　朔风凛冽,北望增怀,伏冀为道自重。并颂

教祉

孙文　十二月四日

孙中山复蔡元培函原件

致朱启钤函

（1918 年 12 月 19 日）

桂莘先生大鉴：

径启者，自政府派定代表筹备会议，和平前途，已有转机。唯南方近因陕、闽问题，抗争甚力，尤重陕事。因局部牵制，以致南方代表尚未派出，障碍横生，大局可虑。敝会昨电南方当局，痛陈利害，请即日先派定代表，再议枝节。同时建议府、院请对陕闽暂划界停战。唯时机紧迫，敝会虽尽力斡旋，而调停收效，犹有不得不赖我公之主持者。

查陕、闽问题，内容复杂，而陕尤特甚。昨国务院电复南中，认陕、闽为剿匪区域。在当局自具苦心，而内容问题，实非如是简单。陕乱经年，兵匪糅杂，人民疾苦，地方靡烂，诚如院电所云。唯查该省靖国军本部，曾经南方承认，其总、副司令于右任、张钫曾受南方任命。现既南北停战，而独对陕用兵，则南方所争，似亦不能全置之不顾。闽事纠纷，稍逊于陕，然协商解决，要亦宜速。

伏念中国今日处不得不和之势，有外人干涉之危。无论南、北，均宜觉悟大势，先决根本，会议早开一日，则危机减少一分。对局部问题，总宜舍弃成见，顾全大局。敝会斟酌各方情形，以为剿匪安民，为大局善后要政,而划界停战,则目前待决之亟务。拟恳我公毅力主持,商请政府暂令停战,一面电商南中,会同派员至两省监视划界,暂维现状,其靖国军区境之土匪,即责成该总司令负责剿办,静候解决。如是,既便大局和议之进行,且无碍地方善后之计划,为大局计,似莫逾此。敝会除电请南中速派代表外,用特函请我公主持,明令解决陕、闽纠纷,以免影响和局,不胜盼切待命之至。即颂

台安

熊希龄

蔡元培　启

《大公报》1918 年 12 月 19 日

《国民杂志》序

（1919 年 1 月）

《国民杂志》者，北京学生所印行也。学生唯一之义务在求学，胡以牺牲其求学之时间与心力，而从事于普通国民之业务，以营此杂志？曰：迫于爱国之心，不得已也。向使学生而外之国民，均能爱国，而尽力于救国之事业，使为学生者得专心求学，学成而后有以大效于国，诚学生之幸也。而我国大多数之国民，方漠然于吾国之安危，若与己无关。而一部分有力者，乃日以椓丧国家为务。其能知国家主义而竭诚以保护之者，至少数耳。求能助此少数爱国家、唤醒无意识之大多数国民，而抵制椓丧国家之行为，非学生而谁？呜呼！学生之牺牲其时间与心力，以营此救国之杂志，诚不得已也。

学生既不得已而出此杂志，则所出杂志之务有以副学生之人格，其要有三：

一曰正确。有一事焉，与吾人之所预期者相迎合，则乍接而辄认为真；又有一事焉，与吾人之所预期者相抗拒，则屡闻尚疑其伪。此心理上普遍作用也。言论家往往好凭借此等作用，以造成群众心理，有因数十字之电讯而酿成绝大风潮者，当其时无不成如荼如火之观，及事实大明，而狂热顿熄，言论家之信用荡然矣。故爱国不可不有热诚；而救国之计划，则必持以冷静之头脑，必灼见于事实之不诬而始下判断，则正确之谓也。

二曰纯洁。救国者，艰苦之业也。墨翟生勤而死薄，勾践卧薪而尝胆，范仲淹先天下之忧而忧，后天下之乐而乐。断未有溺情于耳目之娱，侈靡之习，而可以言救国者。近来我国杂志，往往一部分为痛哭流涕长太息之治安策，而一部分则杂以侧艳之诗文，恋爱之小说，是一方面欲增进国民之人格，而一方面则转以陷溺之也。愿《国民杂志》慎勿以无聊之词章充篇幅。

三曰博大。积小群而为大群，小群之利害，必以不与大群之利害相抵触者为标准。家，群之小者也，不能不以国之利害为标准。故有利于家，而又有利于国，或无害于国者，行之。苟有利于家，而有害于国，则绝对不可行。此人人所知也。以一国比于世界，则亦为较小之群。故为国家计，亦当以有利于国，而有利于世界，或无害于世界者，为标准。而所谓国民者，亦同时为全世界人类之一分子。苟倡绝对的国家主义，而置人道主义于不顾，则虽以德意志之强而终不免于失败，况其他乎？愿《国民杂志》勿提倡极端利己的国家主义。

以上三者，皆关于内容者也。至于《国民杂志》社之进行，最所希望者，曰有恒。《国民杂志》之酝酿，已历半年，卒底于成，不能不佩社员之毅力。自此以前，尚为一鼓作气之时期。若前数期出版以后，渐渐弛其责无旁贷之决心，则此后之困难，正不弱于酝酿时期。愿社员永永保此朝气，进行不息，则于诸君唤醒国民之初心，始为无负也。是为序。

《国民杂志》创刊号，1919 年 1 月

在国民外交协会讲演会上的演说

（1919 年 3 月 13 日）

今天大风扬尘，而诸君到会如此踊跃，足见吾国国民注意外交大与从前不同。鄙人承协会之招，责以演说，自问非外交专家，本无在此演说之资格。盖外交为专门事业，故办事机关有外交部、公使馆等，而预备学问则有国际法、外交史，初非毫无预备毫无经验之人所能随口乱道者也。唯外交事业虽属专家而外交影响则人人所受。例如：空气之分析，若测后虽不能不责之科学家，而空气之影响则人人呼吸而感觉之，是以鄙人虽非外交专家而既受外交影响则自有对于外交之感觉，今则以感觉者为诸君言之。鄙人所提出者为"自他均利的外交"。

盖人类行为可别为三种：一曰，绝对的利己主义；二曰，绝对的利他主义；三曰，自他均利主义。绝对的利己主义在个人行为莫不认为罪恶，而外交界则转认为适当。所谓"有强权无公理"及"强国与弱国无公法可言"等，皆其例也。绝对的利他主义且在个人行为又别为两种：一，自动的，如舍己为群、以身殉道之类皆是；二，被动的，如奴隶及一切在受治地位而以服从为道德者皆是。外交界之惯例，即仅有被动的而从无自动的。如我国与外国人所订之条约大抵有利于彼而有害于我者，其例也。

至自他均利主义在个人行为最为普遍,在外交界则仅为口头禅而鲜有实行之者。唯自此次大战争开始以后,绝对的利己主义为自他均利的外交所战胜,外交界从此开一新纪元。请以事实证明之。如:德之假道于比利时以攻英、法,绝对的利己主义也。比之力固不足以抗德,然使允德之请,则为绝对的利他主义而毫无自利之余地。何则? 德败,则因受英、法诸国之惩罚。即德幸而战胜,犹其"条约不过废纸"之习惯,宁敢复比一自由者。故比一允德,即无亡而不失败也。比人有鉴于此,似乎有百害而无一利。然协商国战胜以后,一切恢复,城市中兴文化等计划,在在皆受协助,而正直义侠之名誉为世界所艳称,岂非自他均利的好例证欤?! 又如美之加入战争,亦其一例。美国素以拜金主义闻,开战以后,欧洲商务几尽让诸美人,使牢守其隔岸观火之地位而坐待两方之胜负,似为上策,乃美国竟以德国之无限制潜艇政策而遽与宣战,牺牲国人之生命财产以加入英法各国,是何故耶? 曰:德果战胜,则必宰制全欧,为军国主义之中坚,而东联日本以为助。当是时也,美之孟罗主义且岌岌不可终日,而域外之野心更绝无可言。今以宣战之故,所输送之兵虽及二百万,而死伤者无几;所接济协约国之财力,虽为数不赀,而取偿有日,且由是而(公理战胜强权)之荣誉集中于美国,美国总统遂有提出和平意见十四条之资格,斯又非自他均利之好例证欤! 且如协商之不分和条约即自他均利之条约也。德以攻英为的,故尝以屡胜之势而竭力运动俄法二国与之单独媾和,许以种种利益。俄之亲德派欲背英、法以向德,而促成革命,酿成今日之纷乱,非自利的外交之恶果欤? 法以确守不分和条约之故,坚持到底,卒以美国之助而得最后之胜利,于世界和平会议中占重要地位,非自他均利例外交之效力欤? 自今以后,外交界须将由绝对自利的而趋向于自他两利的,可无疑义。

　　我国外交向亦抱绝对自利主义,故有以夷制夷之策,而国势不振,其结果乃为被动的他利。今既幸而卷人于自他两利之国际潮流中,不可不利用此机会由被动的他利之外交,而转为自动的自他两利之外交,其道维何？曰:一方面对于全世界永久和平之计划不可不力持正义,一方面于历年所受之压制不可不力求解脱。盖放弃自己权利与剥夺他方权利,其于破坏和平之罪,一也。原我国外交之所以失败,由一切委诸少数当局之手,常以秘密行之。当局者一遇困难问题,则仅图少数人之亟于卸责而轻易承诺,不暇顾受此影响者之大多数国民。而受此影响之大多数国民,亦且甘受此无意识之害,而不敢有所纠正,此所以失败重失败也。今外交之大势既大有转移,美总统威尔逊氏所提出之十四条,有"公开外交"一条业为各国所承认,是即畀国民以主持外交之机会。我国民不可不乘此机会以为少数外交当局之后援以救正向来之被动的利他之外交而以自进于自他均利的外交之团体。此即国民外交协会之所由发起,而今日到会诸君所不可不注意者也。

《晨报》1919 年 3 月 13 日

告北大同学诸君

（1919 年 5 月 10 日）

北京大学同学诸君鉴：

仆深信诸君本月四日之举，纯出于爱国之热诚。仆亦国民之一，岂有不满于诸君之理！唯在校言校，为国立大学校长者，当然引咎辞职。仆所以不于五日即提出辞呈者，以有少数学生被拘警署，不得不立于校长之地位，以为之尽力也。今幸承教育总长、警察总监之主持，及他校校长之援助，被拘诸生，均经保释。仆所能尽之责，止于此矣。如不辞职，更待何时？至一面提出辞呈，一面出京，且不以行踪告人者，所以避挽留之虚套，而促继任者之早于发表，无他意也。北京大学之教授会，已有成效，教务处亦已组成，校长一人之去留，绝无妨于校务。唯恐诸君或不见谅，以仆之去职，为有不满于诸君之意，故特在途中匆促书此，以求谅于诸君。

十日　蔡元培启

《北京大学日刊号外》1919 年 5 月 11 日；并

参阅《益世报》1919 年 5 月 16 日

告北大学生暨全国学生联合会书

（1919 年 7 月 23 日）

北京大学学生诸君并请全国学生联合会诸君公鉴：

……

诸君自五月四日以来，为唤醒全国国民爱国心起见，不惜牺牲神圣之学术，以从事于救国之运动。全国国民，既动于诸君之热诚，而不敢自外，急起直追，各尽其一分子之责任。即当局亦了然于爱国心之可以救国，而容纳国民之要求。在诸君唤醒国民之任务，至矣尽矣，无以复加矣！社会上感于诸君唤醒之力，不能为筌蹄之忘，于是开会发电，无在不愿与诸君为连带之关系，此人情之常，无可非难。然诸君自身，岂亦愿永羁于此等连带关系之中，而忘其所牺牲之重任乎？

世界进化，实由分功，凡事之成，必资预备。即以提倡国货而言，贩卖固其要务，然必有制造货品之工厂，与培植原料之农场，以开其源。若驱工厂农场之人才，而悉从事于贩卖，其破产也，可立而待。诸君自思，在培植制造时代乎？抑在贩卖时代乎？我国输入欧化，六十年矣，始而造兵，继而练军，继而变法，最后乃始知教育之必要。其言教育也，始而专门技术，继而普通学校，最后乃始知纯粹科学之必要。吾国人口号四万万,当此教育万能、科学万能时代,得受普通教育者,百分之几,得受纯粹科学教育者,万分之几。诸君以环境之适宜,而有受教育之机会,且有研究纯粹科学之机会,所以树吾国新文化之基础,而参加于世界学术之林者,皆将有赖于诸君。诸君之责任,何等重大。今乃为参加大多数国民政治运动之故,而绝对牺牲之乎?

抑诸君或以唤醒同胞之任务,尚未可认为完成,不能不再为若干日之经营,此亦非无理由。然以仆之观察,一时之唤醒,技止此矣,无可复加。若令为永久之觉醒,则非有以扩充其知识,高尚其志趣,纯洁其品性,必难幸致。自大学之平民讲演,夜班教授,以至于小学之童子军,及其他学生界种种对于社会之服务,固常为一般国民之知识,若志趣,若品性,各有所尽力矣。苟能应机扩充,持久不怠,影响所及,未可限量。而其要点,尤在注意自己之知识,若志趣,若品性,使有左右逢源之学力,而养成模范人物之资格,则推寻本始,仍不能不以研究学问为第一责任也。

且政治问题,因缘复杂,今日见一问题,以为至重要矣,进而求之,犹有重要于此者。自甲而乙,又自乙而丙丁,以至癸子等等,互相关联。故政客生涯,死而后已。今诸君有见于甲乙之相联,以为毕甲不足,毕乙而后可,岂知乙以下之相联而起者,曾无已时。若与之上下驰逐,则夸父逐日,愚公移山,永无蹰躇满志之一日,可以断言。此次世界大战,德法诸国,均有存亡关系,罄全国胜兵之人,为最后之奋斗,平日男子职业,大多数已由妇女补充,而自小学以至大学,维持如故。学生已及兵役年限者,间或提前数月毕业,而未闻全国学生,均告奋勇,舍其学业,而从事于军队,若职业之补充,岂彼等爱国心不及诸君耶? 愿诸君思之。

仆自出京,预备杜门译书,重以卧病,遂屏外缘。乃近有"恢复五四以前教育原状"之呼声,各方面遂纷纷加责备,迫以复出,仆遂不能不加以考虑。夫所谓"教育原状"者,宁有外于诸君专研学术之状况乎? 使诸君果已抱有恢复原状之决心,则往者不谏,来者可追,仆为教育前途起见,虽力疾从公,亦义不容辞。读诸君十日三电,均以"力学报国"为言,勤勤恳恳,实获我心。自今以后,愿与诸君共同尽瘁学术,使大学为最高文化中心,定吾国文明前途百年大计。诸君与仆等,当共负其责焉。

……

《北京大学日刊》1919 年 7 月 23 日

读武者小路实笃的著作有感

（1919 年 12 月 20 日）

我读了周先生所译的武者先生的信与诗,很有几种感想,随笔写在下面,送给《新青年》记者:

（一）现在中国人与日本人的感情,是坏极了,这因为日本对中国的态度,的确很不好,武者先生也承认的。但我们并不是说:凡有住在日本的一部分的人类,都是想借了中日亲善的口头禅,来侵略中国的。武者先生与他的新村同志,都抱了人道主义,绝没有日本人与中国人的界限,是我们相信的。就是别种新思潮的团体,如黎明会、新人会等等,我们也信他绝不赞成侵略主义的。不但这一类的人,就是现在盲从了他们政府、赞成侵略主义的人,也一定有觉悟的一日,真心同中国人携手,同兄弟一样。

（二）日本人虽然没有十分觉醒,比中国却已几分觉醒过来了,这个话我也承认。不但武者先生这种人,我们很觉难得,就是我们各报上宣布的学说,还是大半由日本间接译过来的。这就是中国觉醒的人,不及日本多。觉醒人的力量,也还不及日本人的强,是显而易见的。但是我们绝不用悲观,一小杯的水,放了一点糖,不多时,满杯都有甜味。杯子大了,水多了,糖要加多了,溶化的时间加长了,这是一定的理。我们止要肯尽量的加糖,不怕没有一日不是满杯甜味的。俄国人的尽力,是我们的模范,武者先生已经说过了。

(三)武者先生固然没有国界的观念,但他朝夕接见的,多是日本人,他自然唤醒日本人的方面用力多,唤醒中国人的方面用力少了。然而他遇着机会,还要来敲我们的门。难道我们同在门里的,还不肯觉醒我们同住的人么?这是我们应该注意的!

(四)武者先生偶然住在我们的门外,他有真心爱我们门内的兄弟,来敲我们的门。我们望着他们的门,也觉得他们门里还有许多不曾觉醒的兄弟,我们懒得敲门么?我们有机会,一定也要学武者先生,去敲他们的门。这不但是以德报德的意思,也是人类中间一个人应尽的义务。直到全世界没有一个人不觉醒,才算满意。这也是我们应该注意的!

一九一九年十二月二十日　蔡元培附记

《新青年》第 7 卷第 3 号,1920 年 2 月 1 日

挽冯国璋联

（1920 年 1 月 1 日）

自代理总统时力弭战衅，遂为南北调和派中坚，临殁宣言，尤感同泽。

于私立大学中月任常捐，更有学术研究所计划，达孝继志，是在后昆。

蔡元培手稿

对中日问题的感想

（1920 年 1 月 4 日）

中日两国之间最受国民注意的问题，有山东问题和福建问题。

关于山东问题，日本近来作为其东亚长远的政策，希望在真诚的正义的名义下，把战前的一切权益，全部归还给中国。乍一看，这是对我中国有利的主张，如果以稍微长远的眼光来看，我相信日本将来会因此获得更多的利益。

比起山东问题，福建问题因为没有什么历史原因，只是少数居留民一时的感情冲突所引起，所以估计解决起来也还较容易些。如果说像这样的小问题，直接使中国国民的热血沸腾，肯定两国之间存有其他的严重原因。我把这看作是日本旧思想、旧势力压迫中国的结果。

凡世界上不论什么国家、什么时代，都有新旧两种思想潮流。现在平民主义、人道主义，成为世界民众运动的旗帜，和旧思想、旧势力相抗争，旧思想必然被新思想所淘汰，这是历史证明了的。总之，新思想的团体愈大，进步愈快。所以，我希望两国的新人物互相合作提携，努力打破旧思想、旧势力。这样东亚的问题，至少在将来可以得到解决。我们教育界人士，都关注着这一点。

　　我了解到,在日本也有不少与我们持同感的新人物。但不幸的是,与我国政府打交道的都是旧人物。我国教育界目前发起的运动,实际是为了唤起日本新人物的注意,改变旧人物的行为。

　　我希望人类都能得到物质上和精神上的幸福,所以不一定是反对持旧思想的人,而是坚决反对那些给人类生活造成危害的行为和主张。例如阶级制度,与人类平等的自由思想完全不相容,所以不得不反对。欢迎新者,也不是简单的因为是新的就欢迎,而是其中的求真不止的热烈精神,和产生正义人道的主义。旧学说与我们的主张相合的东西,也要欢迎,绝不反对。但学问、真理是没有国境的。现在中国国民声势浩大的抗日,也绝不是排斥总体的日本的。我希望两国人民携起手来,共同增进人类生活的幸福。为了这一目标,除期待新人的力量外,别无他法。我们对日本的新人新运动,寄予极大的希望,并真诚地祝愿他们日益壮大发展。

北京大学校长蔡元培

王青译自日本《日日新闻》1920 年 1 月 4 日

为反对中日直接交涉呈北京政府文

（1920年2月9日）

呈为外交大计，关系国命，遵照部令，陈述意见事。窃各校奉教育部第六三号训令，内开专校以上生徒，如有主张，无妨就学理知识所得，在校内为理论事实上之研究，借以陈述政府，唤醒社会各界，等因奉此，仰见政府虚衷采纳之至意，莫名钦佩。查山东问题，自日使请求直接交涉以来，群情激昂，同深注意。窃维德约不予签字，无非内鉴民情，外察大势，审慎周详而后出。此既不签约于前，自不宜与日本直接交涉于后，此理甚明，无待赘述。据报载，政府以联盟会为不可恃；夫盟会之不可恃，纯系揣测之词，若与日本直接交涉，则是自承日本有继承德约之权利，为患甚烈，不难预断。且美国保留案，纯为正谊之主张，英法亦有赞同之势。若我先为交涉，则国际信义扫地，大势益不可为。且此次京津学生之呼吁，迹虽过火，而心实无他。政府但能博采舆情，明白表示，不独学生别无苛求，即全国当亦同深感佩。校长等职司办学，本不应作出位之思维，此次学生所以有逾轨之举，实起源于外交事件，且同属国民，自宜备举所知，以供采纳，庶群情不致动摇，而青年易于劝告。为此合词，呈请鉴核。

　　北京大学校长蔡元培、朝阳大学校长汪有龄、中国大学校长姚憾、北京高等师范学校代理校长陈映璜、北京高等女子师范学校校长毛邦伟、北京法政专门学校校长王家驹、北京农业专门学校校长金邦正、北京工业专门学校校长洪镕、北京医科专门学校校长汤尔和、北京美术专门学校校长郑锦、京师学务局局长张谨。

《晨报》1920 年 2 月 9 日

洪水与猛兽

（1920 年 4 月 1 日）

　　二千二百年前，中国有个哲学家孟轲，他说国家的历史，常是"一乱一治"的。他说第一次大乱，是四千二百年前的洪水；第二次大乱，是三千年前的猛兽。后来说到他那时候的大乱，是杨朱、墨翟的学说。他又把自己的拒杨墨，比较禹的抑洪水，周公的驱猛兽。所以崇奉他的人，就说杨墨之害，甚于洪水猛兽。后来一个学者，要是攻击别种学说，总是袭用"甚于洪水猛兽"这句话。譬如唐宋儒家攻击佛老，用他；清朝程朱派攻击陆王派，也用他；现在旧派攻击新派，也用他。

　　我以为用洪水来比新思潮，很有几分相像。他的来势很勇猛，把旧日的习惯冲破了，总有一部的人感受痛苦；仿佛水源太旺，旧有的河槽，不能容受他，就泛滥岸上，把田庐都扫荡了。对付洪水，要是如鲧的用湮法，便愈湮愈决，不可收拾。所以禹改用导法，这些水归了江河，不但无害，反有灌溉之利了。对付新思潮，也要舍湮法，用导法，让他自由发展，定是有利无害的。孟氏称"禹之治水，行其所无事"，这正是旧派对付新派的好方法。

　　至于猛兽，恰好作军阀的写照。孟氏引公明仪的话："庖有肥肉，厩有肥马，民有饥色，野有饿莩，此率兽而食人也。"现在军阀和要人，都有几百万、几千万的家产，奢侈的了不得；别种好好作工的人，穷的饿死，这不是率兽食人的样子么？现在天津、北京的军人，受了要人的指使，乱打爱国的青年，岂不明明是猛兽的派头么？

所以中国现在的状况，可算是洪水与猛兽竞争。要是有人能把猛兽驯伏了，来帮同疏导洪水，那中国就立刻太平了。

附记：这是蔡先生替北京英文《导报》的特别增刊做的。我们因为这篇文章是现在很重要的文字，很可以代表许多人要说而不能说的意思，故把他的中文原稿登在这里。（适）

《新青年》第 7 卷第 5 号，1920 年 4 月 1 日

去年五月四日以来的回顾与今后的希望

（1920 年 5 月）

去年五月四日，是学生界发生绝大变化的第一日。一转瞬间，已经过了一年了。我们回想，自去年五四运动以后，一般青年学生，抱着一种空前的奋斗精神，牺牲他们的可宝贵的光阴，忍受多少的痛苦，作种种警觉国人的功夫。这些努力，已有成效可观。凡尔赛对德和约，我国大多数有知识的国民，本来多认为我国不应当屈服，但是因为学生界先有明显的表示，所以各界才继续加入，一直促成拒绝签字的结果。政府应付外交问题，利用国民公意作后援，这是第一次。到去年年底的时候，日本人要求我们政府同他直接交涉山东问题，也是一半靠着学生界运动拒绝，所以直接交涉，到今日还没有成了事实。一年以来，因为学生有了这种运动，各界人士也都渐渐知道注意国家的重要问题。这个影响实在不小。学生界除了对于政治的表示以外，对于社会也有根本的觉悟。他们知道政治问题的后面，还有较重要的社会问题，所以他们努力实行社会服务，如平民学校、平民讲演，都一天比一天发达。这些事业，实在是救济中国的一种要着。况且他们从事这种事业，可以时时不忘作人表率的责任，因此求学更要勉力。他们和平民社会直接接触，更是增进阅历的一个好机会。这是于公于私两有益的。但是学生界的运动，虽然得了这样的效果，他们的损失，却也不小。人人都知道罢工、罢市损失很大，但是罢课的损失还要大。全国五十万中学以上的学生，罢了一日课，减少了将来学术上的效能，当有几何？要是从一日到十日，到一月，他的损失，还好计算么？况且有了罢课的话柄，就有懒得用功的学生，常常把这句话作为运动的目的，就是不罢课的时候除了若干真好学的学生以外，普通的就都不能安心用功。所以从罢课的问题提出以后，学术上的损失，实已不可限量。至于因群众运动的缘故，引起虚荣心、倚赖心，精神上的损失，也着实不小。然总没有比罢课问题的重要。

　　就上头所举的功效和损失比较起来，实在是损失的分量突过功效。依我看来，学生对于政治的运动，只是唤醒国民注意。他们运动所能收的效果，不过如此，不能再有所增加了。他们的责任，已经尽了。现在一般社会也都知道政治问题的重要，到了必要的时候，他们也会对付的，不必要学生独担其任。现在学生方面最要紧的是专心研究学问。试问现在一切政治社会的大问题，没有学问，怎样解决？有了学问，还恐怕解决不了吗？所以我希望自这周年纪念日起，前程远大的学生，要彻底觉悟：以前的成效万不要引以为功，以前的损失也不必再作无益的愧悔。"从前种种譬如昨日死，以后种种譬如今日生。"打定主意，无论何等问题，绝不再用自杀的罢课政策。专心增进学识，修养道德，锻炼身体。如有余暇，可以服务社会，担负指导平民的责任，预备将来解决中国的——现在不能解决的——大问题，这就是我对于今年五月四日以后学生界的希望了。

《新教育》第 2 卷第 5 期，1920 年 5 月

王文彬等启示

——关于召开国民大会的意见

(1920 年 8 月 30 日)

敬启者:自顷政局更新,国事诸待解决。国民大会之主张,遂为舆论所公认。本校教职员及学生,亦有热心研究者。同人等窃谓兹事体大,既未便放弃天职,存而不论,又不宜掉以轻心,反滋贻误,爰就所知,邀集谈话,祈于交换意见,有所折衷。讨论结果,以为时论之对于国民大会,大率趋重法律问题(如修改约法及制宪等等),此固国本所关,至为紧要。然使国人心目中热望兴革之政治诸问题,尚未解决,则即使正式国民大会果能成立,而武力干涉、金钱运动之历史,必不免于重演。此国民大会怀疑论所由起也。故同人等主张先行提倡临时国民大会,解决目前切要事件,庶不致筑室道谋,坐失良机。兹将拟就之临时国民大会提案七条,逐加说明,另纸录附,此不过同人等个人之主张,当否尚难自信。兹谨函达台端,征求同意。如荷赞可,即乞于函到五日内示复(请亲笔署名,并注明地址),交汉花园北大第一院收发课惠存。再用全体赞成人个人名义,通告京内外各学校及各界团体,以资联络而便筹备。专此布达。即颂台祺。并盼答复。

王文彬、黄右昌、李大钊、廖书仓、何恩枢、蔡元培、沈士远、蒋希曾、孟寿椿、罗文干、胡春林、谢绍敏、陈启修

九年八月二十日。

附:临时国民大会提案七条

(一) 解散非法国会。并不承认非常国会继续存在。

(说明)非法国会——即新国会——产自非法,根本不能成立。非常国会——即旧国会——已失时效,当然不能继续存在。

(二) 肃清祸国党孽,禁止起用复辟帝制犯。

(说明)安福祸首虽经拿办,而平日依托党籍卖国自肥者,亦应分别惩办,以儆效尤。又复辟帝制犯均罪不在赦,永不得再行起用。

(三) 裁减军队,废除督军及与督军同等制。

(说明)军队原以御外侮,而我国则以军队酿内乱,亟应裁减以减轻人民负担。督军、巡阅、军区长以及其他同等军阀制度,均应一律废除,以符民治精神。

(四) 凡国民应享之一切自由权利,禁止侵犯。

(说明)凡载在约法之身体、言论、出版、集会一切自由,均应得绝对的保障。

(五) 实行地方自治,并得由各地方自由编练民团。

(说明)地方有编练民团权,庶足防兵匪侵害,而举自治之实。

(六) 公布国家会计,禁止秘密借款。

(说明)民国财政,人民罔有闻之。一听奸人滥借外债,咸归中饱。饮鸩止渴,可为寒心。嗣后岁出岁入,亟应公布。预算决算,亦须依法办理。并严禁秘密借款,以防贪冒。

（七）根据民意决定外交方针，并取消一切卖国密约。

（说明）我国外交素为少数人所把持，丧权辱国，殊堪痛恨。以后外交，务须根据民意办理，庶免奸人操纵。所有二十一条与军事协定以及其他卖矿卖路一切密约，均取消之。

《北京大学日刊》1920 年 8 月 21 日

在旧金山华侨欢迎会的演说词

（1921 年 7 月 16 日）

今日兄弟承诸同胞开会欢迎，非常感激，既有国歌表示同国人之互爱及感情，又有甄先生、王女士之音乐助兴。同胞聚首一堂，欢若兄弟，无党派，无意见，诚不可多得之机会。

欧美政党之目的，均在互助，唯办法较异耳。英国保守、自由、进步诸党，在平时亦颇党同伐异，各树一帜；大战后，睹国家前途之危险也，乃组织混合内阁，调融各党意见。中国古诗有曰："兄弟阋于墙，外御其侮。"平日意见，原不要紧，唯外侮至，则宜和衷共济耳。吾国四万万人，在外国者只居少数，倘不合群互助，难免不发生许多困难。况诸君热心爱国，当然希冀国家富强，倘国势衰弱，或国内同胞痛苦，诸君必蹙然不安。英国当危险时，则联合各党，共济时艰。试观今日中国之危险为何如者。

兄弟请先言军队。国家金钱，不用以兴利举废，而为兵所消耗，武人拥兵自雄，杀人盈野，以吾人脂膏，尽充军饷，全不想国家若危，己乌能安，此何故耶？彼等未受教育，眼光太小之咎也。然武人非能单独横行者，旁人若明白，何妨劝他，不听则去之，彼乌能为。然军官与兵往往助行不义者何也？彼等未受教育，不明大体，稍受恩惠，则报之以身。欧美各国之兵，均系国家的，而非个人的。吾国之兵，则皆是督军、师长之兵，杀人放火，唯命是从，此未受教育之过也。去害国之贼无他法，唯有令恶人受教育，否则恶人愈多，国事将愈不可问。

　　救国之道，害既应除，利亦宜兴。内政如警察、财政等，外国均办得有条不紊；在中国则亦混乱不堪，此何故耶？自欧战以至和平会开幕，除德意志外，别国均得利益，中国独失败，若言弱国无外交，则和会之希腊代表，何以大有名誉，此其明证也。试观英、日之外交，何等利害，何等敏捷。而吾国之山东问题，至今未决，此又何故耶？两国交锋，全恃军器。德军所以能打破比利时炮台者，赖有克虏伯大炮及飞机、潜水艇等，此种军器，皆用秘密方法自造。中国则须由外国购买，焉能若人。

　　军战以后，商战最烈。中国天然物产之富，人所共知。大如矿产、机器，小如电灯、玻璃杯、布帛以及寻常日用之物，都有材料，唯中国人不知自造，以原料售诸外人，而购其制造品，使外人赚两倍钱。中国以农立国，农业之发达，本意中事。顾外国精研地质学，明田地肥瘠之原理及补救之方法，其他如机器、肥料等，精益求精，以此一亩地出产甚多，可供数十人；中国则纯用旧法，专靠人力，偶遇雨旱，饥荒随之，每亩地只能养三四人，是则中国之所以自夸者，亦不若人矣。交通为一国之血脉，美国铁路、电车、地道甚多，农产及制造品易于运输。美国煤油所以用诸中国乡间者，一因其制造精良，二因其交通便利。中国交通困难，虽有制造品，无法运输，以此工商业均不发达。

　　以上所述诸事，皆需人办，然中国缺乏人才，譬如开天津运河、造黄河桥，以及工厂、招商局，均聘外人为机师或舵工。人才何以缺乏？无教育故也。教育不分党派，即以三育论，任何党派，都喜欢身体强健，无有以体健为不好者。设有二人于此，其一有知识，其一无知识，则有知识者到处受人欢迎,无知识者到处被人厌弃。品行优美之士,如中国所谓不嫖不赌者,各党皆欢迎之,反是则必遭白眼。是三育为众人所主张,而非一党一系之私帜,已无疑义。

教育分普通、专门。所谓普通者,如青年人每年多少日在校读书,多少日在外。至于老年人,则凡图书馆、宣讲所、影戏、调查,随处皆教育。所谓专门者,如矿、农、工、商、法律、政治、外交诸科,均需专门人才或专门技能。至若殚数十年之力,潜究一科,虽平日无所发表,而一旦发明新法或新理,推翻陈旧,使全球食其赐者,亦在专门之列。

旧时大学与中小学校不相联贯,现时趋势则较异。改革最早者,莫如法国。全国划为十七个大学区,每区有一大学总理,不唯管辖该大学,并可管理该区之中小学校。大学与中小校联成一气,大学开会时,中小校教员均可莅会。大学毕业生多为中小校教员。美国大学之办法虽较异,唯亦有打通一气之趋势。例如加省大学有夏科,中小校教员可以往听。从前校外教育,例如(由)教育部办理;今则韦士康笙大学有通函教授,凡老年人不能(来)学者,发讲义使其自习;远方人不能来校者,则以函授;此外尚有标本及影戏片发往各处。英国乌克斯福大学直接管理邻近之校外教育,排演戏曲须大学鉴定;商店货物有不合道德或卫生者,大学可限制之。

德国古代大学,只有神学、哲学、法学、医学四科。其后弊端丛生,乃将农工各专门学校程度提高,亦给授博士学位,与大学打通一气。法国大学与高等专门初本分离,后乃联作大学。美国办大学较迟,故多采用新法,将有用之专门学问,如计学、新闻学等均包括在内,此大学之所以为大也。

中国办大学不过二十年,比较美国尤迟。当然可采用新法,视世界各国趋势,以定教育方针。用大学为中心点,指导各中小学校,俾有统系。顾中国歹人耗费国家金钱,好事反无力举办。国立大学只有四个。其中,天津之北洋大学,只有法、工两科。山西大学虽有四科,唯因交通不便,学生亦仅几百人。东南大学新办预科,其幼稚可以想见。美国私立大学很多,共有几百个。中国之私立大学,亦寥若晨星,北京则有中国、民国,上海则有大同、复旦,且经费均感困难。此外则有厦门大学,由陈嘉庚先生独捐四百万,办预科。国立与私立大学情形,略如上述。

力量较大者,唯一北京大学,有三千余学生,一百六十余教授,单独担任全国教育,唯力量有限,而中小学校太多,势难联成一气。因此想出新法数端:(一)学生组织讲演会,逢礼拜日讲演,与中小校教员听。(二)教授创办孔德学校,概用新法,由小学一年始至中学末年止,定为十年。(三)办平民学校,夜间及礼拜日授课,无论男女老幼,均可往学。(四)组织平民讲演团,到处讲演。又办白话书报分发。不宁唯是,北大学生最关心国家大事。前年山东问题发生时,学生怕亲日派政府直接交涉,断送青岛,乃有五四运动,闹得很大。

吾今请言北大优待华侨子弟之法。照北大章程,凡欲入校者,须中学毕业,并应考三门功课,即中文、英文、算学,都有一定之程度。华侨子弟生长外国,英文、算学殊多佳者,唯中文终不及国内学生。北大欲除此障碍,已向教育部立例:凡华侨子弟投考者,中文虽不甚佳,亦准予取录。北大因经费不足,每年只招三百人,而与考者每多至千余人,势不能全数收纳。华侨子弟偶或英、算亦不及格或迟到,甚感困难,乃由大学生办高等补习学校。凡迟到或考不取者,均介绍入校,由毕业生作教员。此外,尚有华侨子弟在外国学校毕业,不谙中国语言文字者。余在荷兰属地,曾遇一华侨,以德文与我谈话,唯其专门学问已成熟,且甚热心,欲以所学贡诸祖国,所未习者,中国言文耳。从前华侨学会曾请北大开一特别班,补习中文,北大慨然允之。

北大担任之事,既为此其繁重,唯力量则殊薄弱。教学一事,非如一碗水历数器而成分不变者。现世界之学术,日新月异,大学教授须年年用功,传授新学,学生亦然。以此读书最为重要。今人之聪明无异古人,而事功胜于古人者,因古人已先立根基也。譬如为山,若因前人之土堆而增之,则成功自易,反之则难矣。譬如一店,若以货物出入单为标准,视何物缺乏而购之,则办理自易,反是则亦难矣。求学之法,夫岂异是。前人已有发明,或走了错路,写出书来,吾辈用其书而研究推索之,所得必富;若另寻新法,或再走错路,则费时多而成功少。不特此也,同时许多学者研究同样之问题,倘能互相观摩,互相切磋,采取他人之经验及发明,以补己之不逮,则事半功倍。譬如商店,必得各地行市报告,而操筹计赢焉,则无往不利。学问亦然,问题也,学理也,己所未能解决者,或他人已解决之;己所未能纠正者,或他人已纠正之。若不管他人之报告及所得结果,而独自苦心研究,浪费光阴,岂不可惜!

由是观之,书报之必不可少明矣。唯个人之财力有限,而书报之卷籍无穷,势不能尽买。然一问题往往需用许多书,而书中关系我之问题者,不过一小部分。若欲全购,欧美教员犹觉其难,中国教员薪资微薄,其苦当更甚。其唯一解决之法,莫若建设图书馆,使大家都可来看。况图书馆之用,不仅限于一隅。譬如北京大学图书馆,不唯北大学生可用,北京人及各省人亦可用,即诸位回国时或外国人欲研究任何问题,亦可径往参考。且图书馆之书籍,永远存在,万古不磨。若有图书馆,则北京大学虽不能留多生,莘莘学子尽可自己研究。似此,则无机会进大学者,亦可养成大学人才,其利益之大,罕有其匹。

兄弟知诸君必问,图书馆既有如许好处,为何不早办耶?此无他,经费问题而已。政府之匮乏,诸位皆知之。近日报载,教职员因薪水久未发放,愤而罢工,嗣请教育部拨定经费二十万,分给八校,然犹费几许唇舌,未得实行。若望政府以几十万或百万去办图书馆,此事之尤难者也。北大同人睹此情形,早已觉悟,谓北大非政府立的(government),乃国立的(national),为何只向政府商量,而置全国人于不顾耶!兄弟此次出来,评议会决定,劝海外同胞热心帮助。吾国同胞对于教育事业,向来热心。上海富翁叶澄衷先生曾捐巨款,办澄衷学校。富翁杨景清先生不以一钱遗其子弟,尽将生命所积蓄之十三万,捐办浦东中学。荷兰属地华侨陈嘉庚先生,拥九百万家资,既以五百万办小学、中学及师范,更以其余四百万捐办厦门大学;不足,则以其名义向戚友处募款千万,作基本金,义声大震。

吾等既闻好消息,希望企切。曾印有捐款条件,唯已散完,未能分发诸位。拟在此地再印,或将根据兄弟考察所得结果,加入几条。今请为诸位简括述之:(一)图书馆经费,定为美金百万。如有热心好义之富翁,如陈嘉庚先生一样,单独捐一百万者,即以其大名名图书馆。(二)如有捐十万或二十万者,则估量图书馆一部分之建筑费多少,藏书价值多少,以其大名名之,写作某人书库,永垂不朽。(三)照普通各大团体办法,以捐款多少定照相大小。(四)题名或赠纪念章,表示谢意。

爱国之士,固不在此,不过留一纪念,使后人知之而已。兄弟此次经过纽约、费律特尔、波士顿、支加哥、温哥化到处提出此问题,大家都极赞助。三藩市同胞素来热心,定能尽力捐助。兄弟感谢欢迎盛意,并望诸位帮忙。

唐崇慈记录

旧金山《大同日报》1921 年 7 月 18—21 日

五四运动最重要的纪念

（1922 年 5 月 4 日）

五四运动，为的是山东问题。山东问题，现在总算告一段落，但是运动的结果，还不能算圆满。必要集股赎路，确有成绩，把胶济路很简单的赎回，其他问题，自然"迎刃而解"了。所以集股赎路是我们最重要的纪念，大家不可不努力。

我常常对人说，五四运动以后，学生有两种觉悟是最可宝贵的：一是自己觉得学问不足，所以自动的用功；二是觉得教育不普及的苦痛，所以尽力于平民教育。这两种觉悟，三年来，很见得与前不同，不能不算是五四运动的纪念。

自动的用功、平民教育，能实行两件或分占了一件，都是不辜负五四运动了。但实行两件或分占一件的究竟有若干人呢？随班听讲，以得到毕业证书为最大目的，现在已经没有这种人了么？听讲以外，听听戏，打打扑克，把时间消遣去了，不肯在公益上尽点义务，现在已经没有这种人了么？怕不但不是没有，而且还是很多。难道五四运动，止要一部分的人做纪念就够了么？

而且现在又是一个特别的时期。

　　北京国立各校,安徽、江西、湖南等省公立各校,常常为经费问题,闹罢课。不是学生个个觉悟,都能自动的用功,不常要失学么?

　　现在北京日日听炮声了。北京、保定、天津左近这些地方,已不知流了多少血,死了多少人了。为什么? 为几个人争地盘罢了。为什么这些当兵的这么傻,牺牲自己的生命,牺牲许多平民的生命与财产,去替一两个人争地盘? 没有受过教育罢了。我们还不觉到平民教育的范围,现在是很小很小,不可不竭力扩张么?

　　我觉得五四运动,用不着许多夸张的纪念,止要把三件重要的竭力进行:

　　(一)广集赎回胶济路的股款。

　　(二)自动的用功。

　　(三)扩充平民教育。

《晨报》1922 年 5 月 4 日

致孙中山及非常国会议员电

（1922 年 6 月 6 日）

广州孙中山先生及非常国会议员诸公钧鉴：自六年间国会受非法解散，公等与西南诸首领揭护法之帜，以广东为国会自由召集之地点，中间受几多波折，受几多阻力，而公等坚持不渝，以种种手段求达护法目的。开非常国会以抵制北方非法国会，选举总统以抵制北京非法总统，举行北伐以抵制北方拥护非法国会与非法总统之武力。虽有以此种手段为诟病者，而公等坚持如故，因以为苟能达护法之目的，无论何种手段不妨一试。且正唯公等用此种种手段，使全国同胞永永有一正式民意机关之印象，故至今日而克有实行恢复之机会，公等护法之功，永久不朽，当为国民所公认。乃者北京非法总统业已退职，前此下令解散国会之总统已预备取消六年间不法之命令而恢复国会，护法之目的，可谓完全达到。北方军队已表示以拥护正式民意机关为职志，南北一致，无再用武力解决之必要。敢望中山先生停止北伐，实行与非法总统同时下野之宣言。倘国会诸君惠然北行，共图国家大计，全国同胞实利赖之。蔡元培等二百余人叩。

复章太炎张继电

(1922年6月10日)

章太炎先生、张溥泉先生同鉴:

惠电均悉。年来国内蜩沸,由于养兵太多,驻防式之军队,弟之痛恨,岂减诸公? 裁兵计划,将汰留少数节制之师,以固国防,土著且去,其况驻防? 唯南北对峙,拥兵者有所借口,增招不遑,何从言裁? 溯西南举兵,昌言护法,一由于国会被非法解散,二由于北方总统由非法议会举出。二因不去,则虽有圆满之分赃条件,南方当局无法承认。今徐世昌已告退,而前被解散之议会,亦已恢复,则前此举兵之二因,均已消灭。不乘此时停止兵事,谢去非常国会权宜选举之总统,使南北方留滞之议员,共同集会,免不足法定人数之缺点,以完成宪法。而留恋此权宜之局,以延长战祸,是以护法始,而以争总统终,全国其谓之何? 弟等一电,不过本敬仰中山先生及非常国会诸议员之诚意,而为爱人以德之劝告,明白彰著。所谓"为人傀儡"者何指? 若置身炮火不及之地,而鼓吹战争,或不免有为军阀傀儡之嫌疑,而且实以无知识之兵丁为傀儡,正弟所不忍为者耳。弟前与诸同人发表《我们的政治主张》,曾表示要求一种公正的、可以代表民意的南北和会;又曾与熊秉三、汪伯棠诸君合发一电,主张于恢复国会外,并由各省代表组织会议以解决一切善后问题。若此种会议果能实现,则或取各省所主张之联省自治,或取李石曾君所主张之南北分治,皆可于此会议中协商而决之。即赣人治赣、浙人治浙之主张,亦尽可从容商定,无武力解决必要也。且即使南北有分治之必要,南人、北人同为中华民国国民,绝非与韩、日相等。李完用之喻何所指耶?弟所服务之北京大学,是国立的,非何等私人所专有,弟尽相当之义务,得相当之报酬,视政客之无事而食,较为无垢,较为不辱。二公来电所谓"身食其禄",所谓"身事伪廷",皆君主时代之陈言,不意于民国十一年,犹出诸二公之口,诚非弟所能解矣。

六月十日　蔡元培

《申报》1922 年 6 月 14 日

附一:章太炎致蔡元培电(1922 年 6 月 6 日)

北京大学蔡校长鉴:阅公劝中山停止北伐一电。南方十二省,唯六省尚称自治,其余悉为北方驻防军所蹂躏,贪残无道,甚于奉张。此次北伐,乃南方自争生存,原动不在一人,举事不关护法。公本南人,而愿北军永据南省,是否欲作南方之李完用耶? 或者身食其禄,有箭在弦上之势,则非愚者所敢知也。章炳麟。鱼。

附二:张继致蔡元培电(1922 年 6 月 6 日)

北京大学蔡校长鉴:阅公劝中山总统停止北伐一电,不胜骇然。北军宰割江流,行同强寇。仆北人也,尚不愿乡人有此行动。公以南人,乃欲为北军游说,是何肺肠? 前者知公热心教育,含垢忍辱,身事伪廷,同人或尚相谅。今乃为人傀儡,阻挠义兵,轶出教育范围以外,损失名誉,殊不值也。张继。鱼。

两电均据《申报》1922 年 6 月 7 日

附三：章太炎致蔡元培函（1922 年 6 月 14 日）

孑民校长左右：

　　得六月十日复电,称"身食其禄,身事伪廷,皆君主时代之陈言"等语。不知官吏与佣工不同,佣工可以自由去来,官吏不得潜逃而去,佣工与主立对等契约,官吏则受任命之书,两者不同,无间于君主、民主时代,不得强借职工之事以例官吏也。北廷既有非法总统,则受其命令者,自为附逆,受其傣禄者,无疑分赃。所谓相当之义务者,即附逆是;所谓相当之报酬者,即分赃是。足下以为南人、北人,同为中华民国国民,不能以李完用为喻。原电本云,南方之李完用,不云纯粹之李完用,何以犹有未解？若云置身炮火不及之地而鼓吹战争,足下以责他人,未为不可。鄙人则于六、七年间,身入滇、川、黔交战之区,且曾亲赴施南,为彼方划守御之策矣,非置身炮火不及之地也。足下前为革命党人物,身处柏林,未尝为革命尽丝毫义务,自是以来,国安则归为官吏,国危则去之欧洲。鼓吹战争,诚非足下所宜,而必以停战息兵为说者,亦由久与南方脱离,未见南人受炮火之惨,故不愿以炮火转加南人之仇耳。要之,足下一生,尽是外国人旁观中国之见。视北京为首都,谓之神圣不可侵犯;视南人为土匪,谓之无事而弄兵戈。彼欧洲人素于中国无与,言此亦自无妨,而足下以中国之人民,作欧美之论调,以后转籍他国,似较相宜,不须株守山阴旧籍,使终身无游行自在之地也。

章炳麟顿首　　六月十四日

《申报》1922 年 6 月 15 日

在伦敦举行的孙中山追悼会致词

（1925 年 4 月 12 日）

我们得到国民党本部的报告,知道我们最所信仰最所敬爱的孙中山先生竟于上月十二日去世了。我们这一年来,从外国报纸上,见到孙先生不幸的消息,已不只一次,后来都知道不确,不过受了虚惊。所以我们最近得了不幸的消息,还希望与前次的虚惊一样。现在是绝望了,我们无可如何,所以有这个追悼会。

孙先生的去世,凡是外国人,与我们中国有点关系的,没有一个不注意的,何况我们中国人！中国人里面,就是平日政见与孙先生不同的人,或因为利害关系,曾经反对过孙先生的人,到了此刻,没有一个不表示悼惜的诚意,何况我们平日都是信仰孙先生,敬爱孙先生的呢！

但是,我们信仰孙先生,敬爱孙先生,并不是因为孙先生的五官四肢有特别惊人的形式,无非因孙先生有卓越的识见、强毅的魄力、豁达的度量,可以使我们信仰与敬爱。所以核实讲起来,我们所信仰所敬爱的,不是孙先生的体魄,而是孙先生的精神。

固然体魄是精神所寄托,若是孙先生的体魄,能延长多少年,一定要添出多少发扬精神的成效。所以我们从前也常常从他的体魄上,抱一种益寿延年的希望。现在这一方面已经绝望了，我们不能不专从精神一方面着想。

孙先生的精神，我上头说过，从识见、魄力、度量三方面观察，先看识见方面，就可用三民主义来证明。

民族主义上排满的号召，自明末以来，没有断过。不过从前一部分是学者的理论，一部分是会党的实力，没有结合在一处。洪秀全的失败，就是因为全靠会党的分子；而学者如曾国藩、胡林翼等，反为对方所利用。孙先生看破这一层，所以他的革命运动，虽也先从会党着手，而后来却把留日、留美、留欧的学生，与国内留日受教育的青年，都收容起来，组织同盟会，各方面都有人才，所以能成就革命的事业。从前讲民族主义的人，多以为只要把满洲政府推倒，换一个汉人做皇帝就够了。孙先生看到世界各国帝王，将来都要淘汰，与其把排斥异族政府与排斥帝王分作两次经营，要多流许多血，绝不如一气呵成的简易。而且，帝王的名义没有废掉，革命的时候，不知道有"几人称帝，几人称王"，与元末一样，要混战多少年数。所以毅然决然于标举民族主义时，就同时提出民权主义；而且于同盟会主义中，特指明"建立民国"，使不致为以君主立宪制充民权主义的所蒙混。

我们一说到"建立民国"的民权主义，自然联想到美、法两先进国。在美国建立的时候，在抵御独裁制；在法国建立的时候，在抵御贵族制；都以为从此贵族、平民的阶级铲除，全国的人权将来永远平等了。不意自由竞争的结果，又演出资本家与劳动者两阶级，为近几十年来最难解决的问题。各国政治家都不过提出小补的方法，名为社会政策，没有从根本解决上设想的。根本解决的悬想，仅有几个理论家。孙先生看到这种理论必要实行，所以于标举民族、民权两主义时，就提出民生主义；而且民生主义的实现，先从平均地权入手。这真是孙先〔生〕卓越的识见。

　　孙先生抱了这种主义,若是不过宣告、宣传就算了,那就无怪乎人人说他是理想家了。其实,孙先生不但是理想家,而又是实行家。他从甲午到辛亥十几年间,并没有正式军队可以利用,然而他率了多少同志在"青天白日"的革命旗下,攻惠州,攻河内〔口〕①,攻广州,不知冒多少次危险,然而终没有退缩。民国元年,孙先生既预定卸职,曾告诉我,卸职以后,将率一部分同志,游历国内各地,传播主义,并调查各地社会状况,备本党研究。我尔时深表赞成,曾于南京公饯孙先生的大会中,特别提出,劝先生决定实行。然而孙先生究竟不是耐作这种迂远政策的人。所以二年间宋案发生,先生自日本回国,即力主讨袁,于是有二次革命的一举。后来如讨伐洪宪,如建设护法政府,如最近的反对贿选总统,都是在极艰难极窘迫的境遇中,筹备北伐,虽经过多少障碍,而先生毫不灰心。直到最近,在北京抱病的时候,因为国民会议的主张尚未实现,不让本党加入善后会议。奋斗的精神始终不懈,不因为有点成功就觉满足,尤不因为有点失败就要退缩。记得孙先生曾对我说:"我不善处成功,而善处失败;愈失败,我的精神愈焕发。"这种奋斗的精神,真是我们所少见的。

　　孙先生心目中只有他的主义。无论何人,苟能赞成他的主义,都不妨引为同志。就是从前极端反对他的人,苟一旦肯赞成他的主义,也就引为同志。所以组织同盟会的时候,会党也好,学生也好,军人也好,都收入会里面。南京选举总统的时候,浙江光复会反对他;湖南一部分党要举黄克强先生,也反对他;然而孙先生对于这两方面的领袖,都很加优礼。在南京组织政府的时候,新学究也有,老学究也有,而且有过背党行为的人,也有被任用的。组织国民党的时候,有几个团体是向来不赞成

---

① 原文为"攻河内",应系"攻河口"之误。1908 年 4 月,孙中山指挥黄明堂等人发动河口起义,历时一个月而失败。

同盟会的,孙先生因为他们这时候既改表赞成,也就容其合组,而且也不固执要留同盟会名目,而从多数的意见,改名国民党。广东人向来有专信本省人的习惯,孙先生所信任的人,并不限于本省,于最近时期,指挥滇军、黔军、湘军讨伐本省背党的军队。安福俱乐部,本来是孙先生所反对的,后来在广州政府中很用安福部的人,而且最近与安福首领合作。这种不念旧恶、而纯以主义为标准的态度,真是豁达极了。

现在,孙先生的体魄,我们就是有法保存,也无法候他活动了。然而,他的精神,还是活现在我们的精神上。我们大家若是都能本着他卓越的政见,而师法他的毅力,为不断的奋斗;师法他的度量,为无涯的容纳;将来终有一日,把孙先生所提出的三民主义完全实现。那就我们现在的追悼会,也未尝不可算是孙先生复活节了。我们还当于极沉痛的聚会中,提出极严重的责任心,才能不辜负孙先生呵!

陈剑翛记录

蔡元培演说词记录稿

中国社会的动荡

——为中国行动告各列强

（1925 年 7 月）

全世界都知道中国人民生性最和平、最爱好秩序。博爱之道深深生根于他们心中。近数十年来，我们对西方文化有了进一步的认识，深信物质利益与生存竞争，在西方比在中国，要强得多。但是我们也看到，现代的科学与技术对中国是不可或缺的。所以中国已经派了好几千学生到西方去留学。他们学成归来，就把他们所知贡献给祖国。如果美欧专家访问中国，他们肯定能受到尊敬与友好的接待。

我们与英国的关系特别密切，因为这些关系由来已久，而在中国，英语都行得通的。至于日本，日本文化导源于中国文化，直到最近，日本文化归附于西方的理论与实践。就是这样，对我们中国人也有好处。中日两国是邻国，人种相同，文字相同。中日两国的关系理应是友好无嫌的。那么为何最近中国舆论这样剧烈地反英、反日呢？我今天所要解释的就是这一点。

原因有两个方面：历史问题和最近问题。

先讲历史问题。一八四二年，英国用武力强逼中国签订《南京条约》。从此时起,中国常常被逼签订类似的不平等条约。我只谈这些条约中最重要、最苛刻的条款:领事裁判权、租地权、租界;某些特权(优先权),例如在中国境内养兵;限制我们规定本国的关税税率以及其它有利于外国商品的条款。中国必须将一部分国库收入存在外国银行里。于是乎,从个人经济到国家经济,我们都被外国人缚手缚脚了。然而国家思想逐步提高,中国再也不能忍受这些条款了。处境有些像一座火山:太强大的内在压力使它爆发了。

至于最近一些骚乱是怎样产生的? 那就不得不提起:在上海日本人所开的工厂里,华工非常被虐待。在一切国家里,都实行劳动八小时制;在一切文明国家里,最低工资是四马克(即华币两元)。唯独在上海及青岛日本人所开的棉纺厂里,中国工人每日劳动十三小时,工资只给华币四角,就是说约等于八十芬尼,或一个瑞士佛郎。近几年来,生活费和日用品价目,即使在中国,也高涨了。虽则中国人很节俭,很朴素,这样低的工资万万不能维持生活。此外,这样长时间的劳动也损害了工人的健康。当人家将这种情况与别国的劳动条件相比,人家必然为压力之大而吃惊。尤其残酷的是我们在上面所讲的日本工头对华工的对待。中国工人尽可能默默地承受着。一九二五年二月十二日,中国工人向上海日本工厂的领导人提出要求提高工资,缩短每天工作时间,改善日本工头对华工的态度。日本领导不接受这些要求,于是华籍工人罢工了。四月十二日,在青岛,日本人开的工厂里的华工提出同样的要求,也遭到拒绝,也罢工了。虽则不住地威胁与接触,双方的见解未能一致。全世界都向英国人学习工厂制度,但对于中国问题,可不要相信英国人接受金融界或很著名的技术杂志所提的意见。这些刊物说:"正因为中国工资便宜,所以日本人把工厂开到中国来。如果中国的工资上升到日本工资的水平,就再也无利益从实业上来征服中国了,于是这项实业就要被逼还返日本,因为万一警察和军队不能在中国充分地保障秩序和安全的话,日本实业就要冒极大的危险。"这种剧烈反对在中国提高工资的呼吁,证明在社会范围内的民愤是人为的、外国金融界挑唆起来的,它鼓励有社会观念与国际观念的人,胆敢正面把拥有四亿三百二十万人口的大国,当作人类的穷窠。二月二十八日,在丰田纱厂里,一个日本人用手枪打死了一个中国工人。五月十五日,在内外纱厂里,日本人用手枪打死十一个中国工人。这些残杀引起了总罢工。

在一切国家里,劳动人民有罢工权,同样,向罢工者表示同情,也是随在准许的。可是,最近五月三十日,在上海,学生们对被日人厂里所杀害的中国工人表示同情,举行游行。英国巡捕向游行者开枪,七位中国公民被打死了。六月一日和二日,都有新的游行。英国巡捕加强压制,许多中国人受伤。英国人谎称他们是被逼出此。但六月十三日,一封美国致中国政府的电报中说"英国巡捕太匆忙草率了"。六月十五日,上海英籍萨缪尔(Samuel)用电报证明:那些被害的中国人都是在后脑中弹的。这就说明:这些被害者在英国巡捕之前,返身而逃,绝未抵抗。这其间,中国政府同列强政府代表进行磋商,企图禁止再度出现类似的残杀。然而六月十二日,汉口英国志愿军开机关枪向游行者扫射,杀死八人,伤人无数。在这种的残酷行为之下,中国忍无可忍,被逼起而坚决自卫。

当日本人与英国人这样严厉指责中国时,我们问:"我们对这两个国家干了些什么?"我们只不过不再为他们工作,抵制他们的商品而已。我们并无粗暴的敌对行为。我们仅止于消极抵抗。任何理智健全的人必能体会到:中国人太爱和平,太软弱了,所以不会采取积极性的反抗。我听说中国人的行动未能博得全球的同情。二十世纪中,大家都谈到社会公论与自主权利。可是现在面对中国工人所受到的虐待,无人同情他们而进行干涉。这点,尽管我们乐于反复思索,却始终不懂得为了什么!

　　在西方，人家对于一个错误观点有三种想法：许多人认为目前的骚乱像一九〇〇年义和团的造反。略一思索就可以发现这种想法是错误的。义和团造反导源于中国北方，那里，一些没有文化的人，群起反抗虐待他们的中国基督教徒。由此产生强烈的排外思想。义和团相信他们的咒语能打胜外国人的大炮；一部分的官员（满洲人）相信，一旦外国人被驱逐出境，中国青年的崇欧思想也能随之消灭了。他们相信，这些外国人一旦驱逐出境，再也不会回来了。这是二十五年前的情况。今天，列强之在中国，已无疑问。从前，有些中国人果然要屠杀外国人；现今则否。为了表示抗议，我们只不过在经济方面，离开压迫我们的人。义和团运动则有绝对排外的性质。现在呢，动荡只限于反对英日。这种动荡已变为全国性了。这些事实都证明它不同于义和团造反。

　　另外一些人则认为这些动荡是布尔什维克的，因此应当镇压。这又是一个完全错误而且可笑的观点。布尔什维主义对于国家是否有利这个问题尚未得出结论。但是如果某一国家想试行该主义，乃是该国的内政，外国无权干涉。俄国是布尔什维主义的摇篮与国家，然而别的国家与俄国维持外交关系，官方并未反对俄国的政体。中国的实业尚未发展，所以没有强烈的阶级斗争。在欧洲实业发达的国家中，共产主义危险要剧烈得多。倘使大家深信在中国，总罢工是受了布尔什维主义的影响，那么为什么在别个国家里，产生了工人运动，不以同样的目光去看待呢？为了反驳，我再举几个实例。三月二十日，在上海市区，成立了反共工会。最近，五月一日《工会总导报》杂志发表了有卅七个工人组织具名的电报，召集第二次反共大会。甚而即在六月九日上海事故之后，有许多组织纷纷公开申明反共。从这些例子看来，中国的工人是完全反共产主义、反布尔什维主义的。那些轻信表面现象的人，认为俄国与中国间的友好表示，以及苏联寄给中国的慰问，揭露了中国的布尔什维化。他们不明白国际礼貌行动与本国的政治倾向是各不相涉的两件事。这是国际间常用的礼节。此外,俄国对中国取消了所有的旧条约,却与中国订立了一项平等公正的新条约。这样,自然引起了中国舆论对俄的友好同情。我们只知道俄国对我们友好,却不问俄国内部情况如何。如果日本和英国对我们采取像俄国那样的态度,人家能否想象,为了对它们表示友好,我们就采取了专制政体?

在中国国外,也许有人幻想:只须施压力于北京中央政府,排外就可以平息了。这又是一种错觉。当然,以往列强用此手段从中国获得一连串的优待,但是这已成为过去。当年中央政府是强大的,老百姓无权过问政治。可是从一九一一年革命以来,中国人感到自己的政治责任,政府也不像以前那样集中了。中央政府可以执行政权,但必须获得民心。不然的话,即使中央政府欲在列强压力下让步,各省的省政府就要反对,甚而即使它们中间有部分跟了中央政府走,整个老百姓就要群起而攻之。列强用讹诈手段向中央政府获得的许诺,将化为幻影,因为这个政府的本身不是牢固的。中国人民就是这样反抗,例如《凡尔赛条约》,虽则有日本人的压力,虽则中国政府愿意签字。畴昔强迫中国的手法不再合乎现在状况。为什么英国和日本在它们的对华政策中,不找寻一条双方都行得通的道路呢?

我希望这事会产生的,希望列强运用它们的影响,使两国改变它们对华的态度。日本工厂的厂主缩短中国工人的劳动时间到八小时,提高他们的工资,使他们能生活,而无损于人类的尊严。这些厂主应该取消工头们对华工的暴行。如果日本厂主这样做了,总罢工立刻就会停止;工作时间虽则缩短了,产量却将上升。为什么日本人不采取美洲和欧洲工厂的制度呢?

英国应该责罚上海的英国巡捕头头,下令严禁无故无故向和平的中国公民开火。它应该向被杀害的家属给予抚恤金。如果英国人对待我们和对待他们的同胞那样,他们就使我们相信他们是有公道观念的。

我还希望英、日、其他列强,进一步深入问题,他们自觉地看到以往他们与中国所订定的条约是不公平的,不合乎现代原则的,另行签订平等互利的新条约。于是中国方能自由发展,发挥它的能力,与列强友好合作,正对共同目标而前进。这不但是中国的幸福,也是全世界的幸福。凡是对于双方有利的事,必然高于单方面有好处的事。

经过深思熟虑,我将肺腑之言,奉告英、日与列强,请他们多多想想。

徐仲年译自法国《劳工前途》法文抽印本

为国内反对日英风潮敬告列强

（1925年8月1日）

中国民族，素以爱和平、爱秩序，为世界所公认；常抱有"四海之内皆兄弟"的理想。近来对于欧美文化，已极了解。虽知道物质文明的偏重，生存竞争的激烈，也有一种流弊；然而确信欧美的科学与工艺，确有输入中国的必要。派遣学生赴欧美留学的，已有数千名，学成归国，多得社会信用。欧美学者到中国游历，也备受欢迎。对于英国，因通商较早，国内通英语的较多，平日彼此交通尤为密切。对于日本，虽明知他的旧文化本来从中国输入，他的新文化完全从欧美输入，然而对于彼等整理中国旧文化的劳绩，介绍欧美新文化的捷径，也确有可以采取的价值；加以地势接近，种文皆同，自然更易于亲睦。然而此次反对英、日的风潮，竟这样的激烈而普遍，这其中必有特别的原因，无论何人均能承认。要说明他的原因，可分为远近两种：

一、远因 自一八四二年中国受英国武力的胁迫，缔结《南京条约》，丧失主权。自是以后，每经外国胁迫一次，即缔结一项不平等条约，举出最重大的：如外国领事裁判权、租借地、租界，及其他中国境内的外国行政权；外国在中国内地驻兵权及内河航行权；协定关税制及其他保护外国商品,保护外国在中国境内经营产业等的规定;外国银行团管理财政权;外人在中国境内传教及其他教育的文化的设施。自物质关系以至于精神文化,自私人经济以至于国家政令,没有一方面不受外力的钳制。中国人国家观念发展以后,对于此等钳制的外力,自然不能忍受;自然同火山一样,遇着一个机会,从喷口冲出火来了。

二、近因　近因又有二:

(甲)日本工厂的苛待华工:每日工作八时,每日工资平均数在华币二圆以上,几为各国工厂通行的标准。乃日本人在上海、青岛两埠所设的纱厂,规定华工每日作工十二时或十三时,每日工资仅华币四角或四角一分(约德币一马克)。虽华人素有勤俭美德,然通商口岸,受外人极端奢侈的影响,物价腾贵,区区工资,绝不足以自给;而每日劳作过度,妨害卫生。且与他国工人比较,不平等的差数,亦殊可骇。加以日本监工者时有侮辱华工的举动,华工忍无可忍。自本年二月十二日起,上海华工,因增加工资、减少工作时间与改良待遇等要求,不为日本工厂所容纳,遂有罢工的运动。四月十二日,青岛日本纱厂华工,也以同样情形次第罢工。自是以来,胁迫调停,不知几次,而终没有满意的改革。而且二月二十八日上海丰田纱厂日人以手枪击死华工一名。五月十五日,内外纱厂日人又以手枪击伤华工十一名,虐酷已极,所以有此项大罢工的举动。这种反对日本的风潮,完全应由日本方面负责任。

(乙)英国巡警的残杀华人:工人罢工,为各国常有的事。工人以外的平民,因表同情于工人,而加入运动,也是各国常有的事。乃五月三十日,因纱厂日人枪击华工的缘故,上海各校学生,公抱不平,偕工人为示威运动。而英国巡警竟对众放枪,死华人七名。及六月一日、二日,学生与工人又有示威运动,英国巡警又照样放枪,伤华人多名。虽英人自辩为出于不得已,然据本月十三日北京电讯,美国人方面证明，上海警察的放枪，实为太早。故据十五日伦敦电报，英国 Samuel 君报告，上海外国巡警所枪击华人，枪弹均由后面射入。这可以证明示威运动的学生与工人，并不需要武器抵御的举动，而英国巡警竟视华人生命的价值等于零，演这种流血的惨剧。而且中国政府正在要求外国使团，禁止残杀行为，而十二日在汉口的英国自由志愿兵，又对于示威运动的群众，用机关枪轰击，华人死的八名，伤的很多。英国人这样残酷，华人安得不反对？所以这次反对英人的风潮，完全应由英国方面负责任。

日本人、英国人既然在中国境内演这种虐待华人、杀害华人的惨剧，而我们华人反对英、日的举动，乃不过用"不合作"手段，不为英、日人作工，不购英、日货，完全是消极的，并没有积极地损害英、日人生命财产的计划。我想世界上有理性的人，必要说我们华人太和平、太怯懦了。不想据我们所得到的消息，列强方面表同情于华人的还是很少。在二十世纪，日日以"公道""人道"作号召的欧洲人，对于英、日这种不公道、不人道的惨剧，竟不肯提议纠正，反似乎有偏袒英、日的倾向，真令我骇怪到万分。据我所闻，他们实在有三种误会：

第一，是说这次风潮，完全与一九〇〇年的义和团相同。这是最显而易见的误会。义和团的发起，由于北方未受教育的人，平日受天主教徒的压制，而不知道天主教徒与非天主教徒的区别。又不知道枪炮的作用，而误信为可用魔术抵御。又有满洲政府里面未受教育的人，疑提倡新术的人，都靠外国人助力；而又不知道居留中国的几个外国人以外，还有多少外国人，以为只要杀尽这些外国人，就可平安。这都是中国二十几年前最无知识者的见解。此次运动的人，都是明了世界大势与各国实力的，这是不同的第一点。义和团是要杀尽外国人的，这次对于英、日是专用"不合作"主义的，是不同的第二点。义和团是反对各国的，这次是专对英、日的,这是不同的第三点。义和团是以北京与直隶、山西几省为限,这次的风潮,是遍于全国的,这是不同的第四点。其他不同的情形还多,提出了这最大不同的四点,尽足证明是误会了。

第二,是说这次风潮,有"赤化"的嫌疑,不可不干涉的。这也是一种可笑的误会。过激政策的施行究于人民为福为祸,还是一个未解决的问题。若是有一国要试验这种政策,也是他的自由,外国没有干涉的理由。若说理应干涉,那过激主义大本营的俄国,为什么列强不肯合力的攻击他,而反承认他?列强对于过激主义的大本营,尚可承认,还要防他国赤化么?中国大工业尚未发展,贫富阶级相去不远,绝没有赤化的可能;欧洲各国经济状况,容易赤化的程度,比中国近得多,为什么自己不防赤化,而反替中国担忧?若说同盟罢工,近于赤化,俄国革命以前,欧洲各国已经有多数的同盟罢工,难道都是赤化么?而且就事实上讲,三月二十日有劳工反对共产主义同盟会在上海县署备案,五月一日上海劳动纪念大会中有工团联合会发散劳动周报,载有上海三十七工团反对共产党,召集全国第二届劳动大会的通电;罢工风潮发生以后,本月九日,上海尚有新组织的爱国团体,为反对共产主义的声明;可见这次运动,不但无赤化关系,而且与赤化相反。若说中国人现在有亲俄的趋向,而俄国政府对于这次被牺牲的华人,表示哀戚,是赤化的痕迹?但是政策模仿与国际友谊,全是两事,虽小学校学生也是知道的。俄国新政府成立之后,把一切帝国时代胁迫中国旧政府而订定的不平等条约与侵夺中国主权的行政权,一概废止,纯然取国际上彼此平等的关系;我们自然与俄国特别亲睦,与彼国内的政策何关?设使日、英两国,也同俄国一样的对待中国,我们一定也一样的亲睦英、日,难道有倾向君主政体的嫌疑么?

第三,疑此次风潮,可由日、英两国,以武力胁迫中国中央政府而了结,不必顾及全国民意;这尤是根本上的误会。中国外交史上,凡外国人在中国所得种种不正当的权利,都是用这个方法取得的,诚然有不少的前例,但都是已往的事。那时候是中央集权的制度,全国人民能视国事为己事的还少,所以有这种现象。自一九一二年革命以后,人人都有国家一分子的责任心,全国政治,渐向分权制度发展。一切适合民意的外交政策,当然由中央政府代表施行。若有不合民意的,就使中央政府受了胁迫,地方政府也要起而反对;就使一两处地方政府也受了胁迫,地方的人民还要起而反对;推倒不从民意的政府,而重建服从民意的;外力的胁迫完全无用了。如一九一九年巴黎和会的条约,中国政府本已受日本的运动而预备签字;卒以民意对于青岛问题的不惬,有五月四日的示威运动,继以各地方的罢市,政府不得不遵从不签字的民意。这就可以见列强对于中国的外交,即专用旧式的胁迫手段,去达到损人利己的计划,是不合于中国现势的了。何不容纳中国民意,采取双方有利的政策,开一个外交上的新纪元呢?

为这个缘故,我很希望日、英方面,能速自觉悟;希望日、英两国以外的列强,能劝告日、英,有对于近因的妥当办法。日本应当于工厂中规定每日八时间工作与适合工人生活的工资,且严禁监工者侮辱工人的举动。果然,不但纱厂的罢工风潮,可以消弭;而且减少工作时间,工作的成绩,反能优胜于没有减少的时候;这是欧美各国所公认的,日本何惮而不为? 英国应当惩办放枪杀人的巡警,并规定以后不得擅动武器的禁令;对于死伤的华人,速为相当的赔偿;使华人深信英人的正直,无论对于英人或非英人,都一样的赏罚。

我尤希望日、英两国与其他列强,都有根本的觉悟;都宣告把从前与中国旧政府所订的不平等条约,无条件的取消;特派专使,重订平等新约。果然,华人也能用自由的手腕,发挥固然的能力,而且以最友爱的感情，与各国人民共同操作，改进世界。这不但有益于中国，而且对于各国的利益，也一定比互相敌视的时代为高。双方互利的实益，一定比单方自利为稳固，这是人人能公认的。

我谨以极冷静极公平之态度告日、英两国与其他列强，以备采纳。

《北京大学日刊》1925 年 8 月 1 日

与《国闻周报》记者的谈话

（1926年2月4日）

政治问题　去国二年余，国中政治变化，至速且多，间于外国报纸电讯中略知梗概，或积一二月读中国报一次。然于最近状况，旅途久稽，知之不详。但余总觉军阀此起彼仆，终无善果，甲方虽因幸运而暂时压抑乙方，然数月之后，又不难重振旗鼓，以为报复，此种循环往复之局，殊非国家人民之福。此后唯盼有真能为国为民、蠲弃私利之军队，出而扫除自私自利之军阀，国家方有安宁之希望。最可叹者，一般政客学者，率欲利用甲军阀打倒乙军阀，掀风作浪，挑拨其间。其实军阀均是一丘之貉，盛衰起伏，罔民则同。故余深冀今后之政客学者，能幡然悔悟，即不能积极造成真正为国为民之军队，以扫荡恶势力，亦当消极的不予军阀以助力。矫除利用军阀之心理，其无形中造福于民不少也。

至关于政治问题，余殊赞成联省自治之论，此以中国地方之大，人民之众，欲冀一人者出，有征服一切，统一天下，真有河清难俟之慨。无已，则唯有盼各省于小范围之内，如山西之阎锡山埋头自治，就本地财政之收入，以养有预算的有纪律的军队，省自为政，不相侵越，以就政治实业教育上比较其优劣，以为争竞。若论中央政局，无论何种制度，只须各省改革就绪,均无问题。盖委员制者,亦不过行政上之方法,与现今之责任内阁,初无大异同。但使各省能知自治,军阀之势焰稍□,则召集两议会,一为代表人民的,一为代表地方的,以决其为委员制,为责任内阁制,均无不可。非然者,如今日军阀之干涉中央,举凡阁员重任、税收要津,无不遍插党羽,如直系得势,则直系尽据阁席,奉系得势,则奉系尽据阁席,恶劣之现象,虽求教于世界大政治家,恐亦束手无策也。

教育问题　今日学生界之浮嚣现象,余至不赞成。盖学生究在"学"的时代,不宜多问外事。成年之大学生,普通生究在"学"的时代,不宜多问外事。成年之大学生,普通知识既已充足,使以个人名义,信仰何种主义,发表何种主张,或迫于热心或义务心而不能自遏,以预闻国家社会之事,固未尝不可。但如因少数人信仰某种主义、确定何种主张之故,必强人以同,然后以机关或团体名义,发表意见,不从,或竟出以强迫恫吓之手段,甚有演成武剧者,此则绝非吾人所敢苟同。不特此也,尚有十余龄之小学生,知识不充,黑白未知,亦复攘臂终日,由少数操纵其间,任意主张,宁不可笑。余近观欧洲各国,自大战以还,政治经济,亦罅漏百出,虽不乏热心之士,奔走呼号,以解决现实之问题;但终有若干潜心学问之士,埋头研究室内,以谋未来之大计。盖社会上之现实问题,既甚繁复,变化綦多,然亦当知社会生命之悠久而无穷期,苟举当世长幼老少,尽集于解决现实社会问题之途,则社会基础不固,未来之危险,宁可设想耶!且夫共和国家,言论自由与思想自由,尤为绝对之原则。倘欲强人以同,不惜出于恫吓无理之手段,又岂道德之所许,此则深愿教育界同人之深省矣。

共产主义　共产主义,为余素所服膺者。盖生活平等、教育平等,实为最愉快、最太平之世界。然于如何达到此目的之手段,殊有研究、讨论之余地。以愚观之,克鲁泡特金所持之互助论:一方增进劳工之智识与地位,一方促起资本家之反省,双方互助,逐渐疏浚,以使资本家渐有觉悟，以入作工之途，则社会不致发生急剧之变化，受暴烈之损失，实为最好之方法。若夫马克思所持之阶级争斗论，求效过速。且其立论之根据，必须生产机关已臻完备，徒以支配机关不良而造成之畸形现象，以及确为劳工劳力而不得食，徒为资本家作牛马，与夫教育程度之悬殊，故一改变间即能奏效。俄国生产机关并不完全，然昔贵族专政，贵族教育确甚普及，而终不免于失败。然俄国究为首先试验之国家，徒凭其脑筋中之理想，遭遇失败，原非始料所及。若夫中国，则既有前车之失，又何必重蹈覆辙？且中国之生产机关，远不如俄国之发达，环顾国内，又安有所谓资本家？而教育幼稚，受高等教育能有几人？故即使改变支配机关，其势唯尽驱四万万人同受冻馁而已。且因教育关系，第四阶级中未必悉能了解阶级争斗之真义，乃使一部分信仰主义者，一方压迫资本阶级，使之屈伏；一方压迫第四阶级，强之从同，其为危险，不堪设想。尤有进者，今日之世，国际关系，未能完全脱离，非共产国家之经济侵略，环伺其旁，结果不免于失败。俄国之行新经济政策，亦即基于此种理由。夫以俄国处境，尚不克闭关自守，况以中国之强邻四逼，外货充斥，将步俄国之后尘而不可得。故马克思所主张阶级争斗，绝不适宜于中国也。吾人更有一信念，即以为中国之事，必当由于中国人自己之努力，客卿即赤忱以友谊相援助，然中外历史不同，情形互异，绝不能以外国之方法移植中国。譬如俄国贵族专制，压迫平民甚严，而中国则历来未有严重压迫之事，且就今日之现状，正苦中央政府之无权无力也。情形迥异，方法又岂能尽同，况今之所谓客卿，更不免有外交政策杂于其中者乎。

慎予记

为皖苏浙三省联合会预拟
对新闻记者演说词

（1926年夏）

本会自成立以来，所有简章及通电，业承诸大记者于诸贵报上次第披露，本会同人深感诸大记者赞成本会之盛意。今日又承惠临赐教，尤为庆幸。

本会同人以为，现在吾三省之危急，非实行民治，无从救济。而上海市，实业与文化之影响，遍及全国各省，且有国际贸易之关系，则不可不划为特别市，而实行适当之民治。民治之建设，在当地人民推举委员，组织委员会，处理军政、民政，业于十四日通电中宣布之。

唯目前第一为民治障碍者，实唯军队。本会同人深知，现在尚未到弭兵时期，而且为保障民治区域，使野心家不能侵占之以为地盘，不能不有赖于服从民意之军队。但现在屯驻吾三省境内之军队，果有服从民意之诚意与否，尚未闻有明白之表示；旧日统率此等军队之总司令孙传芳，已弃军远去，强以吾三省人民之公产，为彼个人之私产，而任意割裂，以为赠与其他军阀之礼物。因是而去年骚扰淞沪一带、近日蹂躏京畿一带之鲁军，乃安然为接受孙传芳之礼物而南下，陆军已抵南京，舰队直指吴淞口，往昔惊心动魄之惨剧，又将重演于目前。是而可忍，孰不可忍！

本会是以有"孙传芳以后行动表示，完全与三省无涉"之宣言，对于奉、鲁、直首领，有"如有对三省军事行动，誓以民意抵抗之"之宣言，对于现在三省范围以内之军队，始则有赞护三省要求民治主张，否则视为公敌之警告，继又有责以明白表示态度之警告，对于上海市民大会，则推举代表宣布速速实行自治之主张。

本会对于违反民治主义之军队，既如是其坚决，而忽闻香港英商有借五百万镑于鲁军，以助长其蹂躏三省之势力。本会以英人素为尊重民治之先进，疑此事当属讹传。然而人言籍籍，恐非无因，是以有反对此项借款之通电。

本会十余日来对各方面之情形而分别进行，大略如是。要不外乎求贯彻实行民治之主张。继此以往，将永永循此一贯之主张而努力，非达到吾三省实行民治之日不止。

夫渴望民治，岂唯吾三省人民之公意，实吾全国国民之所同，即友邦贤达所属望于吾国者，亦无不以此为鹄的。既同此心理，则对于危及民治之军阀，安得不竞起而声讨之？此等事业，一方面固在乎当地人民有种种实际运动，一方面尤不能不有赖乎舆论之鼓吹。报纸者，最大力之舆论机关也。诸大主笔对于本会实行民治之主张，既所赞同，敬请助为提倡，并乘此聚首一堂之机会，赐以教言，本会同人实不胜欢迎之至。

　　　　　　　　　　　　　　　　　　蔡元培手稿

《浙江最近政纲》审查报告

（1927 年夏）

《浙江最近政纲》，为本年三月十五日中国国民党浙江省执行委员会暨各县市执行委员会代表联席会议议决，而于四月十五日由省党部代表于市民大会交与政务委员会代表者。本以十五年十月中央及各省联席会议所通过之《中国国民党最近政纲》为蓝本，故大体不背于本党政纲。而其中间有于军政、训政期间骤用宪政时期之条件，于实行颇感困难，并有专为阶级斗争而设，使暴民得借口捣乱者。兹特先举应删、应改各条，略述理由，而后列修正之全文。谨候公决。

应删、应改各条

（一）关于政治者

第一条　近于独裁之倾向。

第二条　现在尚未全脱军政时代，政治分会及省务委员会尚多有军事领袖参加。原文不适用。

第三条　未经训政时期，若遽召集乡民、县民、省民等会议，恐不足以代表真正民意,而反为一派所把持。

第六条　太空。

第七条　易为暴民所利用。

第九条　不易实行。

(二) 关于军警者

第一、第二、第五各条　性质相近,可归并。

(三) 关于财政者

第三条　浙省岁入约三千余万,以十分之三充军费,未免太多。

第十条　经济审查会职权太滥。

(四) 关于建设者

第一条　温州现尚无施行市制之必要。

第七条　医院当以自立为原则,不必专赖收回。

(五) 关于教育者

第二条　与财政统一有冲突。

第八条　应注重取缔,不必单主收回。

(六) 关于工人者

第一条　罢工自由等有窒碍。童工应禁。

第三条　五十四时太多。

(七) 关于农民者

第三条　不必有农民银行名目。

第四条　易为暴民所借口。

第六条　可归并第三条。

第七条　当然。

第八条　成年之农民,尚不能无指导者。

第九条　农民协会照党章非绝对自由。

第十条　有流弊。

第十二条　酌拨寺庙财产，有流弊。

（八）关于商人者

第四、第五条　太简单，应有办法。

第六条　租界外无此顾虑。

第七条　太空。

第八条　应移建设。

第九条　可以他条包括之，且茧厂条例亦待研究。

（九）关于妇女者

第六条　当以有职业为主要。

（十）关于学生者

第一条　无必要。

第二条　有窒碍。

第三条　公立学校以不收费为善，不必专指贫苦学生。

第四、第五条　当然。

（十一）关于一般有公职者

第五条　当然。

（十二）关于一般社会者

第一条　已实行。

第二、第三条　未可骤行。

第四条　已实行。

第七条　未普遍。

第八条　太琐。

修正案

(一) 关于政治者

(1) 建设廉洁之省、市、县政府，扫除一切积弊，增加下级官吏之俸给，严禁授受贿赂及不正当之期约。(2) 规定惩办土豪、劣绅、贪官、污吏之条例。(3) 确定地方司法制度，废除违反革命精神之一切法令条文。(4) 整顿司法，废除各种恶例，减轻讼费。(5) 改良监狱，改善囚犯待遇。(6) 保障人民之言论、出版、集会、结社自由。(7) 保障人民生命，非经过法律上一定手续，不得宣告死刑。(8) 收回外人在省内购置之土地及建筑物。(9) 救济失业。(10) 从速举办户口登记。

(二) 关于军警者

(1) 将旧有之警备队、保安队、义勇队、游击队、别动队等，裁汰归并，组成省防军，永远不许别设名目招募民军。(2) 改良警察制度，并施以党的训练，使负保护地方全责。(3) 缉私营应根本改组，或解散之。(4) 确定剿匪计划，肃清全省土匪。(5) 筹办短期训练之民兵制。

(三) 关于财政者

(1) 统一全省财政。(2) 全省预决算公开于民众，一切政费不得在预算外擅自动用。(3) 本省军费，不得过本省岁入十分之一。(4) 厘订税则，整顿税收，剔除中饱。(5) 取消苛捐杂税，废除包办制度。(6) 不得预征钱粮。(7) 举行遗产税、所得税、奢侈税。(8) 遵照《建国大纲》，规定县政府经费，使县政府得以发展。(9) 组织浙江经济委员会，解决本省一切经济问题。(10) 各市、各县组织本市、本县经济委员会，调查经济状况，草拟计划，提交本省经济委员会核定。(11) 改良盐政，废除盐引制度，就场征税。(12) 整顿田赋。(13) 沙灶地垦放局应即撤废。

（14）试验钱币革命。（15）改良辅币。

（四）关于建设者

（1）杭州、宁波，从速组织市政府。（2）治河浚湖，以防水患。（3）从速完成沪杭甬铁路，筹设浙赣、浙闽、浙皖轻便铁路。（4）从速完成原定之省道。（5）提倡造林，普及植树运动，限制采伐已成之森林。（6）从速建筑三门湾商港，并切实计划乍浦东方大港之实现。（7）利用水力发电，以兴起各种机械工业。（8）调查矿产，用省款开炼。（9）以省款办理大规模化学工艺。（10）提倡渔业，开发水产。（11）建设县立或市立医院，其旧为外人所设立而可以收回者，收回之。（12）建设公共会堂及娱乐场。（13）划一度量衡制。（14）从速举办清丈田亩山地，举行土地登记法，实行平均地权。

（五）关于教育者

（1）确定党化教育，施行于各学校。（2）逐渐增加教育经费，使达全省收入百分之三十。（3）用大学区制，以全省教育事业，隶于大学，为有系统的进步。（4）先设研究院，为建设大学及改良各种教育机关之中心点。（5）普通义务教育，使学龄儿童一律入学。（6）提高女子教育，一切高等教育，男女同校。（7）厉行平民教育及平民识字运动。（8）取缔私塾及不完全之私立学校。（9）收回外人所办学校。（10）特别增加小学教育经费。（11）扩充省立图书馆，建设各种博物院、美术馆、植物园、动物园等。（12）增设市、县公立图书馆、通俗讲演所，并切实整顿之。（13）提高教职员薪给标准，特别注重小学教师。（14）实行年功加俸制。

（六）关于工人者

（1）制定劳动法，保障工人之各种自由，特别注重女工之保护，绝对不许用童工。（2）制定工会法。（3）工作时间，每星期不得过四十八时。（4）例假休息，工资照给。（5）废除包工制。（6）制定劳动保险法，并设失业保险、疾病保险及死亡保险等机关。(7) 改良工人生活,并注意其卫生。(8) 设立劳工补习学校,以增进工人之普通知识。(9) 奖励及扶助工人消费合作事宜。

(七) 关于农民者

(1) 减轻佃农佃租百分之二十五,遇灾歉时,更得由佃农要求减免之。(2) 废除现租制(即先期收租)。(3) 由省银行分设各分行于乡村,以最低利息贷款于农民。禁止私人与私立机关之盘剥重利者。(4) 公有荒地,由政府分配于农民,规定公平之租税。(5) 私有地产,此后不得私相授受;有出售者,以公款按所登记之地价收买之。(6) 指导农民,试行乡村自治。(7) 保障合法组织之农民协会。(8) 废止包佃制。(9) 指导农民,组织消费合作社,由省立银行拨借基金。(10) 推广农村小学,设立农民补习学校。(11) 改良蚕桑,鼓励育蚕。(12) 试验科学的农业改良。

(八) 关于商人者

(1) 保护交通及商旅之安全。(2) 禁止征收不正当之附加税。(3) 重定适合于一般商人之商会法。(4) 设省立银行之分行于各地,以矫正私立机关操纵金融之弊。(5) 设生产品公卖局及消费品公卖局,以矫正私立商业垄断必需品之弊。(6) 提倡商店雇员之消费合作社。(7) 为商店雇员设工艺补习所,使有迁业于直接生利机关之准备。

(九) 关于妇女者

(1) 妇女在法律上、政治上、经济上、教育上及社会上,与男子有同等之权利。(2) 设立公共育儿院,为妇女代管儿童,并设公立之裁缝业、洗衣业、烹饪业等,以减少妇女家庭之负担,使得自营职业。(3) 职业妇女在生产期内,应给以两个月之休息,仍照给薪金。(4) 妇女有承袭遗产权。(5) 结婚、离婚自由,打破旧时偏面贞操之观念。(6) 禁止娶妾、蓄婢及童养媳。（7）禁止娼妓，畀以相当之职业。（8）严禁缠足。
（9）严禁溺女。（10）设立成年妇女补习学校。（11）设立产科学校及产
科医院,取缔稳婆营业。

（十）关于学生者

（1）学生以求学为唯一之义务,但年龄在十六岁以上者,得于课余
参加社会运动。（2）学生对于学校行政有建议权。（3）公立学校,可能
的减少学费,或全免之。（4）十六岁以上之学生,须特别受军事训练。

（十一）关于一般有公职者

（1）增高薪给,实行年功加俸。（2）每日工作八时。（3）例假及各
种纪念日均休息,薪资照给。（4）疾病死亡,应给以医药及抚恤费。
（5）服务过一定期限,应给养老年金。

（十二）关于一般社会者

（1）设立大规模之职业学校。凡凭借遗产之游惰,沿途乞食之贫
民,皆授以职业教育,使人人皆能作工。（2）严禁吸、种、运鸦片。（3）禁
止赌博及发售有奖券彩票。（4）严禁买卖人口。（5）废除各地惰民及类
似之制度。（6）劝导婚丧庆吊务从节俭,不得再用前清遗型之仪仗。
（7）提倡公墓,宣传迷信风水之无理。

蔡元培手稿

致冯玉祥电

（1927 年 8 月 14 日）

郑州冯总司令勋鉴：奉真日赐电，命赴安庆会集，弟等欣然赞同。文晚致复台端时，介兄正登车去沪，示以电稿，彼笑而立署其名。讵料元早乃传介兄有去志，即晚赴沪挽留，比至沪渎，彼已赴宁波。去春煜、恒至平地泉挽公，公上库伦，止相差数小时，白驹难维，翩然竟杳，其怅惘相同。友人出宣言相示，并云介兄宿构者有日，上车时曾遍示其袍泽，特未示其长衫友人，读竟乃大喜。夫议而必至于会，会且必赴各非所居之安庆，则双方尚有不可思议之小隔阂可知，终需相与退让，乃能一致。容敌之错误，既先后痛哭流涕而追悔，则个人之牺牲，亦宜彼此争先恐后而自动，虽弟等自信能至议席让步，然何如介兄早让之直捷？盖自敌方捣乱而后，彼此拘束之力，无讳为薄弱，宁方尚留倒汪之残帖，汉上亦有骂蒋之新电，双方枢要，皆无奈何其徒党。在准备雍容揖让、互通情愫之时，一方不能停止其北伐，一方又不能不揭橥其东征，玉帛与干戈，将错乱而并用，岂不腾笑万国，所以骑马不必寻马，釜底可以抽薪，止需牺牲任何一方，便不必有会，亦无所用议，即完全自然解决。弟等初不悟此，其去介兄远矣。现亦幡然改其安庆之行，各为故里之游，一了即百了。若各以错误为试验,互相不择美恶,唯以附己者为贤,政象已彼此日非;若又貌合神离,唯领袖是竞,唯曲说自高,因强合而暗斗,必更重党国之祸也。稍息其时矣,尚不以为逃伍乎!一柱擎天,唯公有焉。弟胡汉民、张人杰、蔡元培、李煜瀛、吴敬恒同叩。寒。

《民国日报》1927 年 8 月 15 日

当前的政治问题

——在国民政府总理纪念周的政治报告

（1928 年 1 月 21 日）

最近政治问题，即编遣会议是。现在虽已全国统一，尚不能谓革命成功，盖仅除去障碍而已。因帝国主义种种压迫尚未解除，欲除压迫，当以建设为根本。现军政时期已过，训政开始，其重大压迫应即设法除去，须先充分预备，非十年教训、十年生聚不为功。近各处灾民及失业人数甚多，照现在趋势应即建设。我们无论建设何种事业，应具二种要素：一、人才。二、经济。我们全国不知有几多人才，应统盘计划，经济应投资若干，亦须统盘计算。将来要除去障碍，应如何预备我们的财力。以前武装同志牺牲生命财力，以除去军阀；军阀现已除去，除留一部分必不可少的武装同志外，将尚有一部分作生产的事业，以补财力及民生之不足。武装领袖都在开编遣会议；编会未开前，有反对者，他们以武装精神努力去做，现在大会虽未闭幕，然最重要两大纲案已议决。全国军队不得过八十万，军饷不得过收入百分之四十，再以人才辅助，亟将教育实业建设起来，要除去一切障碍，将一切创造起来，即可报告全国国民。编遣会议结束后，当由常会逐步施行。

《民国日报》1928 年 1 月 22 日

中华民国政府宣言

（1928 年 6 月 15 日）

中华民国国民政府当兹统一中国之事业正告完成之际，谨向世界友好诸国发表下记之宣言：国民政府所倡导之国民革命，其根本目的，在建设一个新国家。现在军事时期将告终结，国民政府正从事于一切整顿与建设之工作，以期建设新国家之目的早日完成。所谓建设新国家者，即实现总理所定之三民主义，内以谋国民之自由福利，外以图国际之平等和平。过去时代之军阀政治，固当然在所排除，即根本破坏现时社会之组织，亦必不容其存在。唯欲建设新国家，则国民政府对外之关系，自应另开一新纪元。中国八十余年间，备受不平等条约之束缚，此种束缚既与国际相互尊重主权之原则相违背，亦为独立国家所不许，因此中国屡次宣言，期诸友邦之谅解。所幸自一九二六年末以来，诸友邦之当局已有同情于另订新约之表示。今当中国统一告成之会，应进一步而遵正当之手续，实行重订新约，及相互尊重主权之宗旨。国民政府深信新约重订以后，中外邦交之亲睦，人民友感之增进，国际贸易交通之发展，外侨生命财产之保障，必更有加而无已。国民政府更愿为各友邦告者，国民政府对于友邦，以平等原则，依合法手续所负之义务，始终未尝蔑视。深信一切国际间束缚解除以后,中国与各友邦物质上精神上互相援助,必能促进世界文化之进步。上列宣言,乃国民政府以至诚之意,代表全国民众,遍告世界各友邦。深盼各友邦充分谅解,表同情于中国新国家之建设,以符人类共存共荣之义,而为世界谋永久之和平。

《申报》1928 年 6 月 16 日

关于青年运动的提案

（1928 年 7 月 31 日）

吾党过去青年运动之作用，及现今不能继续之理由：吾党主义非为一时，其不受时间之支配，人所共喻。若施设之策，则不能不因前后情势之不同，而参合事实，适应因革。外交方针如此，农工运动如此，在教育何莫不然？

往者中央党部、国民政府在广州，举国大半皆在军阀之下。不得不厚集革命之力量，以颠覆籍据。故吾党当时助各地青年学生之运动，不复虑其一时学业之牺牲。本理所宜然，策所必助。虽有所痛于心，诚不能免乎此也。

及后革命势力克定长江，学生鼓励民气之功绩已著，而青年牺牲学行训练之大弊亦彰。改弦易策，人同此心。中央四次全会有鉴于此，于其宣言郑重言之曰：

就今日受痛苦最大之点言之，无过于未成年之学生参加政治斗争之一事。夫政治运动及社会运动，乃关系人民实际生活、国家实际利害之问题，参与此种运动者，必须有实际利害之认识，与正确智识之判断。未成年之青年男女,身体精神之发育未完全,基本之知识经验未具备,即个人之私生活,尚不能离成年者之保佑而独立。何况国家社会之大事,乃放任于未成年者之自由活动,是不特将民族所可爱可宝之未来生命,付之无代价之牺牲,亦直是以国家社会全体之生命,作儿戏之试验品也。各国法律,在私法上规定行为能力之年龄,未成年者一切行为,不认其有法律上之效力,亦不科以法律上之责任。而国民之公权,则更有各种限制。此不特维持社会公共生活之秩序,国家之安存发展,亦所以培养青年并保护青年者也。以目前中国之情形论,文化落后,经济落后,国民之身体无不衰弱,所仅足属望者,唯后起之青年耳。然当其应受培养与保护之时代,不教之以正当之学问,导之以正当之道途,使其身体精神得遂其自然而健全之发展,乃欲付以成年者所不能胜之重任;及其已陷于错误,而祸害已波及于社会国家,然后不得已而科之未成年者所不应受之严刑。此岂足以救亡,实所以召灭种之祸而已。

又本年全国教育会议,中山大学、广东、广西教育厅所提《确定学生会之组织及其法律关系》一案云:

现在之学生会组织,尚有一大谬误,即联合会之无限制的扩大与势力之滥用是也。此种组织,将全国百千万之学生,操纵于少数学生政客之手,而强迫百千万之学生以盲从,名为民主,实乃最专制愚民之制度。等于整个国家组织之中夺取一部分之国家以去,而自成一国家。一有错误,全体随之。此制不革,国家不能立教育方针,社会不能立社会秩序。教育破产,生活破产,学术破产,国家破产,均由此起。而各学生本身之危险,则更不待言。此种感觉,不仅提案者有之;此时负教育责任者,多怀此隐忧。盖军阀之下学生之趋向,在国民党统治境内者,理应不同。革命军兴之时,与建设之时,理应不同。昔谋革命之早日成功,今图建设之人格培养,则过去之青年运动,现今不能继续,以多破坏而妨建设,理甚显也。

本党之农工商运动,一方面在增进农工商自身利益,一方面又在唤起彼等共同努力于革命,权利与义务兼顾者也。而本党之青年运动,则在运动学生,使牺牲其课业,牺牲其学校之秩序,专一从事于激动之工作,可谓有义务而无权利。原吾党当时之所以不得不任学生牺牲者,盖以有故:一、学生所进之学校,大抵在军阀势力范围之内。其训育宗旨,多与本党主义相违,率学生以反对校员,亦未始非宣传党义一法。二、破坏工作,在大多数有地位有家室有经验者多不肯冒险一试;学生更事不多,激动较易,既无家累,而智识辩才,适在其他民众之上,为最便于利用之工具。三、欲在反革命区域以内,救援全体民众,而牺牲一部分青年之利益,以政治学上最大多数之最大幸福之要求衡之,尚非不值。有此三义,故本党往昔之青年运动,自今日思之,不得不告歉于青年;而自当日言之,实出于不得已。正如军队以服从长官为天则,而对于敌人境内之军队,则虽运动其下级官反对上级,或运动其兵士反对官长,亦非所恤,出于不得已也。

今中国本部已尽在青天白日旗帜之下。国民政府对于不服从党义之官吏及学校教职员,皆有干涉与更易之权,无求助于学生之必要。正如敌军既已归附,则不可不律以军纪。一也。战事结束,建设开始,成年者如无危险,咸告奋勇,不必再资补充于未成年之学生。如常备军既已足用,不必遽调后备;工人方虑失业,不宜雇及童工。二也。训政时期,百废待举,在在感专门人才之缺乏,若不于此时广为培植,则永不能度此难关。正如有七年之病，而不求三年之艾，则岁不我与，追悔无及。三也。若狃于往昔之青年运动，而必欲继续行之，则为无病而呻，徒乱人意。十年、二十年以后，今之青年既已老大，感学业之不足以应世变，虽取吾辈之白骨而鞭之，岂足以偿误国误党之罪耶？

浙东多莳竹者。竹先为笋，笋可食也；冀其成林，必养笋成竹而后可。饥不得食，不能不挖笋以充饥，犹可说也；若谷蔬既备，而犹挖可以成竹之笋，其可乎？各省造林之场，先植幼木，旅人经此，适值严寒，不得不暂采以为薪，犹可说也；若燃料既具，而犹摧及幼木，使造林之目的，无由而达，其可乎？故吾党不信教育则已，若欲实行《建国大纲》及本党政纲中重视教育各条文，则青年不可不有长期之正当培植，以充其知识，成其技能，坚其人品，明其廉耻，庶可成为建设之材，而不至趋于游民之路。换言之，即非停止往日之青年运动不可。

或谓往日之青年运动，偏于破坏，今若偏于建设之运动，则必无损而有益，此固言之有理。然试问建设之运动，应指何种？若指体育上之运动，智育上之研究与辩论，德育上之自治，及其他服务社会、研究时事、音乐、美术等高尚娱乐之类，苟为吾党所主张，则皆可督促教育行政机关分别设备，或联合各学校而行之，非学生团体所能自举也。若学生团体不负此种责任，而空设组织、宣传、通电、游行之任务，则其事大抵与党部重复，而其繁琐又绝非专任不可，势必蹈往日学生联合会之覆辙，其职员悉以离校之学生充之，不得不多觅活动之机会，以求免尸位之诮；其余全体学生，必有扰累，而无裨补，可断言也。

或谓近日国家主义派以及自号第三党之一类，正竞事青年运动，吾党若不以运动与之竞，则势必全体青年悉为彼等所吸收而后已。窃以为无虑。彼等既以反对吾党为目的，则仿效吾党往日之运动，而从事破坏，宜也。且彼等既不公然征求党员，故不得不有此秘密之结合。吾党既有管理学校之权，主义、方略，编入教科书中；教职员与学生均有进党之机会，学校又有正分部、正党部之组织，如学生中有秘密受他种团体之运动者，凡服从党义之教职员与学生，皆得而伺察之，初无恃乎特别之团体。且既有团体，则其他团体之为特别运动者，安知不即利用此团体，如庄子所谓：大力者负之而趋乎。故学生之受他党诱惑与否，初不关乎为往日青年运动之学生会之有无也。

鄙意，本党对于学生，宜根据四次全体会宣言。采用广州中山大学及广东、广西教育厅所提出之案，不必再为他种学生会及学生联合会等组织，以避免学术界之大牺牲。是否有当？敬请公决。

提议者　中央监察委员蔡元培

《新闻报》1928 年 7 月 31 日

庆祝国民会议

（1931 年 5 月 5 日）

斯会任务，解决国是。遗教谆谆，瞬逾六祀。
今幸统一，训政开始。时今既成，召集于此。
济济一堂，农工商士。消饵众歧，指示正轨。
力谋建设，公宏民祉。制定约法，以张民纪，
讨论问题，得其神髓。主义实现，辉煌国史，
使命不辱，上慰总理。宪政可期，兆民咸喜。

《时事新报》1931 年 5 月 5 日

韩案发生后之对日问题

（1931 年 7 月 20 日）

　　我今日所要报告的，是因万宝山案①及韩境华侨惨被残杀案而起的对日问题。

　　万宝山案，发端于韩民强占华农熟田，开渠引水。韩境平壤、汉城、开原、仁川镇、南浦、元山、釜山、新义州等处的暴行，谓是起因于万宝山事件的激动，似以华、韩两方的冲突为限，而究其内幕，实不只此。

　　六月一日，长春县政府派员协同县公安警，劝谕韩民出境，不从，乃将其首领申某等八名带至县署，供称：受日人命令，来此种稻。三日，驱逐工作中之韩人，而四日仍有韩人百名至该地工作，并有日警五名前往保护。可见租地开渠之举，全由日人主动；至华农自动的填壕毁堤以后，日警实弹射击，并陆续派往军警至五百名以上，更显而易见了。至于韩境平壤及其他各地的暴行，则事前有日报之煽动，临时有警吏之放任。据九日世界社电，所述仁川状况云："万宝山案发生后，日人各报大肆虚伪宣传，捏造韩侨被东北官厅压迫之种种情形。四日朝，仁川各日文报

_____

① 万宝山案，日本帝国侵略者于长春制造的中朝农民之间的流血冲突事件。

忽登万宝山韩农被华农屠杀,东北当局下令驱逐韩侨之讯,大书特书,韩人见之,大为惊惶。四日夕,韩人开市民大会。从来日当局严禁韩人开会,至于群众大会尤为严禁,是夕特为允许。无知韩人大为愤激,成群结队,至华人区示威,日警旁观,不加制止。示威群众至仁川华商会附近,掷石破坏商店前门,与商会内华人开始冲突,韩人遂大举袭击各华商,其势甚猛,日警署派警察巡行于群众游行之左右。韩人知识阶级团体,有印发传单、劝群众勿暴动者,日警则阻止其散发。"仁川如此,其他可以推知。英人杨格在神户所办之《日本记录》日报,于九日社评称:"平壤暴动,最为凶烈,华人在街道上惨被击毙者计数十人。日方报告,狡称日警无力制止,似即此可以卸责。虽云暴动起因含有报复性质,如日警能严密防备,绝不有如此惨酷之屠杀,此系不可讳饰之事实也。当星期五(三日)暴动酝酿之际,朝鲜各处谣言繁兴,已成险恶之征象,最可注意者,则平壤城内与华侨杂居之日人,事前已迁移他处。星期六日,平壤、汉城、齐物浦、元山等处,果发生仇华暴动。是晨,中国驻韩总领事亲赴总督署要求设法保护华侨,并警告日当局以暴乱有蔓延之势,汉城中华商会亦致同样警告,唯日本官吏均漠然视之,毫不加紧准备。关于朝鲜事件,日方如否认防范失当,则无殊暗中纵祸也。"又东京《报知新闻》称:"凶暴之平壤袭击华人事件,事前预有计划。业经查明,即此袭击计划,利用五日星期日之集会,在基督教会内集议,指挥暴民之首谋者等,均持有注明市内华人家属所在地之地图,依此自在出没,警官队则追逐其后。首谋者指示暴民三条:'遇警官须猛进,遇宪兵须考虑,遇军队须退却。'更发重指令:'对于日人忽染一指。'故在反日感情最高号为全韩第一之平壤,日人无一被害者。又暴民蜂起后,警察部所取之措置,始终并无统制,完全发挥无力状况,咸认为非当时之警察力不足倚赖,对民间非难之声甚高云。"其他类此之报告尚多,然有此三条,一出于华人,一出于英人,而其一则出于日人,均足以证明,日人对于此次暴动,不但放任,而实有放纵指使的嫌疑。

日人为什么要先在万宝山引起纠葛,而又在韩境激起暴动呢?日人有一个最近的目标。六日路透电称:东京政界对于朝鲜排华举动,深为扼腕,且恐引起巨祸,盖韩人散居满蒙者逾五十万人,华人感动公愤,有报复行动,则中国当局既难予保护,而日方亦无从覆庇,恐将酿成重大事变。此等重大事变,即日方所希望,彼将借口于中国当局之不能保护,而调兵护侨,以遂其侵略满蒙的欲望。不意中国人民,已非复义和拳时代的愚蠢,都知道"冤有头,债有主"的意义,且养成"柔亦不茹,刚亦不吐"的习惯。对于韩人,始终悯其为被动者,而并不加以仇视;即对于日人,亦觉得有少数明白一点的,也并不概视为仇敌。所以日人的苦肉计,没有奏效。

日人这种最近的目标,当然从一贯的计划上产生,他们的一贯计划,是满蒙。取满蒙的种种方法里面,有一个是移民政策。后藤任满铁株式会社总裁时,有于二十年内移民三百万于满蒙的计划,并言移民政策成功,则东三省于实质上变为日本之领土。闻日人曾制一表,遍悬通衢,其文如下:

日本　四万三千七百方里　八千五百万人
满洲　六万五千方里　　二千八百万人

这固然不但是提倡移民的意思,而所说移民的必要,也就寓在表中了。然而移殖日人的试验,竟未成功,乃变计而移韩人于东三省,移日人于韩。《密勒评论报》云:"日本最初原拟以日人移殖满洲,然虽耗费巨资,卒无成效,经二十年之经营,目下全满所有日人,不过二十万名,其中十五万名，且皆住于旅大租借区、沈阳、长春之日租界，及沿满铁一带之日人管辖区域之内。此等日人，大多直接、间接与满铁煤矿业或满铁所经营之各副业有关，其独立的在满州之日人殖民，完全失败，因不能与华人竞争故也。"（《新闻报》东京八日通信：在日本，农民生活指数，高于东三省农民一倍有奇。是日人在满经营土地，仅能维持生活而无余资。且东三省气候严寒，日人甚畏。）

日本要移殖韩人，先把韩人的产业骗到手。寄萍君的《游韩漫谈》说此事颇详。大意是：日人利用韩人愚惰，趁他们需用时，劝他借债，用房屋或田产作抵押，满期不还，就没收了。这些韩人，弄得无家可归，警察署依照户口的调查，把失业的人一一登记，替他们谋出路，到了一定的时期，满了相当的人数，便召集那班农民，宣布移民的宗旨和计划，然后派兵护送特备的专车，到满蒙去垦殖。《密勒评论报》又说："主持移殖韩农民于南满及内蒙事务之机关，为东亚拓殖会社，此社由日政府正式补助，成立于一九〇八年，原以奖励日农民移殖朝鲜为目的。近年，该社在美、法两国，借有巨资，作资助日农民移居南满之用。据《日本年鉴》载：东亚拓殖会社有资金五千万日元，而其债券达一万四千一百万日元，即当资金之三倍。该社以宽大条件，贷资于韩农民，或组织韩人农业公司，期限自五年乃至二十五年。该社之存在期，由日政府许为一百年。其社长一名，副社长二名，概由日政府指派，必须日人充任；另一副社长，则由韩人任之。凡该社设置之农业殖民区，皆受日本军队及治外法权之保护，故不归中国法庭管辖，亦不纳税于中国官厅。韩民之移殖区既渐增，日参谋本部为保护计，亦即在中国领土渐增其驻军云。"《密勒评论报》又言："其始，日政府对韩人之移居华境，不甚注意，故与华当局少所交涉，韩人入华籍者，以数千计，与山东移住东省之数百万华农民，颇能相安。迨至近年，日政府或掌握南满日人企业之日军阀，渐注意韩人，强迫彼等在日领署注册,禁止彼等纳税于中国官厅,并奖励彼等反抗中〔国〕官厅之任何干涉。每值华、韩人间一有纠葛,日方立派军队从事保护,苟韩人因中、韩间冲突而遭任何损失,日方提出赔偿要求。其结果则造成一种紧张形势,大有引起确实战争之可能。"果如所言,是日本确定移殖韩民政策以后,侵犯主权,惹起纠纷,在在可见。万宝山案,不过一端,我们不能不注意于根本的救济。

现在外交机关依法交涉,民众团体提倡经济绝交,以促对方的觉悟,这固然是头痛医头,脚痛医脚,而目前必不可少的手续。但要彻底解决,非合全国同胞的力量,从基本工作上做起不可。越的对吴,十年生聚,十年教训,并不是不想速成,而事实上非如此不可。正如有七年之病,求三年之艾,急起直进,尚有可为;若再因循,就不可救药了。

基本的工作,第一是调查与研究。孙子说:"知彼知己,百战百胜。"日人知我,而我乃不自知。常人说:明了事情的,叫作"如数家珍",现在我们有家珍而不能数,日人能数之,遇事失败,是当然的。日人以一南满铁道会社之力,作种种调查事业,巨细不遗,随时刊布,设资源馆,以陈列当地物产,设中央试验馆,搜罗专门学者,研究种种问题,以指导企业者,而代为计划。在上海同文书院的学生,每人都有在我国内地实地调查的报告。我们现在要知道的事情,反要借助于日本的书籍,这还了得!现在我们各地均有党部,留学界也有,谁敢说在党部服务的同志,竟不及同文书院的学生吗?要是能把当地情形的调查与研究,列入工作,几年以后,必可大有贡献。至于有志者业已组织的日本研究社、日本研究会等,应助其发展,所不待言。第二是充实。《礼记》说:"货恶其弃于地。"《易》说:"慢藏诲盗。"庄子说:"空穴成风。"照日本人的表看起来,满洲地方比日本大三分之二,而人口却比日本人少三分之二。他们正患人满的时候,焉得不觊觎?其实,我们东南各省,何尝不患人满。北方多旷土,而南方多游民，移殖本不可少。

前年浙江移民到黑龙江，所以失败，是气候、习尚太不相同的缘故。山东人移殖东三省的，与土著无异。我们现在也要递次推进法，例如，移山东人于关外，移江北人于山东，移江南及浙江（人）于江北，而移闽粤人于江浙。在西北方面，移陕、甘人于新、宁，而移河南人于陕、甘，移四川人于康、藏，而移两湖人于四川。但使办理得法，也是解决民生问题的一策。东三省若得善农、善商的山东人，把地方充实起来，又合全国的力量，把应当建设的事业都建设起来，那自卫的力，一定随之而增长，强邻虽要侵略，也无可下手。那时候，他们果有不易解决的问题，我们也可本总理大亚细亚的主义，以友谊的帮助他们了。

《日本研究》第 1 卷第 11 期，1931 年 7 月

外交一致之范围

(1931 年 10 月)

一、从前东三省军队不抵抗的态度,不能赞同。

二、在广州时,已要求随时通告外交消息,而至今未接到何种文件,致未能多述意见。

三、日本不承认占领东三省土地,但以该国军保护日侨为言。我国不宜静待十六日之到期,应即日派军接收,声明对于日侨生命财产负责保护。

日军如继续进行,应由守土军队竭力抵抗。最好不派张汉卿,而派别种军队。

陈①〔友仁〕说:南京政府专靠国联,是欧洲小国行为,中国行之(下缺)。

蔡元培手稿

---

① 应为粤方代表陈友仁(1875—1944)。1931 年,陈友仁任广州国民政府委员兼外交部长。

和平统一会议预备会议通电

（1931 年 11 月 7 日）

中央与广州非常会议所发生之一切冲突现象,在中央认为此为关于政治、党务之纠纷,不欲以兵力解决,在广州亦认为但求于政治、党务诸重要问题,待正当解决,则和平方法更为有效。故同人遂负双方使命,集议上海。自开议以来,首先讨论者为外交问题。盖自日本侵扰东三省以来,危急存亡,不可终日,为共赴国难,当先谋外交之一致行动,故即议决,关于外交事件,其交涉进行,由中央政府任之,其方针及原则即在会议通过。举其要点,首在以日本违反国际信义之事实,诉之国际联盟及非战公约签字各国,要求主张公道裁判日本之横暴行为,及在军事、经济上为最后抵抗之准备。对于外交,现已一致,乃进而为政治、财政、军事之讨论。

关于政治之决议,有中央政治改革案。其原则:(一)使五院能独立负责行政职权,以实现五权制度之精神。(二)使政治系统与组织简单化,以增加政治效能,而避免重复转折责任分散之弊病。(三)使政治实际能民主化,中央政治机关应参加民选分子,使政府与人民之关系日益亲切,共同负担建立宪政之目的。至于办法,凡十一条,曾在报端披露,恕不赘述。

关于财政之决议,拟设全国财政委员会,以政府及人民、经济团体共同组织。付以整理财政、审核预算、审核公债之发行、稽核报销、公布收支账目之权。又郑重决议,为防止内战起见,中央及地方收入,如提供军费应以国防及治安为限。财政委员会得拒绝关于内战之一切负担。

关于军事亦郑重决议:关于政治之纠纷,非开中央执行委员会全体会议,有三分之二以上之出席,及出席委员登记姓名表决三分之二以上之可决,不得以兵力解决之。

关于党务之决议,京粤双方以合作精神,各于所在地克期开第四次全国代表大会。其办法如下:(一)开会时双方发表通报,表示本党统一。(二)双方四全大会一切提案,均交第四届中央执行委员会在南京开第一次全体会议时处理之。(三)双方协商中央执监委员候选人产生方法。(四)第四届中央执行委员会第一次全体会议,修改国民政府组织法,并改组国民政府。

关于外交、政治、财政、军事、党务诸荦荦大端,现经议定。其他如保障人民权利自由、赦免政治犯,则双方认为无须讨论,即应负责实行者。关于前经拟定蒋主席下野通电及广州国民政府取消通电两原稿,原定俟本会讨论就绪,再定发表日期,现在根据党务会议第四项办法,南京政府改组,广州政府当然取消,故上述通电原稿,无须发表。

以上各项,除互推蔡元培、张继、吴铁城赴南京,孙科、李文范、陈友仁赴广州报告,请求决定施行外,谨此奉闻,诸祈鉴察。

李石曾、伍朝枢、孙科、邹鲁、蔡元培、李文范、汪兆铭、陈铭枢、张继、吴铁城、陈友仁　阳。

《时事新报》1931 年 11 月 8 日

中国民权保障同盟关于顾祝同
非法枪杀刘煜生暴行的宣言

（1933 年 2 月 1 日）

最近江苏省政府主席顾祝同，非法枪毙镇江《江声日报》经理刘煜生，事前并抗拒监察院调查。此一血案，实与北洋军阀在北京枪毙邵飘萍、林白水之暴行，如出一辙，全国人民，应予以严重之注意。

查人民应享有言论出版之绝对自由权，为近代文明国家之国民应享之权利。就使刘煜生有轶出"自由"范围以外之犯法行为，也应依法交由司法机关审判，行政机关绝不能非法拘禁，更绝不容非法处死。而顾祝同竟滥用其权力，既非法拘禁刘煜生至五月之久，又悍然抗拒监察院之调查，更于抗拒监察院调查之后，进一步非法枪决刘煜生，并查封江声报馆。此种蹂躏人权、破坏法纪之黑暗暴行，已明白证明顾祝同为实质上与北洋军阀毫无二式，亦即为我全国人民之公敌。为维护人权，对于顾祝同之军阀暴行，全国人民应共起而作坚决之抗争。抑且此种极端黑暗之暴行，在我国今日，实不止顾祝同枪决刘煜生一事而已。

本同盟为维护民权、争取民权而组织，对于顾祝同非法枪决刘煜生之暴行，本同盟表示坚决之反对。同时，本同盟认为，顾祝同以现任之行政官吏,公然弁髦法律,蹂躏民权,政府如无以裁制此种暴行,实为政府之大羞。

本同盟兹谨特向政府提出要求三项:

(一)迅将顾祝同及其他有关系负责人员免职,并依法惩办。

(二)公布顾祝同认为"宣传共产"之《江声日报》副刊所刊载诸文。

(三)切实保障民权,务使以后不至再有此种同类之事实发生。

《申报》1933 年 2 月 2 日

中国民权保障同盟关于法院开审
"罗、余、廖二案"的宣言

(1933年3月30日)

中国民权保障同盟，为今日法院开审罗、余、廖[1]共产嫌疑二案，特发宣言，唤起国人注意。吾国为农工运动及反对帝国主义奋斗而被拘禁私刑杀戮者，已成司空见惯之事，此则本同盟所迭经抗议者。本同盟临时执行委员会，特为此案，于昨日上午开会讨论，并邀请沪上著名律师吴凯声博士，出席商议。此案辩护事宜，业由蔡元培、宋庆龄委托吴律师负责办理。

三月二十八日，罗登贤、余文化、廖承志三人，由间谍之报告被捕，依报章所载，其罪状为加入共党及工会运动。罗余二人于寓所逮捕，而廖则于数小时后，竟因偶尔投访，同遭拘禁。

三月二十四日，又有陈广亦因密探之报告被捕，同时有陈女士（据称系陈广之妹）于陈被捕之后偶住陈屋，亦被扣留。陈广之罪名为"江西共

---

① 罗登贤，1933年3月任中华全国总工会上海执行局书记时被捕，同年8月遇害；余文化，待考；廖承志，1933年任中华全国总工会宣传部长、全国海员总工会党团书记时被捕，后被保释。

产军第十四军军长"。唯据确息,二陈之被捕,皆无丝毫证据。陈广寓所及以前曾寓之五处,均经搜集,未得任何证据。而罗、余、廖所犯行为,亦不过二人偶语第三者跨进房中而已。

综观各案,唯一之证据,为间谍之报告,或故人之告密。揆之法理,人证必有人证之资格,证明非挟嫌报怨者始得谓平,若据空言可入人于罪则吾国民之前途,尚堪过问耶?且犯罪者必有犯罪行为,始可定罪。即使被告为共产党员,或曾参加反帝或工人运动,亦非法律所不许,苟无特别行动,应即立刻释放。盖信仰自由,屡载约法,为吾民所必争之权利。吴律师今日出庭,即将阐发此点法理。至目前所争,尤为诸被告引渡问题,然被告既无证据,即逮捕之理由不足,不但引渡不成问题,超过二十四小时以上之拘留,亦系显违法规。

在此国难期间,欲言御侮,国人必有反对帝国主义之自由,不应对于努力此项工作者反愈加压迫,致伤元气。吾民应速自觉悟,奋起力争,而要求罗、余、廖及其他一切政治犯之释放,尤为第一要图。

关于出庭辩护律师,除吴凯声律师外,尚有马常律师,将代表廖承志;蔡晓白律师将代表罗登贤、余文化两人。屠坤范及倪绸律师,将代表陈广。此诸律师皆将根据法理,为民权保障之奋斗也。

《申报》1933 年 3 月 31 日

日本对华政策

——在上海青年会国耻讲演会演说词

（1933 年 5 月 7 日）

今天我所要讲的，是日本对华政策。日本领土甚小，可是野心却甚大，而适与地大物博之中华为紧邻，因此他的强暴行为，就只有向我们中国发挥了。日本自明治维新，把欧洲帝国主义、资本主义，样样学来了以后，它开始就以侵略中国为政策的对象。这个政策，可分作四点观察：

（一）**武力侵略**　在民国纪元前三十八年，西乡隆盛就有侵占高丽的主张。虽则后来没有实现，而明年即有攻台湾之役。民国纪元前三十二年，进而并吞琉球。民国前十八年，朝鲜政变，内部发生党争，日本乘此机会，出兵干涉，因此发生了清日之战。结果吾国大败，日本就占有朝鲜。这时日本已有夺取我东三省土地的野心，所以议和的时候要求割让辽东半岛，后因俄、德、法三国干涉，才由中国加给赔款，把辽东赎回。日本当时处于国际压迫之下，不敢孤行，才肯把已吞进嘴的辽东半岛吐出，但他的野心是没有一天稍稍戢止，结果就取去了台湾。民国纪元前十二年庚子之役，义和团在津起事，日本的台湾总督儿玉氏欲进兵厦门，占据福建，彼时伊藤尚在，他认为不妥，才没有实行。民国纪元前八年，日俄在我东北地方开战,日方又胜,于是他又承袭了帝俄在我东北南部的特权。民国前二年,日本灭朝鲜。日本灭朝鲜的方法,起先怂恿朝鲜独立,从中夺去朝鲜的实权,然后再进一步实行并吞。现在他在东北制造伪国,就是这一套老把戏。民国三年,欧洲大战,日本以协约国名义,占取德国在我青岛的租借地和胶济铁路,想继续德国在山东的权利,战后复于青岛设派遣军司令官,于胶济铁路沿线设守备队六大队,成为特殊的势力。后因华府会议,我国才得收回青岛。民国十六年我国革命军北伐,日本又出兵山东,谋阻止北伐进行,致酿成五三惨案。二十年九月十八日,日本就在东北发动、实行侵占我国东三省了。从此以后,日本就明火执仗向我国侵略,其中如天津事变,侵攻淞沪,直至现在,夺取热河,加紧向我国北方察哈尔方面进攻,没有一天停过,这是我们亲眼所见、亲耳所闻的。这就是日本对我国的武力侵略。

　　(二) 经济侵略　　以中国为销货场、投资地及原料出产所,为现代资本主义国共同的目的;然日本以后进之故,特于普通的侵略方法以外,更用其他巧取豪夺的手段。于民元前十四年,设东亚同文会。明年,又由同文会产生东亚同文书院于南京。前十二年,移书院于上海。是年,又设日清贸易研究所。均以详察中国内地经济状况为目的。而同文书院的工作,尤为周密。教职员方面有支那研究部旅行研究;学生方面,有修学调查旅行,足迹遍于各省,报告书至为详悉。其在吾国东北,则设资源馆及中央试验所于大连,详考物产及制造法,而加以科学的研究,详定计划,备日本工商业家试办。彼深知我国人与求物美毋宁价廉的普通心理,于是特备粗制而贬值的物品以与欧美商人竞争。彼又利用我国工资低廉的习惯,于是有产业归华的计划,扩大纺织工业与小规模工场、低级技术的杂货工业以与华货竞争。近年竟由华茧输日而变为日茧输华,由原料输出而变为原料输入,危险何如?

（三）**政治侵略**　不平等条约,本为日本人所经验过的苦痛,今对于中国仍一一抄袭,姑且不用说了。还有种种甚于其他帝国主义者的侵略,例如将旅大租借地的管辖制度牵引到南满铁路公司占有地的管辖制度,而说满铁总裁掌有沿路行政权。借口于维持朝鲜人之公共秩序,在满洲地方设立领事馆警察与警察所。在铁路上设护路军,而此等护路军与朝鲜边防军,常进入中国境内野操,吾国外交部向日本公使馆提出正式抗议,从未接到日本答复。至于民国五年所秘密提出之二十一条,尤为人人共见之事实。

（四）**文化侵略**　欧美基督教徒,来华传教并设学校,曾有人斥为文化侵略,然彼等实出于自动,而非为政府所指派,不过教士偶然遇害时,政府始加干涉耳;而日人则确有文化侵略的事实,例如前述的东亚同文书院与中央试验所,即其一例。又如仿欧美基督教之例而要求来传佛教,假科学工作之名,要求到内地测验地质,在长江上游搜集鱼类标本,均含有政治的背景,故我国政府及学者社会均未曾准许。从前中国考古学者曾与日本学者合组一种考古协会,于发掘的地点发见品的分配及互相通告的规则,均有条文;后来日本学者,未能履行。日本古代文化,源出中国,然日本人对于欧洲学术界,恒说欲研究中国古代文化,求之日本,反较中国为备,以中国历代兵争,古迹多毁,而日本保存较多。此种论调,实欲抹煞中国文化而以东亚代表自居。"一·二八"之役,毁各大学及商务印书馆,焚东方图书馆,都是这种动机所促成的。

日本的侵略政策,既如是复杂而深刻,我们绝不是用简单而浮浅的方法就可对付,这是显而易见的了。

申报馆编印《国耻演讲集》,1933 年 7 月

日本往哪里去

（1934 年 7 月 1 日）

一

日本军阀口口声声说"满洲"是日本的生命线，可是现在把这生命线劫夺到手，已经二年九个月了，其前途是否光明了一点呢？我们肯定地说：没有！

在世界经济恐慌的狂潮中飘动着的日本经济，自一九三二年下半年以来，工业生产和对外贸易总算在逐渐地增进，日本当局得意洋洋地说，"繁荣"的日子就在眼前。这是真的吗？日本真的已经逃出经济恐慌的旋涡了吗？我们的答案又是相反。

日本劫夺我东北四省，完全是一种冒险的赌博，对外，徒然惹起列强的不安，形成外交上的孤立；使建筑在公债基础上的财政，愈发困难。一九三一年度（"九一八"事变发生之年）和三二年度（"一·二八"事件发生之年）日本财政上所谓"满洲事件"费的支出，合计二亿五千六百余万元，一九三三年度支出一亿九千八百余万元，本年度又支出一亿五千九百余万元,其来源大都是公债。公债总额将近百亿元了,国民经济远不及欧美列强雄厚的日本国民,要负担这样重大的债务。结果,国民生活愈加困穷,社会现象愈加不安。

二

我们也承认,日本工业生产,确自一九三二年下半年以来增加了,但增加得最快的,都是直接与战争有关的军需工业,试看三菱银行所统计的十二种指数,便可明白(以一九二七年度为100):

	生铁	钢	铜	煤	士敏土	纸	绵织物	棉纱	生丝	丝织品	曹达	漂白粉
1931 年	122	114	124	83	102	115	109	11	117	90	146	95
1932 年	123	146	117	83	106	114	118	119	109	101	167	110
1933 年(八个月份)	152	178	114	92	133	120	132	120	86	130	200	150

上表中,钢、士敏土、化学药品的增加,最为显著。虽说是产业的增进,其实无异变形的军备扩张。至于其他部门的增加,亦间接都与军备有关的。

军需工业数量上的发达,对于国民经济的质量,不仅毫无增进,反而足以使国民经济日益陷于破产的境地。因为,在普通的生产过程中,可以制成生产工具和消费资料,即再生产过程中的必要条件,是于人类的经济生活有益的;可是军需工业就不然,例如枪炮不能为再生产循环中的要素,巨量的火药在战场中一溜烟便消失了,它在经济的效果上纯粹是消费的。所以,军需工业在产业范畴中的地位越扩大、其他工业等部门的产量愈缩小时,一国的财富就浪费得愈多,产业的繁荣愈加无望。现在日本工业生产的增加,就是朝向这样一条非生产之路迈进着的。

三

近年日本输出贸易的日臻发达,也是确实的:

一九三一年〔每月〕平均为九千三百万元。

一九三二年每月平均为一万万一千三百万元。

一九三三年十一个月平均为一万万五千万元。

以上是用日金计算的,如果换算为美金,形态便完全相反;一九二九年每月平均是八千一百万金元,到一九三一年,每月平均差不多就减少了一半,即四千六百万金元,至一九三三年,竟减少了一半以上,(十一个月的)平均只有二千万金元了。

输出增进,而现款收入反形大减,这是什么缘故呢?这是显然因为用降低汇价和减轻生产费的两种武器,使输出品价格暴落,实行倾销所致。为了低汇兑关系输出品价格暴落,而输入必需品价格却无大变或反形飞涨,结果,依据日本自己的统计,例如以一百担生丝,在一九三一年十一月可以换买棉花四千二百五十五磅输进日本,到一九三二年的十一月,便只能换得三千二百十六磅了。输出贸易增进,外观上虽似造成了日本产业的繁荣,实际上则无非使日本的国富,成反比例地贫困了。而且,在这世界经济恐慌的狂潮中,各国是竞相施行经济国家主义或是集团经济,使日本无甚利益的输出贸易,亦都四处碰了壁;自去年四月间日印商约的废弃,以致最近日荷贸易的纠葛,凡是日货倾销怒潮所泛滥到的新旧市场,或高筑关税壁垒,或则施行输入限制,莫不用尽种种严酷手段,予日本商品以闭门羹。这样,日本当局所谓"繁荣的日子,就在眼前",岂不是变成梦想!

四

但是,日本当局,并不像我们那么的想象;其所以要把国家财富,消耗于无形,并向海外倾销,一则是要粉饰国内太平,一则还是为了企业家自身的经济利益。因为采取"薄利多卖"主义,就企业本身而言,是依然相当有利的,而吃亏的还是一般国民大众。上面说过,日货之所以能与他国商品竞争的要素,是在拚命减低生产费。如何减低生产费呢? 第一,减少工人工资;第二,增加生产。根据三菱银行的统计,最近四年内工资下降的情形如下:

一、按件工资指数

一九三〇年……九六点二

一九三一年……九一点三

一九三二年……八八点一

一九三二年六月……八五点一

二、按时工资指数

一九三〇年……九八点七

一九三一年……九〇点七

一九三二年……八八点一

一九三三年六月……八八点四

增加生产的状态,可从下面这个关于纺织业的统计里说明:(一) 每年每人所担任纺织量由一九二七年的一点二三,增为一九三二年的一点八五,结果,(二) 每一千个纺梭所雇用的工人数,由三十五人减为二十人。就是说,在一九三二年,可以减少雇用百分之五十的工人来担任与一九二七年同样的工作了：

每一工人的纺织量	每一千个纺梭的工人数
一九二七年：一点二三	三五点三
一九二九年：一点四六	二七点五
一九三〇年：一点五一	二三点五
一九三一年：一点七五	二〇点六
一九三二年：一点八五	二〇点一

工资减低的必然结果，便是一般国民大众购买力的减低；增加生产的必然结果，便是失业者非但不因产业发达而减少，而是愈益增多。因此日本在国外市场之所得，恐怕不足以偿国内市场之所失，是愈益陷入经济恐慌的深渊了！

五

我们所得的结论是如下：

一、日本实行军备竞争的结果，使预算上的数字增大，国民的负担加重，财政势将陷入破产的境地。

二、军需工业和输出贸易一时的增进，徒然构成使国家贫乏化的要素。

三、在世界经济恐慌的狂潮中，日本绝不能独享繁荣。

四、减轻生产费和生产合理化的必然结果，是国民大众购买力的减低，致使社会不安的现象日益暴露。

总之，如问：日本往哪里去？我们的答案是：走往危机的路上去。

新加坡《星洲日报》1934 年 7 月 1 日

第二十三次国庆日演说词

（1934 年 10 月 10 日）

今日是我国第二十三次的国庆日。我记得，每年国庆日，总不免有国耻未雪、国难方殷之感，不能如七月间法、美两国祝典之酣畅。

因为辛亥革命，建立民国，本图实行三民主义，以造福于人民。乃二十三来，人民生计，未能多大改良，不特水旱偏灾，频年不免；而工业不兴，外货倾销，农村有破产之虑，都市多失业之辈，是民生主义尚未能实现也。民权实行，以一省中各县能自治、一国中各省大多数能自治为条件；而今日，不特各省，即各县中，能达到孙先生所举自治标准者，殆尚无一也。是民权主义亦未能实现也。至于民族主义，则不但次殖民地之资格未能提高，而"九一八"以来，连失东北四省，至今不敢言恢复。孙先生民族主义演讲中所谓恢复固有之知能、赶上欧洲之科学者，亦尚未能实现也。

然吾人绝不可从此自弃，必须各方努力，使三民主义有实现之一日。目前国难仍殷，孟子所谓有七年之病，求三年之艾，正今日之谓。何谓所求之艾？人才是矣。人才之养成，固在专门学校，而专门学校，以普通教育为基础。高中者，普通教育之最高点，而与专门教育最切近者也，故于求学救国之感觉,当尤为迫切。且高中可以设农、工、商及师范等科,则尤为直接之专门技能,可以贡献于国家。要之,高中时代,无论为普通性质或专门性质,均已为期至短,不可有须臾之疏懈,是普遍的今日所希望于诸君者。

对于各种学课,第一,要透彻教科书所载。教师所讲,都不过开一门径,为将来实际应用起见,不可不多看参考书,多用思索,务使彻底明了,有举一隅而反三隅之能力。第二,要实证。书本子的学问,总属有限,为求彻底明了起见,必要随时实验,如数学要常试测量、生物学要自习标本等就是。至于与国家有最直接之关系者,尤在普通之体育与特殊之军事训练,尤望诸君能认真练习也。

蔡元培手稿

《中国民族之衰老与再生》序

（1935 年 4 月）

吾国民族，普通分南北二部。北人之体力，胜于南人，为古今所同；唯智力则古代北人较为优胜，而近世乃逊于南人。张君君俊以此为中国民族之生死关键。爰取丁君文江之二十四史人物统计，及朱君毅之清代及民国人物统计，列为二表，证明明代以前人物产生的中心在黄河流域，而明以后始转到长江流域，认为由于北人向南移动之故，而移动之原因，不外乎外侮、内战与饥馑也。

张君既以此为前提，乃进而探讨北人南徙以后，是否适合于民族之发展，则颇为怀疑。于是，以身长及体重论，华中、华南之长度及重量均不及华北。以儿童及成人之死率论，愈北愈低，愈南愈高。以气候论，凡民族在北纬三十三度至二十度一带者，多现衰老相，而华中、华南，却正在此带上。以食物论，北人食麦，南人食稻，而稻之营养料远不及麦。以疾病论，南方之疾病，较北方为多，而尤以寄生虫为甚。君于是假定北方优秀分子，既渐次南渡，而所遗者，率为体力较强而智力较弱之家族；其南渡之优秀者，又因气候、营养、疾病之关系，其体力渐以退化，而智力亦受其影响，虽尚较残留北方之同胞为较优，而终不能在国际上占最优之荣誉，于是不能不认为全体民族之衰老焉。

对于衰老之民族而望其更生，不可不对于各方面之缺点而亟为补正。例如，对北方则力求智力之增进；而对南人则尤重体育之发展与卫生之周密，以人力战胜天然，务使吾族全体与世界最优秀之民族并驾齐驱。此即使与张君观点不同之学者，亦无不齐心同愿者也。

张君所根据之统计，多出于专门家之手；其确实之程度，自可信任。然以吾国幅员之广，民族之复杂，欲为张君证成其假定，尚有待于各方面之努力。故敦劝张君，姑以现所见到者撮要问世，庶以引起各方面之赞同，而供给张君以相当之例证，使对于现在之假定有补正机会，则所以促成民族再生之计划者，必更有希望矣。

二十四年四月

蔡元培

蔡元培手稿

发表日本破坏我国教育机关之英文事实声明

（1937 年 11 月 5 日）

中央社南京五日电：自芦沟桥事变后，三月以来，日本军队在我中国各地，利用飞机大炮，毁灭我各级教育机关，业已指不胜屈，此实为日方最恶之暴行，且亦为世界文明史上之最大污点。顷我国教育界巨子，如中央研究院院长蔡元培、南开大学校长张伯苓、北京大学教授胡适、北平研究院院长李煜瀛、同济大学校长翁之龙、北京大学校长蒋梦麟、中央大学校长罗家伦、沪江大学校长刘湛恩、清华大学校长梅贻琦等一百○二人，联合发表长篇之英文事实声明，沥叙日本破坏我国教育机关之经过。计首段为序论。次段则叙述日方破坏之广泛，略称：北自北平，南迄广州，东起上海，西迄江西，我国教育机关被日方破坏者，大学、专门学校有二十三处，中学、小学则不可胜数。仅以大学而论，其物质上损失，按照一九三五年之估计，在六千七百万元以上；至文化上之损失，则无法计算，诚所谓中国三十年建设之不足，而日本一日毁之有余也。

再次则叙述日方此种举动，系有计划、有系统，故如中央大学，初即为日本空军所圈定之轰炸目标，嗣果陆续惨被轰炸四次；又如南开大学，则轰炸不足,继以焚烧,全成焦土。日方此种举动,每以军事必要为借口,殊不知此种教育机关,分布各地,往往距军事区域非常辽远,且绝与军事无关。日人之蓄意破坏,殆即以其为教育机关而毁坏之,且毁坏之使其不能复兴,此外皆属遁辞耳。

最后则郑重向世界人士提出吁请,以为日本此种举动,实为对于文明之大威胁,应请世界开明人士,协同我国,一致谴责。如果此种威胁不能制止,则世界将无进步与和平之可言,且以为迟疑不决,即不啻与侵略者以鼓励。唯有举世决心,实施有效制裁,始为保障文明最简便最迅速之唯一方法。

《大公报》1937 年 11 月 6 日

为苏联十月革命二十二周年特刊题词

（1939 年 9 月 16 日）

革命精神，平民主义，二十二年，功成名遂。

反对侵略，忝为同志，敬祝进步，造福人类。

蔡元培手稿

国际反侵略运动大会中国分会会歌

（1939 年 12 月 7 日）

公理昭彰，战胜强权在今日。概不问，领土大小，军容赢诎。文化同肩维护任，武装合组抵抗术。把野心军阀尽排除，齐努力。我中华，泱泱国。爱和平，御强敌。两年来博得同情洋溢。独立宁辞经百战，众擎无愧参全责。与友邦共奏凯旋歌，显成绩。

蔡元培拟作

用《满江红》词调。

法政论卷

国民制宪倡导会缘起及宣言书

(1918 年 12 月 28 日)

一、缘起

吾国近三十年来,政治之变亟矣,由专制而变为立宪,由立宪而变为共和,凡他国政治史上数十年或数百年所推演而仅至者,吾国乃于数年或数月之间一蹴而及之,其进步不可谓不速。其故何在,则世界新潮流压迫之所至也。此新潮流自海通以来,侵入中国,风发泉涌,沛然而莫能御其势力,亦云伟矣。虽然社会之进化,愈速者则其内部鼓荡之力必愈大,故吾国二三十年来,每一进步,必有一极大之波澜起伏无端,遂使国家演成多事之局面。其间横断于进化之关,而常为之为梗者,则新旧思想之不相容是也。是故每经一次奋斗,则必有一进步,而每有一进步,即往往有一反动,小之则为政争,大之则兴兵革,直至于今,黑白是非相持未决,此虽社会进化经济极无可如何之事,然而调剂而和缓之,使此种之奋斗有益于国家及社会,不致以此而误国家而害社会,则吾人之责也。由前所言,近三十年政治之变化,实以外界之压迫及新旧思想之冲突为一原因,则欲调剂而和缓之,舍调和新旧外,无他法矣。新旧思想之表见于他方面者,今暂不论;其表见于政治上者,以二三十年之政治史考之,其发纵指示推波助澜于其间者,不外有两派之人:一为立宪派,一为民治派。兹两派者,其间思想之新旧虽不相悬殊,而以历史及手段缓急之不同,遂有分道而不相谋之势。然其扶植民权,主张法治之旨趣,及其反对寡人专制,排斥人治主义之事实,要皆殊途同归,无所轩轾。一言以蔽之,则宪政主义实两派之所共通者也。吾国今日国体已为共和,政体亦为立宪,则民宪之局实为政治进化之极境,亦即为吾人事业之集成。幸而宪政确立,国本以安,吾党之志事亦当于是而毕,是故处于今日扶持宪政而培植之,使无被戕贼以至于沦亡,实为吾辈共同之责任。自今以后不得再分畛域以自兆阋墙之祸,此吾人之所当共勉者也。吾国宪政史上之派别既如上述,而此后两派之人,不能不互相提携以共谋大计,又极明显之事。乃者宪法问题,民国七年悬而未决,其问题延至今尚未完成之故,原因本至复杂,事实亦极繁多,然使当时两派之人,能早觉悟,推诚相与,则于大局或当有裨益。盖吾国今日稍明法制之人,止有此数,不于此则于彼,唯其分也,故入主出奴,各行其是,其甚者则各挟其所接近之一部分势力以利用,而指挥之,遂陷国家于四分五裂之境。自今以后,苟能相与以诚,相衡以理,化分为合,化异为同,则国家社会所赖以指导而遵循者,舍此别无他道,国是归一,则一二持起之野心雄杰,亦无从乘隙蹈暇以利用而破坏之,此吾人所急宜觉悟者也。吾人以此最大之觉悟,而为此至诚之集合,而今后进行之方针,当以公正统一之精神,以指导国民及社会。第一,不当以曲解之学说,利用现势力而反为其所利用;第二,则更进一步立其正鹄,以为此后国民社会之表率及准绳。语曰"天下兴亡匹夫有责",此国民制宪倡导会发生之缘起也。海内学者有同声相应者乎,愿执鞭以从其后。

二、宣言书

民国开创逾七年，我国家安危治忽所关，我国民祸福生死所系，反可为国内永远和平保障之宪法，迟迟未能依我国民总意而制定施行，以致无岁不有内争，且动辄以兵戎相见，至于今世界亘古未闻之大战亦已告终，而吾国国内战争暂虽停罢，对峙之形犹相持而不肯互下。所谓南北妥协，虽已感受外界潮流，似乎日有进步，至其妥协之方法与实际，遥遥不可知也。假即进一步而议，妥协之方法诚能一一解决，执调停之役者固已自信为已万分殚精竭力，而南北两方亦必自认为已各大为让步无可复加，然而吾国家存立发达之基础，又岂仅仅如此解决，而遂能永久保障不致再翻统一和平之局耶？吾知南北两方及居间之流，无论其真意如何，而口头表示亦必曰不然不然。国家存立发达之基础在于根本大法，顾今日事势，则非先解决妥协问题，而根本大法无从议及，然则解决南北问题，不过为解决国家根本大法问题之张本之手段，而国家永久统一和平之保障，必在于改造国家根本大法，此殆无人反对者矣。此次国内战争之起原，西南以护法相号召，其重视法治之精神，吾人亦自谅其用心之苦。然国家根本大法，乃国家国民全体之公，非一省一部分之私，与其互争一临时适用之约法而战，毋宁协定一永远适用之宪法而和。若不此之务，徒使我国民延颈起踵，所认为至高无上之宪法，长此因循迟迟不能成立，坐令约法，战争之祸一再相续而未有已，甚而至于亡国。返诸护法初心，必不如此。况临时约法，成于草创时代，多所未备，仅为临时政府适用之物，迁延复迁延，至正式大总统之选举两次举行，而飘摇风雨之国家仍不幸而仅仅恃一临时之要约为系属，其危险实不可胜言。且当世界战争告终之后，亚东大陆早非欧战未起以前之局,而以吾国国家之处于今日,绝非初定约法者所能预料。此后国法上,国家机关必如何组织,而始可以谋国力之发展,国权之巩固,可以生存于永远和平之世界,可以进而为国际团体之国家,皆以改造根本大法为枢纽,而尤以制定民本主义之宪法为要图。故吾人敢披沥肝胆以正告我国民曰:临时约法有不适于今日之中国者,唯有破除一切成见,群起而谋,确立吾国国内永远和平之基础。我国民若欲确立国内永远和平之基础,则必牺牲从前各方面、各部分、各党派,各各所挟持之偏性的立法意思,进而求以国民总意之是非好恶为渊源,国家总体之生存发达为基本。所有国家根本大法上,各方面、各部分、各党派从前之纠纷问题,当然应合全国民之聪明才力,开诚心布公道,以共辟一立法上之新纪元。从前种种譬如昨日死,以后种种譬如今日生,使吾国民均掬赤心示天下以共见,凡属于开创时期之所谓国家根本,暨政治根本诸大问题,纯视全国民众之公共意思为正鹄,无论各方面、各部分、各党派势力如何,均不容以少数人为主动为目标而立法,以免他之少数人又得利用机会从而推翻之,庶我国民或不至再颠倒苦死于种种政治之纷乱,而可更始以图国家总体之发达生存矣。故吾人敢再披沥肝胆以正告我国民曰:今日若欲确立吾国国内永远和平之基础,舍根本上制造民本主义宪法之外,更有何途乎?

　　普通法律以事实为对象,以国法为根据而制定之。若宪法,则发生于国家之第一事实,无可依傍者也。以民众之生存发达起成立维持国家之必要,以国家之生存发达起宪法之必要。唯民众之生存发达实国家之第一事实,应此事实之必要而形成国家,而制定宪法,其必以国民总意为渊源,国家总体为目的,非徒理论当然也,盖事实亦非此不可。以国民总意为渊源,然后民众视宪法为其生命所托,心力所构,爱护真切,不许少数人破坏,而少数人亦必悚于民众,而增其忌惮之心。以国家总体之福利为目的,然后图谋国内各别社会之调和发展,不容以私利私害相轧铄,而和平进步可以永保。今我国民之视国家根本大法为何如乎?对于国家根本大计而存人为其劳,我享其逸之心,实即全国民众对于我国家总体为无能力、不热心之表示。彼假借名义,利用势力者,何惮而不恣睢宰割我全国民众哉!试问我国民比年以来,避劳就逸之成绩安在?从前以迄今日,种种苦痛亲身所受之,恶极——为亲身所造作。对于国家为不幸,对于个我为自杀,此皆我国民放任根本大法之果实,历历尚在目前者。今南北妥协又见告矣,其妥协之进行,无论先解决事实,先解决法律,要之早晚必反于制宪问题。倘我国民仍如前此,放任听政客所为,则又使渊源不正、内容不良之宪法,以弥缝涂饰之术而发生,而加以确定且永久,吾国民宁复有自存之地乎?此吾人所为迫不得已,而有国民制宪倡导会之发起也。

国民制宪云者,即以国民总意为渊源,国家总体之福利为目的,而制定民本主义之宪法,不许少数人行其私意之谓也。吾人之为此会,非即自命为代表国民总意或国家总体,特以促起国民,使其奋而图其总意之真实表现,以共谋国家总体之真实福利。换言之,则不过为国民制宪之倡导者,而非国民制宪之着手实行者。国民制宪之目的达,则吾人倡导之责任终,绝无党派永存之性质,更无偏袒南北之臭味。盖吾人以为南北两方苟尚认吾中华民国为一国者,其所生冲突,自无长此不自谋妥协之理,愿吾国之根本大计,则不仅以其妥协有效而遂告完成也。

然则吾人所欲为国民倡者,为何如事乎?吾人既认国民制宪为必要,而非国民制宪之异常危险。第一,即愿我国民于上述之危险与必要,有敢决之觉悟即觉悟矣。次则应以如何方法使国民总意得真实表现于制宪之际,次则宪法内容应如何而始得达为国家总体谋真实福利之目的,而可以适存于国际永远和平之世界,继自今将推澜世界之最新潮流,按切民众之公同心理,就宪法上种种大问题,逐一为具体的研究,贡献于我全国国民供采择而冀有一当,此吾人倡导之职志也。

《申报》1919 年 1 月 1 日、4 日

《社会主义史》序

（1920 年 7 月 23 日）

我们中国本有一种社会主义的学说，如《论语》记孔子说："有国有家者，不患寡而患不均，不患贫而患不安。盖均无贫，和无寡，安无倾。远人不服，则修文德以来之。既来之，则安之。"就是对内主均贫富，对外不取黩武主义与殖民政策。《礼运》记孔子说："人不独亲其亲，不独子其子。使老有所终，壮有所用，幼有所长，矜寡孤独废疾者皆有所养。男有分，女有归。货恶其弃于地也，不必藏于己；力恶其不出于身也，不必为己。"就是"各尽所能，各取所需"的意义，且含有男女平等主义。《孟子》记许行说："贤者与民并耕而食，饔飧而治。"就是"泛劳动"主义。

中国又本有一种社会政策。《周礼》："小司徒经土地而井牧其田野。""遂人辨其野之土，上地、中地、下地，以颁田里。"《孟子》说："乡田同井，出入相友，守望相助，疾病相扶持。设为庠序学校以教之。"《汉书·食货志》："民年二十受田，六十归田。七十以上，上所养也。十岁以下，上所长也。十一以上，上所强也。""女修蚕织。""春令民毕出在野；冬则毕入于邑。……入者必持薪樵，轻重相分，斑白不提挈。冬民既入，妇人同巷相从，夜绩女工。……必相从者，所以省费燎火，同巧拙而合习俗也。"虽是偏着农业一方面,但不能不认为社会政策的一种。后来宋儒常常想恢复井田,但总没有什么机会。

西洋的社会主义,二十年前才输入中国。一方面是留日学生从日本间接输入的,译有《近世社会主义》等书。一方面是留法学生从法国直接输入的,载在《新世纪日刊》上。后来有《心声周刊》简单的介绍一点。俄国多数派政府成立以后,介绍马克思学说的人多起来了,在日刊、月刊中,常常看见这一类的题目。但是切切实实把欧洲社会主义发起以来,一切经过的情形,叙述出来的还没有。我友李君懋猷取英国辟司所增订的克卡朴《社会主义史》,用白话译出,可以算是最适当的书了。

克氏此书成于一八九二年,于社会主义的学说,叙述得颇详。但是社会主义派最近的运动,自然有遗漏的。经辟司于一九一三年增订一回,加入的不少。虽然大战以后,俄国新政府的设施,国际联盟条约中劳工规约的讨论,各国同盟罢工的勃起,矿山、铁道国有问题的要求,这些重大事变,还没有包在里面,但是,一九一三年以前的事实,很可以资考证了。

克氏、辟氏都是英国人,自然是稳健派,所以对以前的社会主义,很有消极的批评。又如辩护家庭、辩护宗教、辩护中央与地方政府,甚且辩护英国的殖民政策,读的人一定有嫌他们不彻底的。但是他们所叙述的,给我们的教训已经很多。

在这部书里面说:"现在一般有名的研究家,都承认历史——经济的历史在内——是许多有次序的现象之连续体。凡在连续体内的各种情形,都有种种特别的事实和倾向标明出来。""一个时代的失败,常指出以后一个时代中成功的道路。""我们讨论社会主义运动的问题,不独当以历史和人类为准则,还须特别参考现在流行的各种势力——工业的、政治的、社会的和道德的势力。"很可以令我们猛省,知要实行这种主义,必要有各种的研究。不是随便拈出几句话头，鼓吹鼓吹，就有希望的。

他说："差不多没有一国的工界，像比国工界一样，受那种难以名状的苦痛。从前比国工人毫无知识，作工时间极长，工价极廉，他们既没有政治上的权利，又没有一点组织，所以常被压制。"这不是我们工界的缩影么？但是"最近几十年来，比国社会主义运动，以组织坚固和包罗宏富两点著名"。"从英国采入他的协作和自助，从德国采入他的政治上的策略和根本上的原则，从法国采入种种理想的倾向。"他的特点"是他的协作的大组织"。"比国的协作社会，已经使比国的工党根深蒂固，在世界各国中，除德意志外，没有能和他相比较的。"这不是我们应该注意的方法么？

他叙工团主义的起源，说："法国人发生三种观念：一、工人阶级在政治上得不到救助；二、国会是一群自谋私利的空谈家，他们只要有官做，或有贿得，他们就会牺牲他们向来的主义；三、中央政府是一个仇敌。"因而工团主义的观念："一、工界的救援，不在乎政治方面，而在乎自助和自己组织团体；二、要制胜资本家，不在乎公众所组织之政治性质的团体，而在乎工界所组织之工业性质的团体；三、工人第一是一个作工的人，如做矿工、工程师，或制棉工人，第二才做一个国民。""工团主义是纯粹工界的产物，不是一个人的力量造成的；他是由许多不著名的人之种种意见相合而成的；他的发生是出乎自然的。"我们中国无论什么组织，总是有政客想利用他。那法国的工团主义，不是我们应该注意的么？

他说："人类发展之中，有两种要素，是脑力的发达和合群原则的发达。"又说："从现代过渡到社会主义时代，……一定是渐进的，必先做一番预备功夫，使大多数人民的知识、道德、习惯和组织，都合于一种更高的社会经济的生活。"这就是工人教育问题。第一是学者的加入，如"美国各大学校学生中，有许多是社会主义者，这些人中间，有许多是在德国各大学得过学位的。当一九一〇年，各校社会主义社有十支社，到一九一二年，增至五十二支社"。又如英国"费边会在各地方组织支部……在牛津大学、剑桥大学和别的大学里面,都有支部。……近来联合成一种大学社会主义同盟会"。第二是特别的教育,如德国社会民主党有教育委员会:"当一九一二年至一九一三年的时候,对于经济学、历史、文学、美术、社会主义、哲学、协作运动、工联主义、政治学和各种专门学科,共讲演三千五百次。此外,公开无数的音乐会、欢迎会和演戏等。""又有一种活动影片,也是用作传播社会主义之用的。""柏林有一个社会主义学校。在这个学校里面,每年有三十一个当选的年龄不同之男子和妇女,教授普通史、社会史、宪法史、政治经济学、社会主义的历史和学说,社会和工业的法律,演说术和作文法,新闻事业和别的学科。""设一个妇女部……预备各种小册子和别种印刷品,在妇女中分发。""设法使青年和社会主义相接触,组织六百五十五个地方委员,专办这一类事务。还办一种特别的新闻纸,名为《劳动少年》。在二百七十四处地方,设有少年图书馆。自一九一二年至一九一三年,举行演讲会四千五百次,开音乐会和欢迎会二千四百零五次,举行旅行会、博物院参观会等等共一万四千三百次。他又刊布小册子八十二万五千份,分发国内各青年。"这不是我们应该效法的么?

　　我读了这部译稿,发生许多感想。特将重要一点的写出来,表示我介绍此书的诚意。

中华民国九年七月二十三日　蔡元培

克卡朴:《社会主义史》,辟司增订,李季译,新青年社1920年版

寓兵于工之计划

（1922 年 1 月 25 日）

欲理中国之财，非裁中国之兵不可。盖中国虽贫，每年之收入，计在六亿左右，不为少也。然以全国军费之支出计之，每年仍至四亿之多，约占收入总数三分之二以上。夫兵所以卫民、戢内乱也。今日之兵，无所不为，国家因而内乱愈甚，国民因而倾家荡产，且"大乱之后，必有荒年"，古之名训也。是以皖湘起衅，直皖称兵，而常岳京津之间，赤地千里，饿殍浮壑。其后湘鄂兴戈，粤桂争长，而咸宁浔柳之地，哀鸿遍野，十室九空。呜呼！养兵之祸，乃至于斯！据西人十年度之调查，谓中国有兵一百三十余万，美国有兵十余万。夫中国至贫也，而兵之多乃如此；美国至富也，而兵之少又如彼。然则美国之所以富，与中国之所以贫，此其故盖可想见。

虽然，兵既招之来，今又裁之去，彼已负戈多年，生计断绝，一旦失所凭依，则大地茫茫，点金乏术，势必铤而走险，流而为匪，则其为害如故也。此兵之不能裁者一。且以中国之大局观之，强邻逼处，乘机窃发，盗贼如毛，所在皆有。使今日裁而去之，则他日召集匪易。一旦有事，将何以御国防而弭内乱？此兵之不能裁者二也。而况各省督军之拥兵自卫者,方倚之如长城,视之如手臂,亦万无翕然就范之理,此兵之不能裁者三也。

故欲求两全之策,治标之谋,其唯开设工厂乎?夫以中国之地大物博,不患无生利之道,特患无提倡之人耳。为今之计,莫如以将来政府及各省所备以裁兵之费,就各军队原驻之地点,设立适宜之工厂。即以所裁汰之兵士,充作厂中之工人。庶几兵无失业之隐忧,而国得兴利之实惠也。

或曰:政府之穷,已达极点,何来如许裁兵之费?各省自顾不暇,又何能代为垫拨?是不然,盖兵在今日,已无存留之余地。当未裁兵之先,政府对于各省军费,尚罗掘以应。乃最后有限之军费,独不能设法以济乎?况兵之为患,不独国人蒙其患,即外人亦恨之刺骨。一旦裁去,则外人亦未有不乐于扶助者。至于各省,则苦于军队之骚扰久矣。在平日既不得不竭力筹措,以资供给。若建议裁汰,亦未有不愿输此有数之金钱,以作裁汰军队之费者。而况将来工厂发达,即各省亦沾惠良多。吾知各省将求之不得,焉有起而反对者乎?此盖变古人屯田之法,而为寓兵于工之计。

兹特拟就办法十有七条如下,以备当轴者之采择焉。

一、先由各省督军调查境内所驻扎之军队几何,及累月积欠之军饷几何。

二、由政府及各省对于各军逐月所欠之款,设法筹出,即以此款充作开办工厂之用。不足,由就地各商会、各富户认股协助。

三、各省军队,至少须裁汰十分之八。除蒙藏等区域外,按照二十二行省平均计算。每省现有兵士六万,则被汰之军士为四万八千。然中国军队之缺额甚多也:一由于长官虚报名额,借图饷糈;二由于战后伤亡,额空未补。大约至少须缺十分之三以上。则真正之缺额,仅得三万二千人。设每工厂能容工人五千,每省只须设工厂六处,已敷容纳。矧每厂所需者,尚不止此数。

四、由各该省实业厅及商会,协同调查就地人民所缺乏之工作物,及就地所产有之原料。然后预计本省所缺乏之工厂几何,并预定每厂约需工人几何。其各厂所需工人之总数,须与各该省所被裁汰之军队之多寡相符。

五、据西人精密之统计,谓欲裁中国之兵,非有的款一万万元不可。今以每省六厂计算,合二十二省,共得工厂一百三十二处,设每厂平均需款六十万,则合一百三十二厂之所需,计仅需现金七千余万耳。是尚不足一万万元之数。

六、各该省之军队,即分布于各新设立之工厂。不足,得招集就地失业之民补充之。

七、各厂股本,须分大小两种,大股每股百元,小股每股十元。

八、各入厂之军士,须计其欠饷之多寡,分别与以各该厂之股票,每月亦得支取相当之利息四厘或五厘。(如某入厂作工之军士,计有欠饷一百二十元未领,即由该厂付以大股股票一张,小股股票二张,每月除应得之工资外,并可支取利息六角。)

九、各厂之工作物,以能挽回利权,有补实用,启发宝藏,便利交通为宗旨,固不必拘墟于盈亏之关系也。

十、各工厂之创设,本以羁縻军心为的。故每年除开支外,倘有赢余时,当然归为省有。其有不敷开支,而遭赔累时,则各省应负维持补助之义务。

十一、各工厂为各省之公产,故会计须用公开主张,借以坚各股东之信仰,而固工厂之地位。

十二、各工厂厂长,即由统辖该军队之旅长或师长充之,更设精晓各该工厂之目的及技艺者,为正、副经理,借以指导一切。凡旅长以下之团长、营长、连长、排长等,均各与以该工厂中偏高之职守。

十三、各军队虽改作厂工,然操练亦不可偏废。除每日清晨操练一小时或两小(时)外,每日晚间七时后,施以相当之教育,而以爱国、服从、公德、俭约为主旨。并授以对于工作上普通之智识。

十四、各军人每月准其放工一次,但须参差其时日,庶免成群骚扰、结队横行之弊。

十五、凡军人每月之工资,察其勤劳者,得每年增加工资一次。其入厂服务至三十五年以上者,每人于老病退职时,得向该工厂领取养老金一千元。其服务不足三十五年,而亦因老病退职时,每人亦得向该工厂领取养老金五百元。

十六、军人之有家眷在本省或他省者,许其呈请搬至工厂附近居住。旅费及搬运费,即由工厂酌量与之,以维其安居乐业之心。

十七、各省须组织稽核所。稽核所之职员,即由各省议会选举资望较深之议员充之。稽核所职员,每月有向各新设之工厂,调查出入之盈亏,经营之状况,而加以纠正之责任。

《东方杂志》第 19 卷第 2 号,1922 年 1 月
25 日

我们的政治主张

（1922 年 4 月 25 日）

我们为供给大家一个讨论的底子起见，先提出我们对于中国政治的主张，要求大家的批评、讨论、或赞助。

（一）政治改革的目标　我们以为现在不谈政治则已，若谈政治，应该有一个切实的、明了的、人人都能了解的目标。我们以为国内的优秀分子，无论他们理想中的政治组织是什么（全民政治主义也罢，基尔特社会主义也罢，无政府主义也罢），现在都应该平心降格的公认"好政府"一个目标，作为现在改革中国政治的最低限度的要求。我们应该同心协力的拿这共同目标来向国中的恶势力作战。

（二）"好政府"的至少涵义　我们所谓"好政府"，在消极的方面是要有正当的机关可以监督，防止一切营私舞弊的不法官吏。在积极的方面是两点：

（1）充分运用政治的机关为社会全体谋充分的福利。

（2）充分容纳个人的自由，爱护个性的发展。

（三）政治改革的三个基本原则　我们对于今后政治的改革，有三个基本的要求：

第一，我们要求一个"宪政的政府"，因为这是使政治上轨道的第一步。

第二，我们要求一个"公开的政府"，包括财政的公开与公开考试式的用人等等。因为我们深信"公开"（publicity）是打破一切黑幕的唯一武器。

第三，我们要求一种"有计划的政治"，因为我们深信，中国的大病在于无计划的漂泊。因为我们深信计划是效率的源头。因为我们深信，一个平庸的计划胜于无计划的瞎摸索。

（四）政治改革的唯一下手工夫　我们深信中国所以败坏到这步田地，虽然有种种原因，但"好人自命清高"确是一个重要的原因。"好人笼着手，恶人背着走。"因此我们深信，今日政治改革的第一步在于好人须寓有奋斗的精神。凡是社会上的优秀分子，应该为自卫计，为社会国家计，出来和恶势力奋斗。我们应该回想，民国初元的新气象，岂不是因为国中优秀分子加入政治运动的效果吗？当时的旧官僚很多跑到青岛、天津、上海，拿出钱来做生意，不想出来做官了。听说那时的曹汝霖，每天在家关起门来研究宪法！后来好人渐渐的厌倦政治了，跑的跑了，退隐的退隐了；于是曹汝霖丢下他的宪法书本，开门出来了；于是青岛、天津、上海的旧官僚，也就一个一个的跑回来做参政、咨议、总长、次长了。民国五六年以来，好人袖手看着中国分裂，看着讨伐西南，看着安福部的成立与猖獗，看着蒙古的失掉，看着山东的卖掉，看着军阀的横行，看着国家破产丢脸到这步田地。够了！罪魁祸首的好人现在可以起来了！做好人是不够的，须要做奋斗的好人；消极的舆论是不够的，须要有决战的舆论。这是政治改革的第一步下手工夫。

（五）我们对于现在的政治问题的意见　我们既已表示我们的几项普通的主张了，现在我们提出我们的具体主张，供大家讨论。

第一，我们深信南北问题若不解决，一切裁兵、国会、宪法、财政等等问题，都无从下手。但我们不承认南北的统一是可以用武力做到的。我们主张，由南北两方早日开始正式议和。一切暗地的勾结，都不是我们国民应承认的。我们要求一种公开的、可以代表民意的南北和会。暗中的勾结与排挤是可耻的，对于同胞讲和并不是可耻的。

第二，我们深信南北没有不可和解的问题。但像前三年的分赃和会是我们不能承认的。我们应该预备一种决战的舆论做这个和会的监督。我们对于议和的条件，也有几个要求：

（1）南北协商召集民国六年解散的国会，因为这是解决国会问题的最简易方法。

（2）和会应责成国会克期完成宪法。

（3）和会应协商一个裁兵的办法，议定后双方限期实行。

（4）和会一切会议都应该公开。

第三，我们对于裁兵问题，提出下列的主张：

（1）规定分期裁去的兵队，克期实行。

（2）裁废虚额，缺额不准补。

（3）绝对的不准招募新兵。

（4）筹划裁撤之兵的安置办法。

第四，我们主张裁兵之计，还应该有一个"裁官"的办法。我们深信现在官吏实在太多了，国民担负不起。我们主张：

（1）严定中央与各省的官制，严定各机关的员数。如中央各部，大部若干人（如交通部），中部若干人（如农商部），小部若干人（如教育部）。

（2）废止一切咨议、顾问等等"干薪"的官吏。各机关、各省的外国顾问，除极少数必需的专家之外，一律裁撤。

（3）参酌外国的文官考试法，规定"考试任官"与"非考试任官"的范围、升级办法。凡属于"考试任官"的,非经考试,不得委任。

第五,我们主张现在的选举制度有急行改良的必要。我们主张:

(1) 废止现行的复选制,采用直接选举制。

(2) 严定选举舞弊的法律,应参考西洋各国的选举舞弊法(corrupt practice laws),详定细目,明定科罚,切实执行。

(3) 大大的减少国会与省议会的议员额数。

第六,我们对于财政的问题,先提出两个简单的主张:

(1) 彻底的会计公开。

(2) 根据国家的收入,统筹国家的支出。

以上是我们对于中国政治的几个主张。我们很诚恳地提出,很诚恳的请求全国的人的考虑、批评或赞助与宣传。

提议人	职业
蔡元培	国立北京大学校长
王宠惠	国立北京大学教员
罗文干	国立北京大学教员
汤尔和	医学博士
陶知行	国立东南大学教育科主任
王伯秋	国立东南大学政法经济科主任
梁漱溟	国立北京大学教员
李大钊	国立北京大学图书馆主任
陶孟和	国立北京大学哲学系主任
朱经农	国立北京大学教授
张慰慈	国立北京大学教员
高一涵	国立北京大学教员

徐宝璜　　国立北京大学教授

王　徵　　美国新银行团秘书

丁文江　　前地质调查所所长

胡　适　　国立北京大学教务长

《东方杂志》第 19 卷第 8 号,1922 年 4 月 25
日;并参阅《努力周报》第 2 期,1922 年 5 月
14 日

支那之专制政体

（1922 年）

支那自中华民国元年以前，上溯至有史之始，以至神话时代，皆为君主政体。然其为绝对的中央集权制者，唯秦世，仅十五年耳。其他时代，皆为有限的集权制。其故有二：（一）君主常对于人民而负责任；（二）中央政府常以其一部分之权，分之于诸侯，或地方大吏。

君主对于人民而负责任，儒家学说之结果也。盖支那之政治学说，发生于周季，其中，最有影响于后世者，凡三家：一曰法家，始于管子，成于韩非子，以法学为根据；二曰道家，始于老子，成于庄子，以形上学为根据；三曰儒家，始于孔子，成于孟子，以伦理学为根据。

法家之言，以国家为目的，以人民为作用。君主代表国家，有无限之威权以对于臣民；立法、行政、司法三权，皆集于君主。唯既立之法，君主亦受其范围。其于君位相承，以世袭为正，谓其可以泯争也。道家之言，以个人为本体，以国家为历史上偶然演成之形式，以君主为偶然之职分；故君主之权，苟有可以减杀者，务减杀之。其本意实以无政府为目的。儒家之言，则在法家、道家之间，以人民为国家之主体，君主为人民而设，有教养人民之责任；而尤在自修其德，以开化人民，使同趋于为善，故必以一国中道德最高者充之。如君主不德,则人民得别推有德者以代之,故以选举之君主为原则。

秦始皇帝统一支那,用法家之言,绝对专制;不及十年,而平民发难,又五年而秦亡。后世称之曰暴秦,悬为鉴戒,无敢复行之者。汉世,矫秦之弊,用道家言,后稍稍参用法家。及西历纪元前百三十六年,定用儒家学说,为立国根本,历代因之。故君主于官吏之不称职者,常深自引咎,以为不善用人,不称为民父母之职。国有大故,则下诏罪己,以告国民,此为二千年来历史中所数见不鲜者也。

至中央政府,所以分权于诸侯或地方大吏者,则以地广人众,虽欲行绝对的集权制,而有所不能。自秦以前,粹然为封建之制。其所自起,以唐代文豪柳宗元之说,为最近于事实。其言曰:人之初,与万物皆生,不能搏噬,而又无毛羽,莫克自奉自卫,必假物以为用;假物者必争,争而不已,必就其能断曲直者而听命焉。其智而明者,所伏必众;告之以直而不改,必痛惩之而后畏;由是君长刑政生焉。故近者聚而为一群。群之分,其争必大,大而后有兵有德。又有大者,众群之长又就而听命焉,以安其属。于是有诸侯之列,则其争又有大者焉。德又大者,诸侯之列又就而听命焉,以安其封。于是有方伯、连帅之类,则其争又有大者焉。德又大者,方伯、连帅之类又就而听命,以安其人,然后天下会于一。是故有里胥而后有县大夫,有县大夫而后有诸侯,有诸侯而后有天子。

唐虞之际,天子由诸侯选举。自夏以后,天子世袭,而王畿不过千里。其余国土,皆为侯国所占有。至秦,始统一之。汉兴,又众建诸侯,侯国屡叛。纪元前百五十三年,始定制,诸侯不得自治其民;朝廷为置内史,治民事。嗣后历朝,虽无不分封子弟,而皆无治民之权。然诸侯既有分土,则往往擅执赋权、兵权,以与中央政府竞争,如晋之八王,明之燕王及宸濠等,是也。自汉之初,侯国与郡县并立。凡郡县,皆以官吏治之;

及诸侯不治民事,则全国民事,皆掌于地方官吏。幅员既广,习俗互殊,中央政府不能事事干涉,亦不能绳以固定之法;法制上虽未尝予地方官吏以便宜行事之权,而事实常所不免。故相承有有治人无治法之语;而循吏、酷吏之目,常揭于史乘。自十二纪以后,地方大吏分治之权,遂成为公例矣。

以上皆通四千年之君主政体而论之也。若截取一节,以与欧洲中古时代相较,则以唐世为适宜。唐之时,天子亦屡有引罪之文。其最著者,为西历七百八十四年所颁,是合于前述第一因。自七百五十四年以后,藩镇擅权,及起兵者相继,历百五十年以至于唐之亡,合于第二因。故亦为有限的集权制,而非绝对的集权制。至其法制所定,则厘然有系统,区全国为千五百五十一县,县治以令。一县之中,授田、收税、导风化、断狱讼,皆由县令率其佐贰而治之。统县者曰州,曰府,凡三百五十二,治以刺史或都护。统州、府者曰道,凡十,治以都督,专理兵事。凡令、刺史、都护及都督,任命之权,皆在中央政府。中央政府之职官,分理全国大政者,曰六部:一曰吏部,掌官吏之选任及考课;二曰户部,掌财赋之出入;三曰礼部,掌教育宗教;四曰兵部,掌兵事;五曰刑部,掌刑法;六曰工部,掌工程。又有御史台,为司法(监察)之官,掌纠察官吏,平谳冤狱;并有监察御史,分巡各州县。其组织,以周礼为模范;唯周为封建之世,故对于各地方之干涉,远不如唐世之周密也。

蔡元培手稿

有饭大家吃，有工大家作

（1927 年 1 月 1 日）

"有饭大家吃"，是黎宋卿先生所提倡的。我以为此语颇有解说的价值，而且有补充的必要。

黎先生说这句话，似是专指军阀分占地盘，政客分占要津而言；这不但"大家"的范围，专属于最少数的人，而不顾及大多数人，是最不公平的。而且地盘上的职务，要津上的名位，都是工作的记号，而绝不是吃饭的位置；这尤是不好相混的。我以为我们在中国说话，"大家"二字，总应包括全国的同胞。吃饭自然包括衣食住等，每人生活上所必不可缺的物件，若是一部分的人餍粱肉，而一部分人不免于冻馁，自然不合。所以第一步必要有家给人足的状况。"食色，性也。""饮食男女，人之大欲存焉。"人类于衣食住的需要以外，又有配偶的需要。若流行一夫多妻或一妻多夫的风俗，就必有一部分求配偶而不得。这必要达到"内无怨女，外无旷夫"的状况而后已。人类不但有保身保种的要求，而又有求知的欲望与审美的感情。为满足知的欲望起见，就要普及教育，不但普及学龄的儿童，有受普通教育的机会，就是成年的，也可以受补习教育。其他如常识的书报，公开的演讲，务当广为设备，使人人皆有增进知识的机会。

为满足审美的感情起见，凡都市乡村，都要有一种清洁整齐的基础，而济以优美或壮美的条件，各别的宫室器具，不但取其美观而且适合于环境；又当有美术陈列所、展览会、音乐会等等分别设施于适当地点，以供公众的娱乐。必要全国人民都能享受这些必不可少的供给，才可副"有饭大家吃"的一句话。

但是大家所吃的饭，不是同穴居野处、茹毛饮血时代，可以吃现成饭的。地底的矿物要发掘出来；地面的动植物，要树艺与畜牧；其余一切致用与美观的物件都要把原料改造一番，才能成功；又各地偏胜的物件，要交换起来就有运输的必要。这就已经有无数的工作了。而且关于人与人之间，有组织与处理的工作；关于非常或意外的不幸，有先时预防与临时应付的工作；对于各种工作的准备，又有研究的工作。若这些工作非常缺少，我们的饭就吃不成了。叫谁去作工呢？自然还是吃饭的我们。所以我们要达到有饭大家吃的目的，一定先要实行"有工大家作"的主义。

一个人免不了有不能作工的时候，如幼稚、老耄或疾病时。每一国，也免不了有不能作工的人，如残废、白痴等。所以我们可以作工的人，就要格外多作一些工，来补足不能作工的人之缺陷，与补偿我们自己不能作工时的债负。至于一国之中，怎样能使各种工作适应需要，不使一部分过剩而一部分不足，怎样使害人的工作一切消灭，而集中于有益的工作，每一个人怎样能使强制的工作与自由的工作，互相调剂，这都是"有工大家作"主义上所包的条件。现在有一班军阀，率领了无耻的政客，投机的商人，驱遣那些无知识的流氓专作害人的工作，以求达到"他人作工我吃饭"的主义，这就是不能不革命的缘故。

《民国日报》1927 年 1 月 1 日

党部职员应兼负调查社会状况之责任

（1927 年）

国民党以建设为主要之职务，有阻碍建设者，不得已而破坏之。是以军队所到，敌兵消灭，则即从事建设。然而建设事业，无论大小，不可不先有计划；欲定计划，就不能不先事调查。例如，我们要保卫身体，不可不调查各部分强弱程度，是否须增加营养，抑须注意运动。又如，制造器具，不可不调查何种材料最为坚固，何种形式最为适宜。今吾党所欲建设之事业，如治河、筑路、开矿、造林之类，既因地势与环境之关系而不同，普及教育、调剂权能、改良社会之类，又随民俗与历史的影响而各别。若非先为详悉之调查，则任意处置，恐不免有卤莽灭裂之失。

总理当民国元年辞总统职以后，本欲往各省举行演讲会，并于演讲之余，调查各地方情形，以为实施党义之准备。惜游历之举，因他种关系而中辍，而此事未及实行。然总理所草《地方自治开始实行法》，即以调查户口为第一事，可以见总理对于调查之注意也。

调查之业，在政府及学者社会，本宜各有相当之准备。惜我国素不注意于此，并各族人数，究有若干，至今尚无确实之统计，仅通称四百兆而已。至于可耕之地之比例、各地方居民之密度、贫富之比较、职业之分配、衣食住行程度之等差，以及其他为各国统计表所罗列者，我国皆未具也。甚至各县、各省皆曾有议会，而选民之确数，无可稽考。亦何怪乎选举时期，弊端百出，被选者不足以代表多数之民意耶！

今欲创举调查之业，则不可不有赖于多数人之努力。我以为求其分工协力而易为有系统之综合，莫若由党部职员兼任之。以区域言，自中央而各省，而各县，而各区，无远弗届。以地位言，则若工人，若农民，若商民，若妇女，若青年，亦各方皆有接触。若于指导扶助之余，兼及调查之务。以区分部为单位，范围既小，检察易周。由区而县，由县而省，由省而国，每历一级，则集成一种统计。有此基础，则政府可凭借以举办登记之务，而此后调查之业，亦较为简单而易举，即于各种机关中设一科以司之，亦不患靡费而旷日矣。

蔡元培手稿

司法部司法行政委员会组织条例

（1928 年 3 月 16 日）

第一条　司法行政委员会依本条例审议关于司法行政事项。

第二条　司法部关于下列事项，于执行前应交司法行政委员会审议：

（一）司法制度改革事项。

（二）向国民政府提出法律条例案事项。

（三）司法官之任用事项。

（四）其他部长交议事项。

第三条　司法行政委员会由司法部长聘任委员四人至六人组织之。司法部长、最高法院院长、司法部司长为当然委员。司法行政委员会以司法部部长为委员长。

第四条　司法行政委员会设秘书一人，由司法部秘书长兼任。

第五条　司法行政委员会开会时，由委员长主席。委员长因事缺席时，由委员互推一人代理之。

第六条　司法行政委员会每月开常会一次，有特别事项时，得开临时会。

第七条　司法行政委员会于必要时得召集各省区高等法院院长或其代表列席会议。

第八条　司法行政委员会议事细则,由该委员会另定之。

第九条　本条例自公布日施行。

蔡元培拟稿,1928 年 3 月 16 日经国民政府常委会通过公布

《申报》1928 年 3 月 17 日

论容许外人杂居内地的危险

（1928 年夏）

中比、中意两草约中，不妥当而含危险性的几点，说的人已经不少了。我所视为最危险的，是容许比人、意人杂居内地的条件。杂居内地，是彼此互惠的，而且是各国通行的，似乎无可反对的理由。然而我们总理的遗教，我们中国国民党的精神，是不管他是否全世界通行的习惯，我们还是要加以考虑，加以修正。否则，为什么各国都通行三权分立，而我们一定要五权宪法呢？为什么各国都但言平等，而我们还要区别假平等与真平等呢？

异民族杂居的危险，在欧、美人当初没有见到，往往因本国人口不多而容许他；后来虽见到他的害处，才设法去限制异民族的权利，已是焦头烂额，劳而无功了。

英国人是富于政治力的，然而为爱尔兰的问题，闹了多少年！

美国是以富强著名的，然而对于陆续迁入的意大利人、波兰人，以至于日本人，与我们中国人，不是视为一大问题么？

欧洲当十六、十七世纪，已有对于异民族杂居，为少数者特设保障之运动，及欧洲大战以后，遂有少数公约的成立。少数公约，是保障甲民族

少数人口,在乙民族多数人中居住,能凭借公约,而不失他们的各种权利,可大别为五种:

(一)与乙国中任何民族,享受生命、自由、信仰的同等保护权;

(二)取得乙国国籍,及行使公权与政权;

(三)自由用其母国语言、经商、传教、出版、演说、及在法庭辩护权;

(四)自由出费办理宗教、慈善、教育机关权;

(五)如在某一区域之内,少数民族之人居多,则该区域以内政府,当允其初级学校,用该少数民族之母国语言授课,并允拨相当经费,为其教育、宗教、慈善机关之用。

此项条约,在欧洲大战以后,有由协约国迫某一国而定者,如一九一九年,与奥国所定的《圣迦曼条约》;一九二〇年六月,与匈牙利所订的《脱利阿农条件》;一九二三年,与土耳其所定的《落桑条约》。有由国际联盟监视某国或某数国而定者,有某某国相互协定者;但是,监视执行的权,大都是委托给国际联盟。与此项条约有关的凡十七国,奥、匈、土耳其等不待言,比利时与意大利也在内。现在在比利时的德国人,不过四万,在犹哥斯拉夫的意大利人,不过一万二千八百,然而都受这种条件的保障。在少数人口的民族,固不能不争此权利;然而,在多数人口的民族,其困难可以推见了。且人口增减,本无一定比例。其初,甲民族虽居少数,因生齿的激增,移殖的奖励,很可以由少数而转为多数,则两民族间的轧轹,日甚一日,势必出于下列的三种解决法:

(一)如土耳其与希腊的交换人口。希腊人杂居于土耳其的司弥奈、东脱罗斯与小亚细亚其他部分,时常与土著冲突,引起军事上、外交上的纠纷。一九二二年战争,土军烧司弥奈的欧人居留区,希人逃去。土人复要求希人退出东脱罗斯。一九二三年七月二十四日的《落桑条约》,订明希、土交换居民。希人约百万,离东脱罗斯与小亚细亚。原希人与土人杂居的不利与交换人口的必要,希腊政治家佛厄采罗于一九一三年以后,即有此主张,而希人没有觉悟,终使土耳其不能不用武力来解决。土耳其自有此举以后,始为真正统一。现代名史家杜因毗说:"土耳其自立国以来,到现在方成为融成一片的民族,成为一个具单纯民族性、一种语言与一个民族理想的真正民族。与匈牙利一样,他的范围缩小了,只剩了一片中心的领土;但是他的人口,是整齐划一、团结不分的,以一种语言、一个血统、一个信仰,打成一个民族的统一,为生存的竞争。"我们看到土耳其受了多少年外人杂居的苦痛,到最后,还要利用武力,促成交换人口的笨法,牺牲的大,可想而知。若当初没有开外人杂居的例,不是可以免许多的苦痛与牺牲么?

(二)如德国上西莱西亚投票解决而割南部以让波兰。一九一九年的《巴黎和约》,订明德国须以波兰与西普鲁士的土地让给波兰;又上西莱西亚与东普鲁士南部的人民,若投票愿归波兰,亦须让给。一九二一年三月二十日,在上西莱西亚举行投票,协约国及波兰以种种方法,阻碍德人投票;然而,投票的结果,愿属德的,七一七一二二;愿属波兰的,仅四八三五一四。应仍属德国无疑了。而一九二一年十月二十日,国际联盟判决:以上西莱西亚的北部留德国,而南部则归于波兰。国际联盟的不公平,固然可惊;但最大的恶因,还是波兰人杂居德人中的一点。

(三)如奥、匈国的崩溃。奥、匈国向来人种复杂,且各以类聚,自成片段。如脱稜替那、菲麦及脱利斯德各埠,是意大利人居留最盛区域;匈牙利中有一部分,是罗马尼亚人区域;达尔马替亚、克罗替亚与波斯尼亚-海采罗维亚,是犹哥斯拉人区域;波海弥亚是捷克斯拉夫人区域;加利西亚是波兰人区域。所以,奥匈国的不能真正统一,实以民族不同为根本原因。如意大利、罗马尼亚、俄罗斯等,觊觎奥、匈,亦因其中有彼等同族的缘故。即奥匈国会的政党,亦以民族的界限为派别。欧洲大战以后,威尔逊提倡民族自决,亦不过顺应此种潮流。巴黎和会以后,奥匈完全崩溃,割去波海弥亚、摩拉维亚与斯罗外几亚,合建捷克斯拉夫国。其他亦随异民族居留的区域,而割让于犹哥斯拉夫、意大利、波兰等国。而奥、匈遂各裂为最小的国,奥、匈人在所割地方居住的,反为异国的人民了。因异民族杂居而兆崩溃的惨象,还不足以作殷鉴么?

我们现在正是革新的初期,民力民智,都还幼稚,经济力尤感不足。若容许外人杂居,必有野心国奖励殖民,源源而来,演成喧宾夺主的状况。幸而国力充实,亦必时起纠纷,终至不能不用土、希交换人口之政策;若国力不能胜人,小则为上西莱西亚的割让,大则为奥、匈的崩溃,我四百兆同胞的子孙,真不知死所了。

他国容许外人杂居,自有他们历史上的关系,与从前政治家的谬误,虽图补救,业已无可如何。我们幸而未开此例,我们必须顾虑民族自决的趋势,深念总理民族主义讲演中,正名国族的精义,兢兢业业,竭力保守,万不可忽。

为取消外人租界与领事裁判权等,外人自不免有杂居内地的要求,我们必不得已,亦只可以自辟商埠容许之,万不可以内地杂居而为交换条件。

蔡元培

蔡元培论著油印稿

提议最高法院酌设分院案

（1928 年夏）

窃查我国幅员广袤，最高法院，设置首都，则距首都较远或交通不便之省区，自应酌设分院，以期讼案进行，可收速结之效，而免积延之弊。（前北京政府仅设一大理院，各省区上诉该院案件，最速亦须半年以上，始能判决，且每经二三年，即有一次调各省法官到院清理积案之举，人民之受累，有不堪言者。）

就我国全境形势，与夫交通情形，详加斟酌，拟于北平设最高法院第一分院，甘肃省治设最高法院第二分院，四川省治设最高法院第三分院，云南省治设最高法院第四分院。（其管辖区域，另行核定。）此项计划，本部前呈所拟训政时期施政纲领、附筹设全国各省区法院计划大纲内，已经说明在案。

现北伐告成，北平原有之大理院裁撤，河北、山西、奉天、吉林、龙江、热河、察哈尔、绥远等省区，僻处东北，各该处人民，于地方法院管辖第一审案件上诉第三审时，则概令归首都之最高法院管辖，交通窎远，良感不便。况际兹训政伊始，各省区各级法院，正应积极筹设，准备收回法权；本部在训政时期应办之事，亦以添设各省区法院监所为最重要。

北平原有大理院,规模具备,实不宜废弃,故拟即实行上述计划,先就该院旧址设置最高法院第一分院,现存之法庭办公室以及器具等项,既均适用,稍事布置,即可成立,是诚事半功倍之办法。其僻处东北之河北、山西、东三省及热、察、绥三特区,即划为该分院管辖区域,俾各该省区人民得享上诉便利之益,以表现本党为人民谋福利之精神,斯尤一举而数善备焉。

嗣后更次第筹设最高法院第二、第三、第四各分院,期以十年完成。(本部原拟筹设各省区法院计划大纲载明:最高法院第一分院提前成立,其第二、第三、第四各分院陆续筹设,至迟不得逾十年。盖以甘肃、四川、云南,既无如北平具备规模之旧院址,则限于财力,同时设置,实感困难,故不得不分期为之。又因依原拟计划,训政开始后,十年以内,各省区高等分院均早成立,地方法院亦可成立十分之六七,则最高分院自亦宜于此期内次第完成,以期整个的司法渐臻完备,故限以至迟不得逾十年。)

除开办、经常各费另拟预算呈核外,所有拟在北平设置最高法院第一分院,并就原有大理院旧址改设。是否有当,敬请公决。

再,依我国全境形势及交通情形论,广东实无设最高分院之必要。故前根据司法行政委员会决议,呈请将最高法院广东分院裁撤。合并声明。

兼代司法部长蔡元培提议

蔡元培提案油印件;标题参考《蔡元培全集》,浙江教育出版社1997年版

关于外交问题提案

（1928年8月2日）

自第四次全体会议闭幕以来,本党之革命工作,在军事上突飞猛进,废除军阀、统一全国的大业,于最短时期内,克奏肤功,此本党同志所同深庆幸者。但外交方面,则数月来,险象环生,不唯不平等之束缚未能解除,列强之政治侵略及压迫且进逼益甚。平津克复后,吾国国际地位,表面上虽似增高,但关于中外关系之厘定,及不平等条约之废除,列强狃于既得特权,仍似未能与吾国从事开诚布公之磋议。吾人深知在现代世界革命潮流中,革命本不仅是一国内治的问题,而与对外关系在密切之联络。一种国民革命运动而忽略国际的因素,每易受意外之阻挠,而中道受挫。在帝国主义压迫下的今日之中国,此点之足值吾侪严重的注意,尤为过去的事实所证明。然此犹就革命历程之进行上立论也。至于重订中外关系之根本事业,如恢复关税自主、撤废领事裁判权,及其他关于废除不平等条约种种工作,本我国民革命主要目的之一,亦即我国政治经济发展之所托命。盖中国不欲成一现代国家则已,苟欲使中国民族得自由独立于世界,则于此时期,努力求对外问题之解决,实为吾党同志刻不容缓之责任。兹就管见所及,就将来之对外方针及策略上,扬榷义数,以备诸同志之采择焉。

（一）废除不平等条约之大纲及其步骤。

不平等条约束缚中国八十余年，使我国民族之政治生活及经济生活，日就萎瘁。而此种条约义务之中，其为害最烈者，尤推片面的协定关税及领事裁判权两项。

关税自主之说，迩来甚嚣尘上；关税会议且曾一度开会于北平。但帝国主义者多方借口，以致荏苒经年，迄无效果。国民政府亦曾拟就实施关税自主之计划，终以种种原因，未能实现。目今全国统一，裁兵减政，国家固在在需款；而人民方面欲求生计之充裕，工商业之发展，尤不能不谋所以挹注之方。关税自主既为大众所公认，则明白宣布以明年一月一日为实施国定税率时期，实已刻不容缓。同时并当普告列强，如有愿与我国协定税率者，务以双方互惠为条件；至欲以国际会议之形式来解决此项问题，则当严词拒绝。盖国际对华会议，乃列强对华协调政策的结晶，共同谈判，徒供列强操纵把持而已。

领事裁判权之撤废，亦应取断然之政策，类乎法权调查会议之国际会议，绝对不能解决此项问题。故在进行收回法权谈判中，如列强仍提召集国际会议之条件以相搪塞，吾国即当严词拒绝。至拟定撤销领事裁判权之方案，吾国应取法于土耳其，而不应步武埃及、暹罗采用混合裁判之方法。盖混合裁判，自其性质而观，不独容易演成一种长期存续之制度，且恐造成外国法官专擅之结果。故于法权之收回，只应定一最短期限，作一切必要之准备。与各国为撤废领事裁判权之谈判时，尤不可附以不确的某种事实的条件（例如司法改良）。盖此种事实解释上之伸缩性太大，最易授各国借口之机会也。

此外如租界、租借地，为损害吾国领土完整最显著之事实，应立即与各关系国分别要求收回。租借地在不平等条约中，虽有期限之规定，但我国自可以"情势变迁"为言,宣告此等条约之解除。外兵外舰在华之驻扎,更属对我主权显然之蔑视,急应要求立即撤退。同时内河沿海航权,亦应力谋收回,并禁止此后外国兵、商船舰自由在中国内河之行驶。至于一般不平等条约取消之手续,亦有足促吾侪注意者。目前中国统一之大业,次第就绪,列强自再不能以中国无统一政府之理由,拒绝改订条约之谈判。故我国当前的问题,实视吾人是否有提出废约的勇气。国民政府为贯彻废约之主张,现在正当而有效的办法,为即时向列强分别开始废约的谈判;要求在一定之期限内(自现在起半年以内),依平等互惠的原则订立新约。如列强拒绝谈判,或限定之期间已过,而新约尚不能成立,则政府宣言,以无约国待遇此等国家。至于业已满期之条约,其取消自属当然之事实。倘对手国提出反对之主张,吾国自当准备贯彻废约政策之必要的手段。

(二)关于外交方面之一般问题,亦有值得吾侪郑重考虑者。

凡外交方针之拟定,外交策略之执行,必须预有一贯的计划,乃可因应咸宜,不致临时穷于处置。吾人以为下列诸端,足资注意:

(甲)外交委员会之改组。废除不平等条约的工作,头绪万端,废除之手续若何,废除后对于事实问题之如何应付,均须经缜密之考虑与研究,有需于专门家之探讨者甚切。且也,际此废约之时期,政府对外之一举一动,均为中外所深切注意。外交部长为对外代表政府之官吏,其所举措,尤关轻重,不待烦言。今欲使外交部长能积极实施政府之方针,必也党的机关与之同负若干之责任,俾得致力于政策之实施方面,而避免不虞之讥弹。是故外交委员会应当成为一种常任的机关,担负决定对外重大方针之任务。同时委员会应容纳专门人才为委员,从事研究的工作。

(乙)国际宣传机关之设置。本党国际宣传工作,迩来有日就衰歇之趋向。本党在广州时代,尚有一西字日报及一西字通讯社;同时在北平有一西字日报。在武汉时代亦有一西字日报及一西字通讯社。自中央迁宁后,西字日报迄未举办,而西字通讯社亦只于外交部例行文件之宣传而已。济案发生,日人诬张为幻,向国际间作扩大之宣传;而我国因工具之缺乏,宣传上遂大受障碍。按外交与宣传关系之密切,尽人皆知。际此吾国对外谋取积极政策之时,尤须使各国朝野,咸知我国国民之志愿及方针。为达此目的,应由中央从速组织国际宣传机关,发刊西字报纸及创办西字电报通讯社。

此外,如特别交涉之原则,乃打破列强协调主义之利器;外交集中之原则,为预防造成地方政府之危险,尤当明白宣布,俾办外交者确有遵循,不致因袭恶例而妨碍对外政策之实现。

以上所陈,是否有当? 敬请公决,采择实行。

蔡元培　谭延闿

上海会文堂编印《党国名人重要书牍》

三民主义的中和性

（1928 年 9 月 16 日）

中国民族，富有中和性。在政论上，虽偶然有极端主张，如法家的极端专制、道家的极端放任。然他们学说，均不久而转变。实施这种学说的，如商鞅、吴起、李斯等，专行法治；晋、宋名士的崇尚老、庄，也均不久而失败，终不能不转到主张中和的儒家。中和的意义，是"执其两端，用其中"。就是不走任何一极端，而选取两端的长处，使互相调和。

西方各民族中，只有希腊人与中国人相近。所以亚里斯多德也倡中和说。他所说的节俭，是奢侈与吝啬的折衷，勇敢是暴乱与怯儒的折衷，正与"执其两端用其中"的界说相合。但是，此外西方各民族的性，都与此不同。所以，亚氏的中和主义，在欧洲竟没有发达。然彼等二千年来，在两极端间往复摆动，不能不时触中点；且以多数民族分别尝试，经验宏多。故近日已渐有倾向中和的理论与事实。

究以与固有的民族性不相投，所以进步不能很快。孙先生所以说："欧美关于管理物的一切道理，已经老早想通了，至于那些根本办法，他们也老早解决了；至于欧美的政法道理，至今还没有想通，一切办法，在根本上还没有解决。"到底哪个能想通政治道理，并且能解决根本办法，只有我们孙先生。他的办法，就是三民主义。孙先生固然对于欧美的政治道理，研究得很博很深，然而他所以能想通的缘故，还是因为受了本国中和的民族性与中和的历史事实之大影响。我们现在就三民主义演讲中，时时见到中和性的表现。试举其例如下：

主张保存国粹的，说西洋科学破产；主张输入欧化的，说中国旧文明没有价值。这是两极端的主张。孙先生讲民族主义的时候，说中国要恢复民族的地位，要把固有的道德、固有的知识、固有的能力恢复起来，是何等的看重国粹！然又说恢复我一切国粹之后，还要去学欧美之所长。又说，我们要学外国，要迎头赶上去，不要在后赶着他。这又何等的看重欧化！

孙先生讲五权宪法的时候，说外国有三权分立的宪法，就是立法、行政、司法三权的划分；但中国亦有三权分立的宪法，就是兼立法、行政、司法三权的君权，与考试权、弹劾权的划分，这两面都有缺点，所以要采取两面所长，用欧洲三权分立的制度，而加以中国特有的考试、监察二权，名为五权宪法。这岂不是国粹与欧化的中和性么？

主张开明专制的，说人民难以图始；主张极端放任的，说政府可以不设。这也是两种各偏于一方的态度。孙先生讲民权主义，把权与能划分得很清楚，政府应当万能，所以把行政、立法、司法、考试、监察五个治权，都交给他，要他负起责任。人民应当有权，所以把选举、罢免、创制、复决的四种政权，都行使起来，就可以驾驭政府。这岂不是人民与政府两方权力的中和性么？

主张自由竞争的，维持私有财产制；主张阶级斗争的，要没收一切资本家所有。这都是两极端的意见。孙先生用平均地权与节制资本两法来解决这个纠纷，不是突然把私有财产没收，而是渐渐的化私为公；不是共现在的产，而是共将来的产，这岂不是经济革命的中和性？

其余如地价登记时，价由地主自定，而有按价抽税与照价收买两法，可以互相调剂；在训政时期，中央与省之权限，采均权制度，不偏于中央集权或地方分权，无一非中和性的表现。孙先生伟大之精神在此。凡是孙先生的信徒，都应当体会此种精神，才可以尽力于孙先生的主义。

……

《三民半月刊》第 1 卷第 4 期，1928 年 9 月16 日

关于国民政府组织法草案问题的谈话

(1928 年 9 月 30 日)

国民政府组织大纲草案,现已经过三次修正,大体虽无变更,但各院职权范围及相互关系,现尚在研究中。盖此时仍属训政时期,一切建设,仍须受党之指导,在宪法未成立之前,暂时仍当以党治为建设之中心。至国府所采制度,颇与内阁制相似。如立法院就立法精神言,与各国国会同,较似为监督机关,而行政院则为被监督机关。唯立法院规定各院长及行政院所属各部长为当然委员,则行政官吏同时复有监督之权,此层似若混合。但考之英国政党政治,行政官吏多由国会选出,而政府行政大计,须随时报告国会,互通声息,以泯党争,则现在行政与立法两院之关系,亦颇可行。且监察之权,已有监察院专负其责,立法院之权限,似较国会为小,此就普遍观察而言。至组织大纲原意如何,当俟提案人加以说明,或待审查委员会审查完毕,经中央政治会议决议后,即可由中央党部正式发表。而行政、司法两院,为全国行政系统所关,不可稍停,尤当早日成立。至监察院与监察委员会,性质上有政治与党务之分,人选问题并无限制之必要也。

《时事新报》1928 年 10 月 1 日

军队编遣计划可望顺利进行

——在总理纪念周的政治报告

（1929 年 1 月 21 日）

最近政治上最重要问题，即编遣会议是。从前革命未完成，现在虽已统一，但尚未能即为成功，因革命成功，非仅扫除军阀障碍，即算完事，同时还要铲除帝国主义及政治上、经济上之压迫。所以革命要素，应注重两点：一破坏，一建设。现当训政时期，建设事宜甚多，但究以何法可以袪除压迫，使一切事项，可自由进行，毫无阻碍，非有预备功夫不可。从前越王勾践的"十年生聚，十年教训"，固可以供参考，但目前应首先解决者，厥为民生问题。现在各地灾民与失业人民，为数极众，绝不能等有充分力量，再去救济，应当有一分力量，尽一分力做去才行。一方须知无论何事，必须人才经济同时兼顾。对人才方面，全国的人才究有若干，应通盘计划；全国收入，究有若干，亦应计划，务使经济皆用于必要者，凡此皆非力图建设不可。此次编遣会议即系减少消耗，增加生产。在此会未开前，有许多反对我们的人散布种种谣言，结果全体武装领袖皆以国家为前提，不为谣言所动，所以上一周已将兵额决定，全国兵数不得过八十万，经费不得过全国收入百分之四十，其被裁官兵，悉用于社会生产事业,使以后国家事业,逐渐创造起来。故此次参加会议各领袖,对前途极为乐观,将来决议案,定可顺利执行,毫无阻碍,其他尚有许多琐事件,因不甚重要,故不报告。

《申报》1929 年 1 月 22 日

三民主义与国语

(1930 年 4 月)

今天讲三民主义,和寻常不同,因为要把三民主义和国语有关系的方面说一下。什么是主义? 孙先生说:主义是思想、信仰、力量。凡是主义,都有这点态度。我们要发起统一国语促进会,就是思想;全体会员组成这会,就是对于国语都有信仰;会员的种种运动,就是力量。

一、民族主义

民族主义和国语关系最多。民族主义就是国族主义。外国的国家,都不是一个民族,像奥国一国,有波兰、捷克、斯拉夫等等民族,所以时时要起纠纷。像中国虽号称五族,但其余四族甚少,不甚显著。满、蒙、藏,本是藩属;回族散布在各地,更不显著;满族自经辛亥革命以来,并且都已改了汉姓。不过,既然带些混合的性质,必定要有统一的线索。假使甲地的人到乙地去,不能直接谈话,要用翻译,很感到不便;就是用笔谈,也不能把意思完全表示。所以,从民族系统上看,统一国语,很为重要。

不然,无论任何方法,不能有团结的力量。中国人向来对于种族观念很强,像福建等地方,时常有两姓械斗的事,打死了许多人,不问是哪一个打死,只问哪一族打死。其次为地方观念,也和上面所说一样。要成功民族思想,只要把这些观念扩大。中国人民肯替家族、地方牺牲,而不肯替国家牺牲,就是因为感情的不融洽。像广东一省,广州、潮州、汀州、漳州都各有各的语言,所以时起纠葛,虽然也有他种原因,但是语言的不统一,总是一个重大原因。

讲到民族的起源,孙先生说,有五种关系,就是血统、生活、语言、宗教、风俗习惯。语言的关系重要,孙先生已经明白告诉我们的。这五种当中,讲到血统,有时因通婚关系,可以渐渐混合的。讲到生活,像南方人吃米,北方人吃麦;北方人睡炕,南方人睡床,都各有各的习惯。讲到宗教,除一般宗教以外,或是崇拜英雄,也带些宗教性质,交通便利之后,总渐渐可以同化。风俗习惯,跟了政治教育,也可以转移。讲到语言,自然更是重要。比方奥国所以不能团结的缘故,因为波兰、捷克斯拉夫都要各自保守他的语言的缘故。从国与国讲,如果外来民族得了我们的语言,便容易被我们同化,久而久之,遂同化成一个民族。再反过来,我们单知道外国语言,也容易被外国人同化。人口增加率,各国不同,中国老是四万万,有的说有增加,有的说反而减少。总之,比不上美国,美国近几年之增加率为十倍,百年后将为十万万。中国若不讲养育卫生之法,至于饥饿疾病,将来必归淘汰。再加上政治经济步步压迫,眼前已经很是危险。一民族不能受别民族的压迫,所以要推翻满清政府;一国民族不能受他国民族的压迫,所以要团结起来。团结的工具,国语也是重要的一种。中国失去了民族主义,已经好几百年,前清时节,对于满洲人,都是歌功颂德的文章。几个革命同志,借着一下层社会所组的党会,用文人所不讲的语言,去宣传他的主义,使人家不大注意,这也可见语言力量的一斑。

以一民族为单位,想同化别个民族是不容易的事。日本人要想同化高丽,历史上比较容易,可是仍办不到。中国受了世界主义的欺骗,所以把民族主义失掉。所以,我们不谈世界主义,谈民族主义;民族主义达到了,才好谈世界主义。

欧洲大战和民族主义很有关系。德国人以为日耳曼民族可以统一世界,不讲公理,只讲强权。威尔逊主张民族自决,可惜被英、法几个政治家渐渐的移到强权。

讲到民族自决,语言也很重要,因为自主,发达了各民族自己的语言文字,格外明显要把他保存起来。不过,各民族都要保存自己的语言文字,依然不能一致,所以有人提倡世界语言。那末,怎么办呢? 一方面保存各民族的语言文字,显他一民族的精神;一方面提倡世界语,以期世界大同。这是并行不悖的。

中国各地方之方言,都有很可珍贵的宝藏。一人可以有两种语言,一种为特色的,一种为普通的,也和世界语同国语一样。

孙先生说,把中国失去了的民族主义,要他恢复转来,一是把家族、地方的观念扩大;一是要恢复旧道德和知识技能。旧道德,像忠孝信义仁爱和平,都是诚正修齐以至治国平天下,这种政治系统观念,尤其是外国人所没有。旧知识技能,像印刷、雕刻等都是。要恢复道德知能,就不能不靠教育,而教育的方法,不单靠着文字,还须靠着语言,才可以增加力量。

二、民权主义

有团体、有组织的,就是民权,就是力量。民和权合起来,就是人民的政治力量。人类的生存，有两个要点：一是自卫，一是自养。从历史上看来，可分做几个时期：第一期是人和兽争。第二期是人和天争，此时发生宗教。第三期是人和人争，自然物已经有法处理，因为分配不均，所以发生争执；或者靠地域，或者靠人力，那时有特别能力的人出来，就是英雄，个个崇奉他，这就是君权。第四期，就是现在人民与君主争，便是善人和恶人争，公理和强权争。

法国革命的口号是自由、平等、博爱。在中国，讲博爱固然重要；至于自由两字，中国个人的自由却太甚了，所以成散沙一般，必须提倡团体自由，肯为公众牺牲才好。说到平等，本来有先知先觉、后知后觉、不知不觉的三等人：第一种是发明家，第二种是宣传家，第三种是实行家。人人以服务为目的，做相当的事情，才是平等。

民权发达的历史，第一是美国革命，哈普主张极端的民权，遮化臣主张政府集权，后者占胜，是第一次障碍。第二是法国革命，滥用民权，成为暴民专制，这是第二次障碍。第三是俾斯麦，用巧妙的手段，防止民权，是第三次障碍。可是民权的发达，总是遏止不住的。欧洲的代议政体已不适用。俄国是人民独裁政体。

我们中国，看了各国的情形，不必再蹈覆辙，要造成一种新方法，就是造成全民政治的民国。所以孙先生的方法，要全体人民均有权，把权和能分开，有能的人，比方是汽车夫、政府；有权的人，比方是坐汽车的人民。又把治权分作五种：司法、立法、行政、考试、监察。政权分作四种：选举、罢免、创制、复决。

孙先生所主张的全民政治，不用代议制，人人可以发表意见，充分讨论。那么，言语不统一，就非常不便。所以，提倡国语，对于民权主义，也有很大的帮助。

三、民生主义

民生是人民的生活,社会的生存,国民的生计,群众的生命。民生主义就是社会问题,也就是大同主义。

自从机器发明以后,有许多工人,一时失业,劳资阶级的战争就从此开始,于是发生社会主义。就中分作两派:

(1)理想派,像柏拉图的乌托邦;

(2)科学派,像马克思的经济学说最为有力。

孙先生对于马克思的学说,有些不大赞成。美国的威廉也曾说,这有心理的关系。人人要生存,生存的凭借,必定要人人都有;大家要生存,必得大家各尽一分子的力量。所以,把物质做社会的重心是不对的。社会问题才是历史的重心;而社会问题中,又以生存为重心才是合理。

一民族有一民族的情况,俄国要共产,实在不能共产;一来,他不能和非共产的国家往来;二来,马克思是德国人,俄国和德国的情形不同。德国的状况是:(1)工业发达;(2)贫富极不均;(3)累进税不能行。所以,现在改行新经济政策。俄国所有的条件,中国也没有。讲到资本,只有大贫和小贫;要用旧力量发达实业,不必再走迂路,造成资本家,再革资本家的命。所以,孙先生的办法是:(1)平均地权;(2)节制资本。

第一种的例,比方西湖地价,现在值到八九千,就从现在报价,照价征租。以后再贵上去,是地方事业共谋发达的功劳,所贵之价,要归政府。

第二种办法,就是大事业公办,欧美现今已在实行了。

总之，孙先生说，三民主义就是救国主义。因为中国有特殊的情形，而特殊的国语，就可以适应特别的情形。

要达到三民主义，必定要人人工作；信仰三民主义的人，也应该信仰国语。

记录稿

谈《约法草案》增章理由

（1931 年 5 月 10 日）

《约法草案》已付审查，在审委会未决定具体意见以前，似不必表示任何意见。不过我亦为起草委员之一，关于《约法草案》增加"民生"及"教育"二章之理由，可略为述及。查世界各国宪法，除欧战后少数新兴国之外，均无此二章之规定。而当时起草各委员所以特别增此二章者，因本党以三民主义建国，总理《建国大纲》更明白昭示，建国之首要在民生，故对于国民生计，不能不特别注重。且值此世界经济恐慌潮流澎湃之时，中国因生产不发达，受到极大的影响，银价低落，失业众多，尤为具体的象征，非积极谋民生问题之解决，实无以解除民众之苦痛也。

至于教育问题，亦同样重要。《论语》有云："既富矣又何加焉？"曰："教之。"况现在训政伊始，一切建设事业，非得民众之了解与协助，不能顺利进行。故提高人民知识程度，实为当务之急。所以教育一项，亦另立专章。日前国府向国民会议提出"实业建设程序案"及"确定教育设施之趋向案"，皆为实现上述二项目的而设。因既有条文规定之后，必须同时有实施之办法也。

《中央日报》1931 年 5 月 11 日

《训政约法》的重要意义

（1931 年 7 月 1 日）

主席、诸位同志：

今天来讲《约法》，《约法》的全文很长，有如一部十七史，只能将其中的要点来讲一讲。为什么要有《约法》呢？总理讲的民权，不是附和卢梭天赋人权的学说，因为在大同时代，人人平等，全世界没有互相侵害的时候，才可以讲天赋人权，人人平等。现在还没有达到，还有民族的界限、国家的界限，所以只能在一个范围以内以约法来讲人权。古代罗马就有了宪法，在历史上看来，是很有价值的。现在政府的权限太大，人民完全没有一种保障，都受政府命令的压迫，有如广东的猪仔。猪仔完全是被骗去的，工作很苦而自己没有一点权利，可以说要他们怎样便怎样，没有方法同他争论，因此就有一部分人用武力来对抗，就发生革命、暴动；因为没有方法来保障，才用武力对抗。既然发生革命、暴动，社会便不安定，人民感受极大的痛苦，这是迫不得已的事。现在革命之后，各种压迫已经去掉，于是就要求彼此相安，恢复秩序，使着社会有机化，彼此相约，彼此有范围，政府有哪种职权，权的限度到什么程度为止；每个人在哪种范围之内有自由权，有哪种责任，统统加以规定。这种意思，就是宪法，一方面规定政府的权限,一方面规定人民的权利和所负的义务。现在全国人民都有选举权,因为全国的人数太多了,没有方法来集合全国的人民共同讨论,所以就举出代表,即所谓代议制。不过总理已经看出有了缺点,因为代议的人,不能代表全体的国民,只为他个人,或是少数的人谋利益,所以总理又主张直接民权,就是对于官吏有选举权,还要有罢免权,对于立法有创制权和复决权。辛亥革命成功以后,政权交给人民,不久,就为袁世凯所劫持,所以这种直接民权,要交给人民。如果人民没有行使民权的能力,是很危险的,必须使全国人民,对于民权能够深切的认识,对于民权能够充分的运用。要使全国民众,能够认识民权,能够行使民权,必须在训政时期,充分的训练民众,有如周公训成王一样。现在我们全国四万万的同胞,就是四万万的皇帝,我们国民党要负伊尹、周公的责任,来训练这四万万的皇帝,将来能够行使民权,而达到立宪政治。所以在训政时期,要制定《约法》,彼此相约人民在训政时期有什么权利,尽什么义务,同时,政府的职权,自己也规定一个范围。在这个时候,政府同人民一致的努力从事自治,将来才可以立宪。普及教育,调查户口,及清丈地亩,统统办理完善,这一县便可选举县长,开始宪政;全省各县自治都办理完善,一省就可选举省长,开始宪政。各省大多数对于自治都办理完善,那末全国就可立宪,开始宪政。在训政时期,全国人人都要努力办理自治,为避免彼此权限冲突起见,必须制定《约法》,彼此限制,这是《约法》最重要的意义。中国人口现在有四万万七千万,增加的虽多,死亡的亦复不少。我们就假定我们的人口够了,要想使全国人民行使民权,必须"富之""教之",因为我们全国人民的生活太苦了,知识程度太低了,所以在约法里头,规定国民生计、国民教育两章,以发展国民生计,普及国民教育。发展国民生计,首先要发展工商业,并且使全国农业工业化,用科学的方法经营农业。至于矿业,本来应该由国家来经营,不过我们国家资本很少,目前不能经营,在过渡期间,不得不保留私人经营的矿业,使他自由地发展,以抵抗外国的资本。至于现在还没有开发的矿产,以后再由国家来经营。因此,我们使私人经营矿业者,放心自由地发展,抵抗外国资本起见,就在约法规定对于民营矿业,予以奖励及保护,将来再由国家收回,自属容易。中国各航业,只有招商局的轮船,远不及欧美,政府又不能筹巨款,所以对于民营航业,在《约法》中规定加以保护与奖励,以免中国航权,落在外人之手,将来政府设法收回,也比较容易。现在我中国资本,还不甚发达,不过总理所说之大贫和小贫而已,所以外国资本,能够移植到我们国家来。现在外国办各工厂很多,他们都用中国人来作工,毫无保障,所以在《约法》内,有关于劳工保护之规定。此外,本党的同志与民众提倡合作事业,因为近来中国各商业,转输商品所赚的钱很多,确是报酬益于劳力,这种事体,是不很妥当的,所以要提倡合作运动,使转输商品如同邮务一样。合作社转输商品,虽然也需要运费,不过除掉运费以外,可以减去其它各消耗,而免商人操纵投机居奇的弊害,及广告的费用,因此提倡合作运动,也规定在《约法》以内。国民教育,政府在吾国民会议提案,注意生产教育,才可以致国于富。刻下生产不足,出口少而入口多,且出口的多是原料,这可以知道工业不发达。中国是以农立国,而关于农的许多用品,近亦多购自外人,所以非重生产教育不可。重生产教育,尤非用科学的方法不可。同时大家应受普及教育,男女应受平等待遇。再进一步,对全国的都应普及,成年人未受教育者,亦应增进其知识。例如工场附设学校或办夜校,各电影、戏院、博物馆等,都是给成年人受教育的好机会,《约法》即有此规定。还有特别的一条,规定教职员的奖励办法,所办教育有成绩者,奖励之。并不仅办学校,如有学□□发明,及他人不能发明者,自己发明之,旁人已经发明的,自己再去进一步的研究,亦应奖励之,总求我们自己能生利,不必事事依赖外人。凡此等等都是对教育有直接关系的，所以各大发明家，在教育上都有关系。还有一种关于文化教育，固有的知识、能力、道德等等，多在书籍中保存。从前中国人不知固有文化的重要，所以有许多很有价值的东西，多被外人买去，后来内务部定《古物保管条例》，在约法中对于有关系历史文化之古迹古物，规定加以保护或保存。本党遵照总理遗嘱，召开国民会议，制定《约法》，有如学校订立章程一样。因为国人知识太浅，因此方由本党代为制定，即不经国民会议通过，也可颁布实行。不过本党不像意大利法西斯党，永久专政，所以才由国民会议通过，然后才颁布实行，要使各县完成自治，渡过四年的训政时期，而达到宪政时期。但现在我们必须努力奉行《约法》。

《民国日报》1931 年 7 月 10 日

《嘤鸣集》序

（1931 年 10 月）

北仑先生，身羁异地，心恋故国。蓼莪既废，沧海归来，隐于市廛，泊然高蹈，托相人之术以疗饥，为求己之谋而益奋。友朋钦义，投赠篇章，语无溢美，诚哉，爱国之志士，独行之卓卓者也。

夫台湾割弃，为日本辱我之开端。四十年来，雪耻无从，含垢弥甚。国中岂无健者，政体亦既刷新，终于蛮触之争屡起，薪胆之效不彰。何者？物有所蔽，斯智有所短也。是故为仁必由克己，养心莫善寡欲，非夫刻苦坚忍，乌足以承天下大事。

睹北仑先生弃固有之资产，跋涉归国，辞富而居贫，舍逸而就劳，盖庶几目击国耻而能动心忍性者。其言曰：但使河山无恙，躬耕陇亩，渔钓河滨，皆无不可。又曰：不为一身一家痛，独痛炎黄之胄不得所安。兹数语者，不足证其淡泊之怀与弘济之量乎。

嗟乎，奇耻大辱，来轸方遒，跃马横戈，匹夫有责，读嘤鸣一集，益增无涯之感怆矣。

中华民国二十年十月

蔡元培

蔡元培论述抄留底稿

钱币革命

（1932 年 7 月 11 日）

诸位同志：

我等现在值日本侵入东北之际，人人都愿意以实力收回失地，而军事当局不敢不审慎从事，不过因我等弹药不足，大炮与飞机比较的缺乏。现在交通并未断绝，我等一方面在安全地方组织制造厂，一方面权购舶来品亦未尝缓不济急，然而当局似未能很紧张的照此方法进行。是何以故？以经济困难故。所以我等当此时代，不能不回想民国二年总理钱币革命之通电。当日正俄国侵入蒙古之时，总理通电中有云："俄人乘我建设未定、金融恐慌而攫我蒙古，以常情论之，我方无不能抵抗之理，……我人皆知蒙亡国亡，与其不抗俄屈辱而亡，孰若抗俄而为壮烈之亡，故举国一致，矢死靡他也，……今日我之不能言战者，无过于财政困难。自南北统一后，则谋借外债，以救我金融之恐慌，然至今六国之借款无成，若一有战争，则更复无望。然则就财政上言之，无论有战无战，财政问题之当解决，必不容缓也。"今日之因财政困难而不能言战，非与当日相同乎？借金策、借银策均无结果，而内债又已到竭泽而渔之境，窘迫之状，非与当日相同乎？无论有战无战，财政问题当解决，非又与当日相同乎？我等试一考总理解决财政困难之策为何，曰"钱币革命"。

钱币革命之方法如何？"以国家法令所制定之纸票为钱币，而悉贬金银为货物，国家收支，市廛交易，悉用纸币，严禁金银，其现存钱币之现金银，只准向纸币发行局兑换纸币，不准在市面流行。"总理为防止纸币之流弊起见，主张设两机关：一专司纸币之发行，一专司纸币之收毁。至纸币之所代表则有二种：一为人民之负担，一为代表之货物。今如国家中央政府每年赋税应收三万万元，税务处既得预算之命令，即可如数发债券于纸币发行局，该局如数发给纸币，以应国家度支。至期税务处当将所收三万万元税项之纸币，缴还纸币销毁局，取消债券。如国家遇有非常之需，只由国民政府决议预算来，如数责成国民担任，或增加税额，或论口输捐，命令一出，纸币发行局便可如数发出，以应国家之用，按期由税务局收回纸币，此款便可抵消。至于供社会通用之纸币，则悉由发行局兑换而出。发行局发出纸币，而得回代价之货物，其货物交入公仓，由公仓就地发售，或运他方发售；其代价只收纸币，不得收金银。此种由公仓货物易回之纸币，悉当交收毁局毁之。……总理当日虽发通电于北京参议院、各省都督、省议会、全国国民暨各报馆，而未有注意者；颇闻广东政府曾一试之，然未知其详也。

近始有湖南刘冕执君，遵总理钱币革命之遗训，而提议设国币代用券，于总理所举两种以外，别设一种。其办法，每年由政府印刷钞券若干，设局管理，无论何人及何项机关，均可领券发行，但领券时须得保证，凡人民发行之制限额，至多不得超过财产收入十分之一，机关发行之制限额，不得超过每岁收入十分之五，钞券流通至第十二个月，发行人须以同额之券，缴还局中，以资拨抵，不必兑现。其缴还之券，不必为本人所发行者，亦不必为本局所发行者，只须同是此种钞券，满期者固好，即未满期者，亦可用以缴还后，由总局汇齐，相互抵消，便算完结。

　　刘君此法，与总理所说两法，并行不悖。然刘君宣传甚久，亦少有信者。刘君颇愿在一城一市小试之。我曾为介绍于前浙江省政府主席张难先同志，虽曾加以研究，而亦未敢试行。现刘君与其信徒周树芬君等欲设一钱币革命协进会，以资宣传，闻正在要求南京市党部承认。深望诸同志对于此等办行总理遗教之美举，助其前行。

《中央周报》1932 年 7 月 18 日

开发西北案

(1932 年 12 月 15 日)

　　为提议事：窃维国家当前急务，无过东北问题，举世皆知瞩目，不知西北问题比之东北问题，关系尤为重大。及今不图，数年十数年后，恐亦将一发而不可收拾，其祸或更烈于今日。民谊去年奉命视察新疆，道经西北各地，归途复经过毗连西北及中国北部之俄境，目击西北地方物产蕴藏之丰富，山林原野之广漠，而乃人口稀少，文化衰落，田亩荒芜，水泉涸竭，生产之事，可谓百无一举；起观边境，则外力日迫，国防空虚，万里神皋，几同瓯脱，真觉惕然心伤，不能自已。今岁复因筹备陪都建设事宜，循陇海铁路以至西安，沿途所经，皆为腹地，乃亦触目凋敝，俨同西北。灾民游匪，所在成群，人民生活之困苦，社会经济之衰落，非东南人士所能想见。以此益知开发西北以解除吾民之痛苦，增进国家之富力，实为今日刻不容缓之图。唯兹事涉及西北各省，包含事业太多，自非由中央设置西北拓殖委员会，专管其事，不足以专责成而收实效。所管之事，先将西北交通线路修整完成，次及金融、贸易、农田、水利、造林、开矿、畜牧、纺织诸端，而促进教育，发扬文化，亦应为同时并举之事。至地方行政事务，则仍由地方官吏管理，以免权限混淆。值此国难方殷，万端待理,中央为开发富源,抵御外侮起见,对于西北问题,实应举全力以赴之,万不容再托空言,徒靡岁月。民谊既有所知,自难缄默,谨此提议,敬候公决。

　　附陈开发西北之计划大纲一件。

提议人:褚民谊

　　附议人:蔡元培　张　继　李煜瀛　吴敬恒　蒋作宾

国民党四届三中全会提案第 29 号油印件

发起中国民权保障同盟宣言

（1932 年 12 月 18 日）

中国民众，以革命的大牺牲所要求之民权，至今尚未实现，实为最可痛心之事。抑制舆论与非法逮捕、杀戮之记载，几为报章所习见，甚至男女青年有时加以政治犯之嫌疑，遂不免秘密军法审判之处分。虽公开审判，向社会公意自求民权辩护之最低限度之人权，亦被剥夺。我辈深知对此种状态欲为有效与充分之改革，唯有努力改造产生此种状况之环境；唯同时亦知各先进国家皆有保障民权之世界组织，由爱因斯坦、觉雷塞、杜威、罗素及罗兰之流为之领导，此种组织之主要宗旨，在保障人类生命与社会进化所必需之思想自由与社会自由。根据同一理由，我辈提议中国民权保障同盟之组织。

本同盟之目的：

（一）为国内政治犯之释放与非法的拘禁、酷刑及杀戮之废除而奋斗。本同盟愿首先致力于大多数无名与不为社会注意之狱囚；

（二）予国内政治犯以法律及其他之援助，并调查监狱状况，刊布关于国内压迫民权之事实，以唤起社会之公意；

（三）协助为结社集会自由、言论自由、出版自由诸民权努力之一切奋斗。

本同盟设全国委员会,以五人至七人之执行委员会主持之。全国委员会由各分会选举之代表二人组织之,每年集会一次,选举执行委员,讨论会务。执行委员任期一年,执行委员会设主席一人,干事若干人。

本同盟设总会于上海,设分会于国内各重要都市。分会每月至少集会一次,全国委员会之分会代表,每月应报告分会状况于执行委员会。

凡赞成本同盟主张,并愿从事实现此主张之实际工作者,不拘国籍、性别及政治信仰,由会员三人之介绍,经执行委员会多数之通过,得为本盟之会员。候选会员在过去曾参加剥夺民权之行为者,执行委员会得拒绝其加入同盟。

本同盟之会费,个人会员每年三元,团体会员每年十元,并得募集捐款维持会务。

中国民权保障同盟筹备委员会

宋庆龄、蔡元培、杨铨、黎照寰、林语堂等

《申报》1932 年 12 月 18 日

在中国民权保障同盟中外记者招待会致词

（1932 年 12 月 30 日）

今日本同盟发起人孙夫人及同人等，招待本市新闻界诸君。承诸君惠临赐教，不胜感幸。

本同盟的用意，及其与新闻界密切关系之点，业经孙夫人说明。鄙人现愿说说个人的感想。我等所愿意保障的是人权。我等的对象就是人。既同是人，就有一种共同应受保障的普遍人权。所以我等第一，无党派的成见，因为各党各派所争持的，已超越普遍人权以上，我等绝无专为一党一派的人效力，而不顾其他的。第二，我等无国家的界限，因为无论甲国人或乙国人，既同是人，就不应因国籍的区别，而加以歧视。但因地点接近与否的关系，对本国人效力的机会多，而对外国人效力的机会少这一点是有的。但外国人亦自有便于为他效力的同志，照分工条件，并无轩轾。第三，我等对于已定罪或未定罪的人，亦无甚区别。未定罪的人，其人权不应受人蹂躏，是当然的事。已定罪的人，若是冤的，亦当然有救济之必要。至于已定罪而并不冤的人，若依照疾恶如仇的心理，似可不顾一切了。然人的罪过，在犯罪学家归之于生理的缺陷，在社会主义上归之于社会的因缘，即在罚当其罪的根际上，本尚有考虑的余地。

所以古人有"如得其情，哀矜勿喜"的箴言，又有略迹原情的观察，即使在法律制裁之下，对于当其罪之罚，不能不认为当然，而不应再于当然之罚以上再有所加。苟有所加，则亦有保障之必要。例如狱中之私刑、虐待等是。所以我等对于无罪或有罪之人，亦无所歧视。

诸君所主持的新闻，或以爱国之故，而对于本国特别爱护。又或以与一党一派有特别关系之故，而政见上常有拥护甲党政击乙党之态度，此诚不必免，亦不可免者。然希望诸君，对于普遍人权的保障，能超越国家党派的关系，以下判断。这是鄙人所盼望的。

《申报》1932 年 12 月 31 日

关于民权保障

——在上海八仙桥青年会上的讲演

（1933 年 2 月 18 日）

保障民权，自古有之。到现在更需要！在平常该讲，在国难时期更该讲！民权不唯现在人讲，古时人也讲。不过以前不如现在讲的完全是了。我们从历史往上溯去。《论语》上载着："定公问……一言而丧邦有诸？孔子对曰：言不可以若是其几也。人之言曰：予何乐乎为君，唯其言而莫予违也。如其善，而莫之违也，不亦善乎？如不善，而莫之违也，不几乎一言而丧邦乎？"孔子之尊事，这是大家晓得的，他也不曾主张天下无不是的君而教人只顾"是！是！是！"的。到了孟子，民权思想来得格外发达。"省刑罚，薄税敛。""使民以时。"这是孟子对梁惠王说的话。"刑罚""税敛"，关系人民"生命""财产"，"时"关系"民食生活"，所以应当要"省"！要"薄"！要"以时"！至于梁襄王问他："天下恶乎定？"他说："定于一。""孰能一之？""不嗜杀人者能一之。"其含义尤为重大。人心之"向背"，哪里是"杀"所能得到的呢？专嗜杀人有什么用呢！还有子产治郑，设有乡校。人多在乡校议论他。他的左右告其所以，并主张毁乡校。可是子产这么说："我们作的对。如果真有不对的地方，正可因他们的议论而更改！岂不多了个先生。为什么要毁它？"这是何等精神！以后人类愈演进，而民权也就愈昌明，列之政纲，载之法律。近年我们制定的训政的法，和所开的国难会议，更特别着重这个民权！这就是正面来说明的。再就反面讲几句：以前周厉王禁谤，"腹诽"他就要杀！可曾挽救了他的灭亡？秦始皇焚书坑儒，也不过仅仅二世！……再拿近事来说：满清之摧残革命、袁世凯之滥杀党人……结果怎样？就现在讲：民权更应当保障！更应该尊重！第一，由训政到宪政，就要人民行使他们的政权。今不容其尽量发展，反从而束缚之，将来怎能行得动！其次，宪政时，首要民"自治"。今其拴手足，动也动不得，能望其将来一旦实行自治吗？至于说到国难时期，不许人民要民权，只要人民尽义务，这更不对。试问：人民生命、财产、言论等等自由都被剥夺了，还望他们从何处尽他的义务去呢？譬如我们在此地房屋将倾，是手同脚自由的人能起来挽救呢，还是手同脚都被绑起了的人能起来挽救呢？还有，在这国难期间，我们欲图抵抗，这也没有，那也没有，其所以没有的最大原因，就是人才缺乏。培植人才，不是容易的事！原有的就嫌不够，还要求他多起来，哪能再去随便捕杀、随便摧残呢？……

《新闻报》1933 年 2 月 21 日

保障民权

（1933 年 2 月 18 日）

民权二字，虽为新名词，然保障民权的意义，则自二千年前，已多有人主张。当时虽没有想到选举、罢免、创制、复决等政权，如孙先生民权演讲中所列举的周到，但对于生命、财产的爱护，言论、集会诸自由的获得，已甚注意于保障了。

那时候，以省刑罚、薄赋敛为仁政，固然生命与财产的保障并重，然尤注意者为生命。例如孟子说："天下定于一……不嗜杀人者能一之。"又说："杀一无罪，非仁也。"又说："左右皆曰'可杀'，勿听；诸大夫皆曰'可杀'，勿听；国人皆曰'可杀'，然后察之，见可杀也，然后杀之；故曰：'国人杀之也'。"老子说："民不畏死，奈何以死惧之？"这可见当时保障生命的热烈了。

对于思想、言论、集会的自由，尤以言论自由为集点。孔子说："一言可以丧邦……唯其言而莫予违也。"《孝经》说："士有争友，则身不离于令名；父有争子，则身不陷于不义。"荀子说："非我而当者，吾师也；是我而当者，吾友也；谄谀我者，吾贼也。"《国语》记："周厉王虐，国人谤王……王怒，得卫巫，使监谤者，以告，则杀之。国人莫敢言，道路以目。王喜曰:'吾能弭谤矣,乃不敢言。'召公曰:'是障之也。防民之口,甚于防川;川壅而溃,伤人必多;民亦如之。是故为川者决之使导,为民者宣之使言。'王弗听,于是国人莫敢出言。三年,乃流王于彘。"《左传》鲁襄公三十一年记:"郑人游于乡校以论执政;然明谓子产曰:'毁乡校何如?'子产曰:'何为? 夫人朝夕退而游焉,以议执政之善否;其所善者,吾则行之;其所恶者,吾则改之;是吾师也。若之何毁之? 我闻忠善以损怨,不闻作威以防怨;岂不遽止? 然犹防川,大决所犯,伤人必多,吾不克救也;不如小决使导;不如吾闻而药之也。'"观召公、子产,均以防川为喻,厉王强弭之而被逐,子产利用之而得师。孰得孰失,显而易见。

至于历史上给我们的教训,甚多甚多,举其最著者:秦始皇时,偶语诗书弃市,以古非今者族,秦以速亡。汉季党锢之祸,以干涉集会之自由,杀捕党人,遂以亡汉。

袁世凯如不钳制言论,草菅人命,亦不至受群小之包围,试行帝制以自杀。

他例尚多,不必赘述。

到了现在,觉民权保障,尤为特别需要:

(一)国民党训政时期的需要。宪政时期,人民要行使四种政权。若训政时期,尚不能得到最最初步的自由,则何以为行使四权的训练? 此其一。为宪政的预备,重在地方自治,人民若生命尚无保障,一切不得自由,则何以励行自治? 此其二。训政时期约法,已列举人民各种自由,非依法律不得限制之;若不能实行此等条文,则何以取信于人民,使知训政期满后确能实行宪政?

(二)国难时期的需要。现际空前国难,大家都说要全国总动员,始可渡过难关。政府为集思广益起见,亦曾有国难会议的召集。若对于言论、出版、集会等自由,尚不许充分运用,则所谓集思广益者何在? 此其一。且各种事业,均感人才缺乏;若有为之才,偶因言论稍涉偏激,或辗转联带的嫌疑,而辄加逮捕,甚思处死,则益将感为事择人之困难,而无术以救国,此其二。

　　所以民权保障,是考诸哲人的遗训,证诸历史的事实,按诸目前的时势,都是必不可少的运动,我们安能不注意呢?

蔡元培手稿

民治起点

（1933 年 5 月 18 日）

民有、民治、民享，是共和国的真相，而以民治为骨干。因为人民若不能自治其国，则政府即有"日蹙百里"的现象，人民亦无可如何，何所谓民有？又使政府凭"朕即国家"的蛮力，苛征暴敛，使人民有救死不赡之苦，而无乐其乐、利其利之感，何所谓民享？

民治与独裁相反。独裁是自上而下，如论理学的演绎法。只要有一个或几个贤能的人在统治的地位，实行开明专制，就可以把一国转弱而为强，转混乱而为有秩序，如俾斯麦时代的德意志，如明治维新时代的日本。民治是自下而上，如论理学的归纳法。先由各小范围中各随其特殊情形，为合理化的生活与工作，以渐与其他小范围在一种共同条件下，集合为合理化的国家，这要如公羊《春秋》所说，人有"士君子之行"的"太平世"，始能达到。现代如英、美两国的情况稍稍近是。

孙中山先生曾说过：中国人建筑重在上梁（所以文人有上梁文），而西洋人建筑重在奠基（所以举行奠基礼）。这真是很有趣的指示。重上梁，是自上而下的办法；重奠基，是自下而上的办法。在已往时代，的确中国人偏于前者，而西洋人偏于后者。到现在，却有点不同了。只要看意大利、德意志等国，都本着上梁式的观念，实行法西斯帝制。而孙先生的《建国大纲》，却是本着奠基式观念，要从自治制做起的。

孙先生在《建国大纲》上规定以县为自治单位。一省全数之县皆达完全自治者，则为宪政开始时期。全国有过半数省分达至宪政开始时期，则开国民大会，决定宪法而颁布之，为宪政告成之期。这全是自下而上的办法。但是我们这些孙先生之徒，担负了训政的名义，已经数年了；而要求指出一个完全自治之县，竟指不出来。这真是愧对孙先生的一端。

但是认识这种自下而上的理想，而实地试行下层工作者，据我所知道的，全国中却有几点，可以特别注意。

（一）晏阳初君与其诸同志在河北定县所办的平民教育促进会。本起于江、浙间流行之平民千字课，专为识字运动而设，佐之以电影，熊秉三夫人所提倡的。不意江、浙间盛极而忽衰，晏君乃行之于定县，并得美国教会之助力。除实施学校、社会、家庭三种方式之教育外，并研究文艺、生计、公民、卫生四种教育之联锁。设立研究村一处，实施中心村三处，期以研究实验所得，推行于三个实验村，现已渐著成效。

（二）梁漱溟君与其诸同志在邹平等县所办之村治，以各村的民众教育机关为中心点。其校长以在本村有势力者任之，虽不识字，或有嗜好，均所不问；教员则必以有学问而无不良习惯者为合格。其各一个村主要事业，不必相同，各视其需要而定。如有水、旱之灾者，先治水利；有匪患者，先办保卫团之类。俟主要事业办有成绩，再举行次要事业，所以成绩卓著，信用亦好。

（三）黄任之君与其诸同志在江、浙两省所办理之农村改进区。此为中华职业教育社各种事业中之一种。最初试办于上海相近之徐公桥，后来渐推行于镇江之黄墟、绍兴之舟山、苏州之善人桥，及萧山、丹徒等地,而皆以徐公桥为模范。其办法,以本地有力而先觉者一人为中心,以有志而素有研究者主持其各方面之事业,如增进生产力,脱除恶习惯,促进人人向上的愿力。于一个小区域中成功后,渐渐扩充范围,所以能不失当初预定的计划。其他我所未曾闻见的,或尚有多处。然我姑以此三处为代表。觉得建国的根本政策,还是要从这一类的组织起点,方合于自下而上的步骤,与孙先生建国大计,并不是凭借一人的权力,可以袭取而得的。

一九三三,五,一八

《民治评论》第 50 期,1933 年 5 月 27 日

《中国问题之综合的研究》序

（1934 年 4 月）

有一个病夫，本来是很健康的，得病以后，长久在病的状态中，自己不觉是有病了。遇到一个良医，把他的病状详详细细的说出来，并且把其他健康的人与他比较；他自认有了病，但不免自馁，以为他的病是不可救药的了。然而良医并不悲观，因为他从前健康时期的身体，是很结实的，绝不是一病而不复；又因为其他健康的人，从前也并非完全无病的，后来得到治病的良方，才达到现在健康的程度；所以信此病必可得救。乃详求此病的原因，要从根本上加以治疗，于是写了一种对症的药方。自此以后，病的痊愈与否，全视病夫的是否肯照方服药了。

病夫是谁？是我们的中华民国。一个良医是谁？是我友黄君尊生。我不敢说我们救国的良医，唯有黄君，然我深信黄君必为若干良医中的一个。我也知道黄君的脉案与药方，从前也有人零零星星的说过，但是考察的周到，解释的透彻，主张的坚决，不能不认黄君所发表的为空前之作。我今诚恳的为黄君介绍。

黄君，广东人，曾留学于法国里昂大学，通英、法文外，尤精熟世界语，在欧洲国际世界语团体中，曾任重要职务，常用世界语发表关于人道主义的文字。又治文字学,以巴比伦、埃及的文字与中国古文字比较,求文字进化公例。他在里昂大学的毕业论文,是以文字学为对象的。他很爱自然美与艺术美,尝自言当疾病时或贫困时,均以审美观念为治疗工具。他归国后,见国内状况,真如痼疾,不可不筹一治疗的方法;所以摒弃一切,专心研讨,历七八年之久,成《中国问题之综合的研究》一书,凡二十余万言,历经削订,尚未印行。我认此书为现代不可多得的著作,所以先为介绍。

此书分上、中、下三编:上编为叙述的,中编为解释的,下编为指示的。

上编分二章:第一章为心里的中国,从地方、人物、政事、学术各方面,节叙历史中记述的优点,确认中国为美富的地域,中国人确为优秀的民族。第二章为眼前的中国,从物质生活、知识生活、道德生活、健康生活、安全生活各方面,历叙现今中国穷乏、愚昧、不道德、不卫生、不安全的状况。

中编分四章:第一章,时代关系,说百年前欧洲英、法、德诸国与眼前中国无异,彼等随时代而进步,所以有今日的文明;我们只求自勉,不必灰心。第二章,物质关系,说欧洲各国利用机器,生产速而丰,所以一切进步;我们一切退化,全由于物质的缺乏。第三章,他杀与自杀,说外患气内乱交迫。第四章,天演,说我们不能适应环境,将被淘汰。

下编分三章:第一章,现代生活之适应,说世界文明,是全世界人类共同努力的结果;我们做人,便要(一)能享受此种结果;(二)能参加此种努力;(三)能有所发明,有所贡献,以增益此种文明。又说,现代生活的优点:(一)真理之大明,解决宇宙之疑谜,破除宗教之迷信,打破吾人对于宇宙、对于人生之谬误的见解;(二)人权之发达;(三)人力伟大之表现;(四)生活之改善与幸乐之普及;(五)疾病痛苦之减除;(六)道德观念之发达;(七)审美思想之提高;(八)群性之发达与共同生活体之扩大。第二章,政治之改造,说要改造中国政治,必要造成两种力量,即政治上之向心力与离心力。向心力,要全体人民尽量的去参加政治,加增政治的力量,以为革新与推进的原动力。离心力,是要社会上各项事业,在相当条件之下,脱离政治的束缚,而自行发展。第三章,发展群力的途径,说要行"民间动员",就是施行一种征兵制,把全国人民组织起来,使他们更迭受若干时期的军事训练,同时施行一种民众教育,使军事与教育融成一片。而受教者,除了军事训练、负起保卫的责任外,更负一种生产的责任,使保卫、生产两件事打成一团。如是,则军事、教育、生产(即所谓保、养、教),分之则鼎足而三,合之则共冶一炉。又说,在陶知行氏"教、学、做合一"意思中,我们提出一个较广的意思,为"军事、教育、生产合一"。如此,在陶氏"提倡一百万所学校,改造一百万个乡村"的意思中,我们更添入两个意思,为"组织一百万队志愿兵,成立一百万个生产合作社"。又有结论一篇,是撮举前三编的要点而演成的。

黄君此书范围很广,材料很富,我读了一遍,虽然不敢保他没有详略不均的地方,也不敢保他的主张,全没有一点窒碍,然而黄君的好心和毅力,此书的体大而思精,实为我所极端佩服的。我希望此书能早日付印,使全国有心人把书中所提出的问题,平心的讨论,必能较头痛医头、脚痛医脚的方法好一点。

民国二十三年四月

蔡元培序

黄尊生:《中国问题之综合的研究》,大公报馆1935年版

题《黄花岗凭吊图》

（1935 年 3 月 17 日）

碧血三年化，黄花终古香。
为群直牺己，后死尽知方。

为柳亚子题王济远所作《黄花岗凭吊图》。

二十四年三月十七日　培

蔡元培手稿

跋孙中山手书《建国大纲》

（1935 年 7 月 5 日）

中山先生之理想，随革命事业之进行，而表示以渐显著。在兴中会时代，所标揭者"拯斯民于水火，扶大厦之将倾"而已。及同盟会成立，而提出"驱除鞑虏，恢复中华，建立民国，平均地权"十六字，于是三民主义之型式始具。及中国国民党改组，而发表国民政府《建国大纲》二十五条，对于三民主义实施之节目、演进之次序，灿然具备，实为先生革命思想之结晶。当时先后发表之著作，除《孙文学说》为纯粹理论，仅于第六章略述军政、训政、宪政三时期之任务及五院制之概略外，其他著作，几无不与《建国大纲》之二十五条互相证明。例如《三民主义》演讲，可为《建国大纲》中第二、第三、第四、第二十四诸条之说明。《实业计划》，可为第二、第十一、第十二诸条之设施。《民权初步》，可为第三、第十四、第二十四诸条之准备。《地方自治开始实行法》，可为第八、第十、第十一诸条之补充。而提纲挈领，以此二十五条尽之，谭组庵同志比之于顾命之大训，良有以也。

先生既草定大纲，即手书以付哲生同志，较之孔子以学诗、学礼勉伯鱼，实更为亲切而郑重。不幸先生书此后，仅历一年有二月而遽逝世，不及目睹二十五条之实行也。然付托得人，后死有责，即以是年成立国民政府于广州,越二年而定都南京,遵第十九、第二十诸条,设立五院,分设各部。于是中央及地方党部均遵第八条努力训政。

哲生同志既长立法院,则遵二十二条,率立法院诸委员议订宪法草案,以为宣传于民众之准备。综观最近十年之成绩,亦庶几可告无罪于先生。所认为未达一间者,依第八、第九、第十六、第十八、第二十三诸条之规定,应先有"完全自治之县","凡一省全数之县,皆达完全自治者,则为宪政开始时期";"全国有过半数省分达至宪政开始时期,则开国民大会决定宪法而颁布之"。今吾党诸同志经营十年之久,而全国各县,尚未有敢以完成自治报告者,于是,宪政开始及国民大会之期,均尚未能预计。是则诸同志所不能不自责而益求自勉者。诸同志勉之!哲生同志勉之!

蔡元培手稿

《中国新文学大系》总序

（1935 年 8 月 6 日）

欧洲近代文化，都从复兴时代演出；而这时代所复兴的，为希腊、罗马的文化，是人人所公认的。我国周季文化，可与希腊、罗马比拟，也经过一种烦琐哲学时期，与欧洲中古时代相埒，非有一种复兴运动，不能振发起衰。五四运动的新文学运动，就是复兴的开始。

欧洲文化，不外乎科学与美术；自纯粹的科学：理、化、地质、生物等等以外，实业的发达，社会的组织，无一不以科学为基本，均得以广义的科学包括他们。自狭义的美术：建筑、雕刻、绘画等等以外，如音乐、文学及一切精制的物品，美化的都市，皆得以美术包括他们。而近代的科学、美术，实皆植基于复兴时代，例如文西、米开兰基罗与拉飞儿三人，固为复兴时代最大美术家，而文西同时为科学家及工程师。又如路加培根提倡观察与实验法，哥白尼与加立里的天文学，均为开先的科学家。这些科学家与美术家，何以不说为创造而说是复兴？这因为学术的种子，早已在希腊、罗马分布了。例如希腊的多利式、育尼式、科林式三种柱廊，罗马的弯门，斐谛亚、司科派、柏拉克希脱的雕刻以及其他壁画与花瓶，荷马的史诗，爱司凯拉、索福克、幼利披留与亚利司多芬的戏剧，固已极美术、文学的能事,就是赛勒司、亚利司太克的天文,毕达歌拉斯、欧几里得的数学,依洛陶德的地理,亚奇米得的物理,亚里斯多德的生物学,黑朴格拉底的医学,亦都已确立近代科学的基础。

罗马末年,因日耳曼人的移植,而旧文化几乎消灭,这时候,保存文化的全恃两种宗教:一是基督教,一是伊斯兰教。伊斯兰教的势力,局于一隅;而基督教的势力,则几乎弥漫全欧。基督教受了罗马政治的影响,组织教会,设备地方主教,而且以罗马为中心,驻以教皇。于是把希腊、罗马的文化,一切教会化,例如希腊哲学家亚里斯多德,自生物学而外,对于伦理学、美学及其他科学,均有所建树,而教会即利用亚氏的学说为工具,曲解旁推,务合于教义的标准。有不合教义的,就指为邪教徒,用火刑惩罚他们。一切思想自由、信教自由都被剥夺,观中古时代大学的课程,除《圣经》及亚里斯多德著作外,有一点名学、科学及罗马法律,没有历史与文学,他的固陋可以想见了。那时候崇闳的建筑就是教堂,都是峨特式,有一参天高塔,表示升入天堂的愿望,正与希腊人均衡和谐的建筑,代表现世安和的命运相对待。附属于建筑的图画与雕刻,都以《圣经》中故事为题材;音乐、诗歌亦以应用于教会的为时宜。

及十三世纪,意大利诗人但丁始以意大利语发表他最著名的长诗《神曲》,其内容虽尚袭天堂地狱的老套,而其所描写的人物,都能显出个性,不拘于教会的典型;文词的优美,又深受希腊文学的影响而可以与他们匹敌,这是欧洲复兴时期的开山。嗣后由文学而艺术,由文艺而及于科学,以至政治上、宗教上,都有一种革新的运动。

我国古代文化,以周代为最可征信。周公的制礼作乐,不让希腊的梭伦;东周季世,孔子的知行并重,循循善诱,正如苏格拉底;孟子的道性善,陈王道,正如柏拉图;荀子传群经,持礼法,为稷下祭酒,正如亚里斯多德;老子的神秘,正如毕达哥拉斯;阴阳家以五行说明万物,正如恩派多克利以地水火风为宇宙本源;墨家的自苦,正如斯多亚派;庄子的乐观,正如伊璧鸠鲁派;名家的诡辩,正如哲人;纵横家言,正如雄辩术。此外如《周髀》的数学,《素问》《灵枢》的医学,《考工记》的工学,《墨子》的物理学,《尔雅》的生物学,亦已树立科学的基础。

在文学方面,《周易》的洁静,《礼经》的谨严,老子的名贵,墨子的质素,孟子的条达,庄子的俶诡,邹衍的闳大,荀卿与韩非的刻核,《左氏春秋》的和雅,《战国策》的博丽,可以见散文的盛况。风、雅、颂的诗,荀卿、屈原、宋玉、景差的辞赋,可以见韵文的盛况。

在艺术方面,《乐记》说音乐,理论甚精,但乐谱不传。《诗·小雅·斯干》篇称"如跂斯翼,如矢斯棘,如鸟斯革,如翚斯飞",可以见现今宫殿式之檐桷,已于当时开始。当代建筑,如周之明堂、七庙、三朝、九寝,楚之章华台,燕之黄金台,秦之阿房宫等,虽名制屡见记载,但取材土木,不及希腊、罗马的石材,故遗迹多被湮没。玉器、铜器的形式,变化甚多,但所见图案,以云雷文及兽头为多,植物已极希有,很少见有雕刻人物如希腊花瓶的。韩非子说画犬马难,画鬼魅易,近乎写实派。庄子说宋元君有解衣盘礴的画史,近乎写意派,但我们尚没见到周代的壁画。所以我们敢断言的是,周代的哲学与文学,确可与希腊、罗马比拟。

秦始皇帝任李斯,专用法家言,焚书坑儒。汉初矫秦弊,又专尚黄老。文帝时儒家与道家争,以"家人言"与"司空城旦书"互相诋。武帝时始用董仲舒对策(《汉书·董仲舒传》:"董仲舒对策:'今师异道,人异论,百家殊方,指意不同,上亡以持一统,法制数变,下不知所守。臣愚以为诸不在六艺之科、孔子之术者,皆绝其道,勿使并进。邪辟之说灭息,然后统纪可一,而法度可明,民知所从矣。'")"推明孔氏,抑黜百家";建元元年,丞相卫绾奏:"所举贤良,或治申、商、韩非、苏秦、张仪之言,乱国政,请皆奏罢。"诏"可"。武帝乃置五经博士,后增至十四人,"利禄之途"

既开,优秀分子,竞出一途,为博士官置弟子,由五十人,而百人,而千人,成帝时至三千人;后汉时大学至二万余生,都抱着通经致用的目的,如"禹贡治河""三百篇讽谏""春秋断狱"等等,这时候虽然有阴阳家的五德终始、谶纬学的符命,然终以经术为中心。魏晋以后,虽然有佛教输入,引起老庄的玄学,与处士的清谈;有神仙家的道教,引起金丹的化炼,符箓的迷信;但是经学的领域还是很坚固,例如义疏之学,南方有崔灵恩、沈文阿、皇侃、戚衮、张讥、顾越、王元规等,北方有刘献之、徐遵明、李铉、沈重、熊安生等(褚季野说:"北人学问,渊综广博。"孙安国说:"南人学问,清通简要。"支道林又说:"自中人以还,北人看书,如显处观月;南人看书,如牖中窥日。");迄于唐代,国子祭酒孔颖达与诸儒撰定五经正义颁于天下,每年明经依此考试,经学的势力,随"利禄之途"而发展,真可以压倒一切了。

汉代承荀卿、屈原的余绪,有司马相如、扬雄、班固、枚乘等竞为辞赋,句多骈丽,后来又渐多用于记事的文,如蔡邕所作的碑铭,就是这一类。魏晋以后,一切文辞均用此体;后世称为骈文,或称四六。

唐德宗时(西历八世纪),韩愈始不满意于六朝骈丽的文章,而以周季汉初论辩记事文为模范,创所谓"起八代之衰"的文章,那时候与他同调的有柳宗元等。愈又作《原道》,推本孔孟,反对佛、老二氏,有"人其人,火其庐,焚其书"的提议,乃与李斯、董仲舒相等。又补作文王拘幽操,至有"臣罪当诛,天王圣明"等语,以提倡君权的绝对。李翱等推波助澜,渐引起宋明理学的运动。但宋明理学,又并不似韩愈所期待的,彼等表面虽亦排斥佛、老,而里面却愿兼采佛、老二氏的长处;如《河图》《洛书》《太极图》等,本诸道教;天理、人欲、明善、复初等等,本诸佛教。在陆王一派,偏于"尊德性",固然不讳谈禅,阳明且有格竹病七日的笑话,与科学背驰,固无足异;程朱一派,力避近禅,然阳儒阴禅的地方很多。朱熹释格物为即物穷理,且说:"即凡天下之物,莫不因其已知之理而益穷之,以求至乎其极,至于用力之久而一旦豁然贯通焉,则众物之表里精粗无不到,而吾心之全体大用无不明矣。"似稍近于现代科学家之归纳法,然以不从实验上着手,所以也不能产生科学。那时程颐以"饿死事小,失节事大"斥再醮妇,蹂躏女权,正与韩愈的"臣罪当诛"相等,误会三纲的旧说,破坏"五伦"的本义。不幸此等谬说适投明清两朝君主之所好,一方面以利用科举为诱惑,一方面以文字狱为鞭策,思想言论的自由,全被剥夺。

明清之间,唯黄宗羲《明夷待访录》,有《原君》《原臣》等篇;戴震《原义》,力辟以理责人的罪恶;俞正燮于《癸巳类稿》《存稿》中有反对尊男卑女的文辞,远之合于诸子的哲学,近之合于西方的哲学,然皆如昙花一现,无人注意。

直到清季,与西洋各国接触,经过好几次的战败,始则感武器的不如人,后来看到政治上了,后来看到教育上、学术上都觉得不如人了,于是有维新派,以政治上及文化上之革新为号召,康有为、谭嗣同是其中最著名的。

康氏有《大同书》,本《礼运》的大同义而附以近代人文主义的新义;谭氏有《仁学》,本佛教平等观而冲决一切的网罗,在当时确为佼佼者。然终以迁就时人思想的缘故,戴着尊孔保皇的假面,而结果仍归于失败。

嗣后又经庚子极端顽固派的一试,而孙中山先生领导之同盟会,渐博得多数信任,于是有辛亥革命,实行"恢复中华,建立民国"的宣言,当时思想言论的自由,几达极点,保皇尊孔的旧习,似有扫除的希望,但又经袁世凯与其所卵翼的军阀之摧残,虽洪宪帝制,不能实现,而北洋军阀承袭他压制自由思想的淫威,方兴未艾。在此暴力压迫之下,自由思想的勃兴,仍不可遏抑,代表他的是陈独秀的《新青年》。

《新青年》于民国四年创刊,他的《敬告青年》,特陈六义:一、自主的而非奴隶的;二、进步的而非保守的;三、进取的而非退隐的;四、世界的而非锁国的;五、实利的而非虚文的;六、科学的而非想象的。

到民国八年,有《新青年宣言》,有云:"我们相信,世界各国政治上道德上经济上因袭的旧观念中,有许多阻碍进化而不合情理的部分。我们想求社会进化,不得不打破'天经地义''自古如斯'的成见,决计一面抛弃此等旧观念,一面综合前代贤哲、当代贤哲和我们自己所想的,创造政治上、道德上、经济上的新观念,树立新时代的精神,适应新社会的环境。我们理想的新时代新社会是诚实的、进步的、积极的、自由的、平等的、创造的、美的、善的、和平的、相爱互助的、劳动而愉快的、全社会幸福的。希望那虚伪的、保守的、消极的、束缚的、阶级的、因袭的、丑的、恶的、战争的、轧轹不安的、懒惰而烦闷的、少数幸福的现象,渐渐减少,至于消灭。"又有《新青年罪案之答辩书》,有云:"他们所非难本志的,无非是破坏孔教,破坏礼法,破坏国粹,破坏贞节,破坏旧伦理(忠、孝、节),破坏旧艺术(中国戏),破坏旧宗教(鬼神),破坏旧文学,破坏旧政治(特权人治),这几条罪案。这几条罪案,本社同人当然直认不讳。但是追本溯源,本志同人本来无罪,只因为拥护那德莫克拉西(democracy)和赛因斯(science)两位先生,才犯了这几条滔天的大罪。要拥护那德先生,便不得不反对孔教、礼法、贞节、旧伦理、旧政治;要拥护那赛先生,便不得不反对旧艺术、旧宗教;要拥护德先生又要拥护赛先生,便不得不反对国粹和旧文学。"他的主张民治主义和科学精神,固然前后如一,而"破坏旧文学的罪案"与"反对旧文学"的声明,均于八年始见,这是因为在《新青年》上提倡文学革命起于五年。五年十月胡适来书,称"吾以为今日而言文学改良,须从八事入手。八事者何? 一曰:须言之有物。二曰:不摹仿古人。三曰:须讲求文法。四曰:不作无病之呻吟。五曰:务去烂调套话。

六曰:不用典。七曰:不讲对仗。八曰:不避俗字俗语。"由是陈独秀于六年二月发表《文学革命论》,有云:"文学革命之气运,酝酿已非一日,其首举义旗之急先锋,则为我友胡适。余甘冒全国学究之敌,高张'文学革命军'大旗以为吾友之声援,旗上大书特书吾革命军三大主义:曰推倒雕琢的阿谀的贵族文学,建设平易的抒情的国民文学;曰推倒陈腐的铺张的古典文学,建设新鲜的立诚的写实文学;曰推倒迂晦的艰涩的山林文学,建设明了的通俗的社会文学。"这是那时候由思想革命而进于文学革命的历史。

为什么改革思想,一定要牵涉到文学上? 这因为文学是传导思想的工具。钱玄同于七年三月十四日《致陈独秀书》,有云:"旧文章的内容,不到半页,必有发昏做梦的话,青年子弟,读了这种旧文章,觉其句调铿锵,娓娓可诵,不知不觉,便将为文中之荒谬道理所征服。"在玄同所主张的"废灭汉文"虽不易实现,而先废文言文,是做得到的事。所以他有一次致独秀的书,就说:"我们既绝对主张用白话体做文章,则自己在《新青年》里面做的,便应该渐渐的改用白话。我从这次通信起,以后或撰文,或通信,一概用白话,就和适之先生做《尝试集》一样意思。并且还要请先生,胡适之先生和刘半农先生都来尝试尝试。此外别位在《新青年》里撰文的先生和国中赞成做白话文的先生们,若是大家都肯尝试,那么必定成功。自古无的,自今以后必定会有。"可以看见玄同提倡白话文的努力。

民元前十年左右,白话文也颇流行,那时候最著名的《白话报》,在杭州是林獬、陈敬第等所编,在芜湖是独秀与刘光汉等所编,在北京是杭辛斋、彭翼仲等所编,即余与王季同、汪允宗等所编的《俄事警闻》与《警钟》,每日有白话文与文言文论说各一篇,但那时候作白话文的缘故,是专为通俗易解,可以普及常识,并非取文言而代之。主张以白话代文言,而高揭文学革命的旗帜,这是从《新青年》时代开始的。

欧洲复兴时期以人文主义为标榜,由神的世界而渡到人的世界。就图画而言,中古时代的神像,都是忧郁枯板与普通人不同,及复兴时代,一以生人为模型,例如拉飞儿,所画圣母,全是窈窕的幼妇,所画耶稣,全是活泼的儿童。使观者有地上实现天国的感想。不但拉飞儿,同时的画家没有不这样的。进而为生人肖像,自然更表示特性,所谓"人心不同如其面"了。这叫做由神相而转成人相。我国近代本目文言文为古文,而欧洲人目不通行的语言为死语,刘大白参用他们的语意,译古文为鬼话;所以反对文言提倡白话的运动,可以说是弃鬼话而取人话了。

欧洲中古时代,以一种变相的拉丁文为通行文字,复兴以后,虽以研求罗马时代的拉丁文与希腊文,为复兴古学的工具,而别一方面,却把各民族的方言利用为新文学的工具。在意大利有但丁、亚利奥斯多、朴伽丘、马基亚弗利等,在英国有绰塞、威克列夫等,在日耳曼有路德等,在西班牙有塞文蒂等,在法兰西有拉勃雷等,都是用素来不认为有文学价值的方言译述《圣经》,或撰著诗文,遂产生各国语的新文学。我们的复兴,以白话文为文学革命的条件,正与但丁等同一见解。

欧洲的复兴,普通分为初、盛、晚三期:以十五世纪为初期,以千五百年至千五百八十年为盛期,以千五百八十年至十七世纪末为晚期。在艺术上,自意大利的乔托、基伯尔提、文西、米开兰基罗、拉飞儿、狄兴等以至法国的雷斯古、古容、格鲁爱父子等,西班牙的维拉斯开兹等,德国的杜勒、荷尔斑一族等,荷兰与法兰德尔的凡爱克、鲁本兹、朗布兰、凡带克等。在文学上,自意大利的但丁、亚利奥斯多、马基亚弗利、塔苏等,法国的露沙、蒙旦等,西班牙的蒙杜沙、莎凡提等,德国的路德、萨克斯等,英国的雪泥、慕尔、莎士比亚等。人才辈出,历三百年。我国的复兴,自五四运动以来不过十五年,新文学的成绩,当然不敢自诩为成熟。其影响于科学精神、民治思想及表现个性的艺术,均尚在进行中。但是吾国历史,现代环境,督促吾人,不得不有奔轶绝尘的猛进。吾人自期,至少应以十年的工作抵欧洲各国的百年。所以对于第一个十年先作一总审查,使吾人有以鉴既往而策将来,希望第二个十年与第三个十年时,有中国的拉飞儿与中国的莎士比亚等应运而生呵!

《中国新文学大系》第 1 册,良友图书公司
1935 年版

救亡大计案

（1935 年 11 月 4 日）

谨陈大计，以救危亡，请公决施行案。

一、切实保障人民言论、出版、集会、结社、居住、信仰之完全自由。

理由：本党主义，重在解放，六大自由，载之宣言，并迭经决议实行保障，现进行制定宪法，前项自由，更应保障。

二、大赦政治犯

理由：共和国家，原应实行政党政治，连年以政见不同致遭缧绁者，颇不乏人。现危亡益迫，正国家用人之时，应请颁布大赦，以系人心。

三、精诚团结

理由：团结同志，固在所采用之大计足以合乎国人之心理而救危亡，但散居海外及各地之同志诚恳邀商，亦为紧要，故应电请胡汉民同志回国，其他同志亦电约之。

四、充实军备

办法：

（甲）扩大航空计划及设备，并提倡民间航空。

（乙）裁兵练兵。

（丙）增设军事分校,全国学校完备军训,全国人民施以军训。

（丁）鼓励出洋留学攻习军事、航空、机械各件。

五、注意防灾救灾

理由：频年灾祸、民不聊生,已成灾者,急应切实赈救;而防患未然,尤应集中专家从事研究,分别设施。

六、请拨款派员修理淞沪战事阵亡将士苏州墓地,并致祭扫,以慰忠魂。

理由：淞沪战事时,有阵亡将士八十余人,曾由地方人士李根源、张一麟、惠心可等葬于天池山下,每逢一二八纪念时,远近来祭者数千人。第有风雨凄凌、牛羊践履之虞。故请拨款派员修理,并购置祭田,以树永远,用安忠魂。

七、综核名实

理由：年来政治之病根,在于辞费而事不举,即如历届决议案,多未见诸实行,似此,奚以臻国家于法治! 今后凡议决之案,均应切实履行,以昭大信。

提案人：冯玉祥　张　继　郭春涛　薛笃弼　傅汝霖
　　　　吴敬恒　甘乃光　覃　振　张知本　邓飞黄
　　　　石　瑛　桂崇基　李煜瀛　李烈钧　柏文蔚
　　　　程　潜　孙镜亚　蔡元培　陈肇英　邓家彦
　　　　刘守中　萧忠贞

国民党四届六中全会第 21 号提案油印件

《中国内乱外祸历史丛书》序

（1936 年 3 月 30 日）

历史上本不乏"成则为王，败则为寇"之成例。清代以异族入主中国，曲解春秋遵王之义，因袭秦政焚书之策，以编抄《四库全书》计划，征取全国图籍，详密检察，于所不喜者或全毁之，或抽毁之，使全国人民不致再受民族主义之刺激。其有乘机起事者则以兵力击破之，而且为各种平定方略，以行其恶正丑直之伎俩。此等政策，行之殆二百余年，及其季世，邓秋枚先生与刘申叔、黄晦闻诸先生始印行国粹丛书，举埋蕴甚久之书拂拭而流布之，其机关则以印行神州国光集之故，而最后定名为神州国光社，以至于今。自中华民国成立，中国国民党之民族主义已渐普及，凡清代所指目为违碍之书，转为有志者所偏嗜。程演生先生有鉴于是，乃与诸同志组织中国历史研究社，所研究之范围固当甚广，而首先注意者，则亦为埋蕴已久之书，多方搜辑，已得三百余种，乃编为《中国内乱外祸历史丛书》而印行之。主持印务者，仍为神州国光社，衣钵相嬗，良非偶然。方今学者当国难严重之期，切民族自决之望，得是书以增其刺激，其于吾中国之将来，必大有影响也。

二十五年四月

蔡元培

《中国内乱外祸历史丛书》第 1 册《烈皇小识》，神州国光社 1936 年版

国防的教育

(1936 年 7 月 10 日)

乃同来信,说是浙江省立嘉兴区民众教育馆出版《教育与国防》季刊,要我发表一点关于国防教育的意见,我以为当国难方殷之际,无论何人,均当赞成,我亦不在例外。

数十年来,中国迫于外患的侵凌,不得不力谋自卫。军国民教育思想,深入人心。民国元年,我在教育部的时候,很多人提出军国民教育问题,我当时发表的《对于教育方针的意见》一文,有这末一段:

> 军国民教育者,与社会主义僻驰,在他国已有道消之兆。然在我国,则有强邻交逼,亟图自卫。而历年丧失之国权,非凭借武力,势难恢复。且军人革命以后,难保无军人执政之一时期,非行举国皆兵之制,将使军人社会永为全国中特别之阶级,而无以平均其势力,则如所谓军国民教育者,诚今日所不能不采者也。

辛亥革命前,我在上海爱国学社,与诸社员服军装,参加军事操。民国十年,我从欧洲回来,看到欧洲学生的精神活泼,体魄健强,劝告北京大学的学生注重体育。十一年直奉战起，北大和北平教育界组织妇孺保卫团，学生加入者三百余人，我提请北大总务会议议决改为学生军。

　　观以上两例，足见我个人对于国防的教育之赞同，不自今日始。

　　最近数年，外患频仍。为维护主权，保全领土，不得不举国上下一致动员，共谋国防的建设，以绵续民族的生命。则为完成国防的建设，而实施国防的教育，自为理所当然。唯此一名词，亦有狭义与广义之别。近日的军事训练：一、机关的公务员，学校的教职员，年长的学生，征集之壮丁，实行军队生活，研讨战斗技术，妇女则练习救护、通讯、侦探等事；二、为普通民众授以战争期间之常识，如避御袭击、预防毒气等，皆为应付紧急事变之工作，属于狭义。若照广义讲起来，那理工各课，直接间接均可作制造军械使用武器的准备；化学各课，即可作制造或避免毒气的准备；经济各课，亦可作筹措军需的准备；且作战不仅恃物质，尤恃精神；如光荣历史之回溯，英雄烈士之崇拜，国家民族之认识，国际大势之明了，爱国精神之激发，亦为国防建设之先决条件，则是历史、文学、公民各课，也不能说是与国防无关，是在教育家看受教育者的年龄与地位而善为消息耳。

　　近日多忙，无暇作稿，约略书来，借实篇幅。我以为，狭义的国防教育，在今日固属切要；广义的国防教育，亦不可忽视。质之乃同，以为何如？

《教育与国防》第 1 卷第 1 期，1936 年 8 月
1 日

辛亥那一年

（1936 年 8 月 21 日）

辛亥是我留德的第五年。我于丁未五月间经西伯里亚往德国。到柏林后，始知有徐伯荪先烈刺恩铭于安庆，及秋竞雄先烈等在绍兴遇害之事。上海报载，问官说："汝受孙文指使么？"（大意如此）徐先烈说："我运动革命，已二十年，还要受别人指使么？"驻德孙慕韩公使读到此，有点寒心，乃强作解嘲语说："革命党真是大言不惭。"

自丁未到辛亥五年间，差不多年年都有惊人的大事。例如丁未七月间，孙先生有钦廉之役。十一月，又有镇南关之役。戊申三月，有河口之役。是年十月，有熊成基先生在安庆起义。庚戌，有汪精卫先生刺载沣之事。至于辛亥三月间，温生才先生刺杀孚琦，黄花岗七十二烈士殉难，于是促成八月十九日之起义，而告一大结束。我也于是年回国了。

辛亥八月中旬（阳历十月初旬），德国大学的暑假尚未完，而中学已开课。我因几位德国朋友的介绍，往维铿斯多中学参观。这中学是私立的，是较为革新的，在课程上，重推悟不重记诵；在训育上，尚感化不尚拘束，于会食前，诵一条世界名人格言，以代宗教式祈祷；注重音乐，除平时练习外，每星期必有一次盛大的演奏；学生得举行茶会，邀教员及男、女同学谈话。我寄住在此校教员宿舍中,历一星期,觉得他们合理化的生活,是很有趣的。我在此校住了一星期,忽见德国报纸上,载有武汉起义的消息。有一德国朋友问我:这一次的革命,是否可以成功?我答以必可成功,因为革命党预备已很久了。不久,又接到吴稚晖先生一函(自伦敦来,或自巴黎来,我此时记不清了)以武汉消息告我,并言或者是一大转机,我辈均当尽力助成(大意如此)。我于是先到柏林,每日总往同学会,与诸同学购报传观,或集资发电,大家都很热烈的希望各省响应就是了。同学中,有一位刘庆恩君,稍稍做了一点可资谈助的事:同学会中,本有两面小龙旗,插在案上花瓶中。有一日,刘君把这龙旗扯破了,他去备了两面五色旗来替它。又有一日,来了一位使馆的秘书,带笑带说道:"袁宫保出来了,革命军势孤了!"仿佛很得意的样子。刘君骂道:"放屁!"就打他一个耳光,别人赶紧劝开,那秘书也只好悄悄的去了。

我在柏林住了一个月光景,接陈英士先生电报,催我回国,我就从西伯里亚回来。到上海,正是黄克强先生由汉口来上海的时候,孙先生还没有到。有一日,说是有一个省代表会,将于第二日举大元帅,大约举黎宋卿先生的多一点。我因为听说黎先生本来不是赞成起义的,又那时候很有与北军妥协的消息,觉得举黎不妥,特地到汤蛰仙先生处,同他磋商,适章太炎先生亦在座,详细讨论,彼等亦赞成我举黄的提议。但汤先生不肯于第二日直接举黄,而要求我亦到会,于会中推我为代表而投票举黄。不知何以要有如此曲折,我那时也不求甚解而允之。第二日,开选举会,依汤先生所定之手续,我投票举黄,章先生及其他有选举权者,皆举黄,盖事前受章、汤两先生疏通了。大元帅举定后,章先生忽起立,垂涕而道,大意说:"黎先生究系首难的人物,不可辜负他,现在大元帅既选定,请设一副元帅,并举黎先生任之。"全体赞成。

那时候,又有一段新闻,关于辜汤生先生的事。自武昌起义以后,望平街各报馆每日发好几次传单,并在馆门口用大字誊写,借示行人,于是望平街有人山人海之状。辜先生那时正在南洋公学充教员,乃撰一英文论说,送某报,责问公共租界工部局,谓:"望平街交通阻滞,何以不取缔?"南洋公学学生阅之,认辜先生含有反革命意,乃于辜来校时,包围而诘责之。辜说:"言论本可自由,汝等不佩服我,我辞职。"学生鼓掌而散,辜亦遂不复到校。此为我回国以后所闻,未知确否。

《越风》第 20 期,1936 年 10 月 10 日

《端方密电档中关于"苏报案"各电》序

（1936 年 10 月 5 日）

端方密电档中，有"苏报案"收发各电抄本一册，凡一百九十六电，自光绪二十九年五月二十六日至三十年四月初十日，岁历一年之久。其中有可以注意者数端：

（一）**参与此案之人物**　此案主动者实为端方。外务部五月二十六日所发奉旨通电，虽根据魏光焘电，称"查有上海创立爱国会社，招集群不逞之徒，倡演革命诸邪说，已饬查禁密拿"；而端方二十八日复电，称"查四月初间，方闻上海有爱国会社诸生借俄事为名，在张园演说，议论狂悖，即经密电江宁查禁拿办"云云，是举发之人为端方也。又，外务部所提出之魏光焘电，仅指爱国会社，并不及《苏报》，而端方二十八日致光焘电称"上海《苏报》，系衡山陈编修鼎胞兄所开，悍谬横肆，为患非小，能设法收回自开，至妙"。而光焘二十九日复电始言"查禁《苏报》"。是《苏报》之案，完全由端方发起也。

端方最倚重之人，自然是梁鼎芬，又有金鼎，往来鄂沪之间。

江宁方面，自魏光焘外，有巡抚恩寿、陶森甲等。但端方于闰五月十一日致光焘电，称"陶道森甲，与沪党往来甚密，所有往还密电，勿令闻知"。则森甲非甚受信任者。

在北京方面,以张之洞为主持者,又有梁敦彦、鸿铭等,而五月十三日有北京椿正暗同览一电,未知是何等人。

在上海方面,自然以袁树勋为主体,树勋有时与俞明震合电,然端方不甚信任明震,曾于闰五月致电魏光焘,有"俞道明震之子大纯,现游学日本甫回,闻大纯在日剪辫,入革命军,悖逆无人理,俞道深恶其子。然不可不防,乞密饬俞道一电,随时留心"等语。到闰五月二十九日,魏光焘来电就说"俞道明震现回省,另委杜道俞就近会同袁道办理,知注奉告"。此种调动,全因端方一言。

其他有赵滨彦、金鼎之弟煦(新闻报主笔)、以《革命军》及《苏报》寄张之洞之赵竹君(见闰五月二十日致张之洞电,又闰五月十六日坚来电有"竹已将报、书寄冰"一语,亦指此事),而最卖力气者为福开森。通电者尚有峙生、坚、读、同四人,未知何人。闰五月十四日,福开森电称,沪道屡请吕、盛、伍各大臣授示机宜,则吕海寰、盛宣怀、伍廷芳也。闰五月二十二日金鼎电:"窃闻伍大臣廷芳西律最熟,曾充香港律师,为西人所重,如蒙奏派,当可接洽。"端方曾于二十三日电光焘,商及此事,并电告之洞,然此事未曾实现。

(二) 被捕诸人发见之次第　端方于五月二十八日致光焘电,但言《苏报》系陈鼎胞兄所开,不知其名。又于闰五月初六日致恩寿电,有上海爱国会社奉旨严密拿办,闻其党羽众多,阴有巨魁主持……诱拿数人,余自解散等语,空空洞洞,并无指名。及初八日致福开森电,乃言"巴县邹容,最为凶险,非拿办不可",始指斥邹先生矣。然是月初八日未刻致上海道电,正询问五犯何名,而申刻致光焘电,有"又吴朓是乱党头目,望并严饬沪道与邹容一体严拿"等语,是时始知有吴先生。且吴先生到爱国学社后,即改名敬恒,而此电尚称吴朓。初九日赵滨彦来电,报告"逆首陈叔畴即陈范,又名陈梦坡",是《苏报》馆主人之姓名,到此始查明。于是十一日致福开森电,有"尚有吴朓一名,情罪尤重,务望设法拿获,以竞全功"等语。又致光焘电,有"吴朓案内渠魁,情节重大,请飞电责成沪道俞道明震严密查拿,勿任漏网"等语。于是闰五月十三日魏光焘有"严拿吴朓并办"之语。二十一日金鼎有察"拿陈范……吴稚晖即朓诸犯"及"俟范、朓等逆拿获再讯"之电。闰五月二十二日树勋、明震有"陈仲彝供总主笔是吴稚晖"之电。二十三日金鼎电,报告"范竟遁,朓未获,拟请电南洋严饬沪道,饬仲彝交范,密查朓兄弟勒交朓"。端方即复鼎一电称:"范逃,朓未获,皆极要事。"闰五月二十五日,同有"吴稚晖闻已往东洋"之电,而同日光焘电又言:"陈范潜赴日本,吴朓潜赴胶州,现即照会日、德两使,分别转电密拿矣。"自此以后,往来各电,不复再道及陈、吴二人。观以前各电,对于吴先生,若是严重,足以见章太炎先生《邹容传》中所说"吴朓直诣明震自陈,且以《革命军》进"之纯出于臆造矣。

被捕六人中,最特殊者为龙泽厚积之。闰五月十二日端方致魏光焘电,始说及龙泽厚,称:"此次所获龙泽厚一犯,是康有为之徒,今幸就获,万万不可放手。"同日又致张之洞电称:"其龙积之一犯,名泽厚,广西优贡,康逆之徒,与梁启超相伯仲,而资格较超为深。自康、梁逃遁后,唯泽厚一人在沪,煽动各报馆,主持逆论,号为中国提调,其罪不亚于章、邹二犯,非一并伏法,不足以快人心。此方是真康党,与冒充康党及众人混指为康党者不同。自戊戌以来,未曾拿到一真康党;如此渠魁,万万不可放手。若将龙泽厚处治,逆党在中国无援矣。"如此过度夸张,似为他日邀功地步。又于十七日致金鼎电,称:"龙逆富有票案内,唐才常曾供其主谋敛钱作乱,当时查拿漏网。调查唐才常一案,系经领事签字,在汉口租界拿获,解归武昌省城讯办。"但十月二十日袁树勋电,称:"龙积之一犯,'苏报案'概无实据,即谓系富有票匪,亦早奉旨案外免予株连,必须开释。若无切实凭据,拟由汪令(会讯者)复省开释。"其后龙君即依此法开释矣。

(三) 交涉之经过　端方自始即主张解宁,光绪二十九年闰五月初八日致上海道电,称"能速解江宁为要"。又于初十日致张之洞电,称:"该逆案情太重,宁沪办法,似嫌太松;仅予监禁,行当出而作乱。……除电致宁沪,……务令解宁离沪由中国自行惩办外,仍请密商政府,电致宁沪,加以责成;使竭全力筹办,万不可稍涉松动,致贻社稷苍生隐患。"到十一日,致张之洞电,称:"此事仅恃沪道办理,力量较薄、非由外务部商诸公使主持,恐仅在上海监禁,多则三年,少仅数月,限满释放。"于是由公使方面设法。但闰五月十六日福开森电"昨夜忽闻沪领接京使来电,云外务部顷照会各国公使,务饬沪领将已获六犯,迅速解宁,听从中国办理"等语。"京师此等办法,于大局实有窒碍……千祈……切实速达外务部张宫保,无须再向京使催托,俟沪讯后再请京使为力。"于是端方不得不两面敷衍:一面电福开森,说:"此事虽经京使来电,然终赖大才办理,以竟全功。"一面致光焘电,说:"此事福开森意欲居其功,故言如此。其实得公使电致沪领,最为有益。……至福所云由外再电外部勿再催讯托一节,尽可置之不理。外间办事宜有一定方针,不可出尔反尔也。"但光焘于闰五月十九日来电:"福言似非虚假,或由尊处告知香帅,姑从缓催,以免枝节。"端方于二十一日致光焘电,说:"尊意暂从缓催,甚佩,已电香帅。"一面于二十二日致张之洞电,却有"此次京使致电各领最有力,中西官皆警动。解宁二字,承办此案者皆不敢放松",并没有提"缓催"等字。又有一事,张之洞于七月一日来电,称:"上海六犯,英人独不愿交。近因沈克诚杖毙,各国皆不以为然,绝不肯受。望饬福开森与各国婉商,此六犯若交出,皆只以监禁了事,绝不办死罪,或可望允;此事已与政府商明,绝不失信。"但魏光焘于七月二日来电,却说:"初商之际,仍当与之执约筹议,未有骤露监禁不办之意。……尚乞将不办死罪一节,姑秘不宣。"三日袁树勋来电称:"所拟办法,似宜高一层着手,以免我退彼进。"于是端方电光焘称:"前电自以不宜为是。"电福开森称:"前转香帅一电,万勿宣露。"完全赞同魏、袁之主张。不意三日转魏电于之洞后,而之洞于六日来一电,竟大发牢骚,有"请速电致宁沪,此事悉听南洋主持商办,万勿以鄙言为轻重。勿使将来谓六犯本可允交,而贷死出自鄙意,致失主权,弟敢当此重咎耶?"于是端方又觉得左右为难,乃一方转张电于光焘而改其最后数语,为"请速电致宁沪,设法速办,能进一分,即争回一分主权,尤所深佩"。口气完全两样了。一方于七日电慰之洞,称:"南洋沪道前电,颇似梦呓,方亦笑之。顷奉歌电,已将尊意剀切电告。此时此案,若能照尊电办理,现正可争回主权。务望始终主持,保全大局。此辈大话,不足较也。"以为两方面都可以混过去矣。不意之洞于十四日又来一电,称:"宁沪既不以为然,即请作为罢论;务请将敝处歌电照转致南洋沪道,至祷。"于是始以歌电原文转树勋而系以慰词,称尊处办理此事,不遗余力;欲高一层,极为有益。"香帅因虑各国不肯交犯,致失主权,拟退让一步,冀易就范,亦深知办事之难。仍望审机筹办,勿因香帅一电致涉迟疑。"同日又电慰之洞,称:"沪道所言,仍不出笺筹之外,从前高一层着想,特悚于邵阳意旨,姑为此大言耳。大局要紧,仍望随时设法,使交犯事,早日办成,实为天下国家之幸,梦呓之谈,不足介意。"但之洞究已扫兴,不再有关于此案之来电矣。

　　上列三点,为我个人读此电本后之感想,特节录而排比之,以质于读者。

蔡元培手稿

《中国古代社会新研究初稿》序

（1939 年 7 月 15 日）

历史的材料，以有文字而后为限断；过此则有资于史前学及考古学。但史前学之所得，又往往零星断烂，不能为独立的说明；乃有资于旁证的民族学。自民族学发展，而现在未开化人物质方面与文化方面的种种事实，乃正与开化人有史以前的事实相证明；所以史学的范围比前扩大了。

吾国号称有五千年历史，但较为明备的，不过二千六百余年，即自《春秋》所记鲁隐公元年之事以至现在。至于二千六百年以前的史事，大都不易了解，非以史前学、考古学之所得为补充，而以民族学之所叙为比证不可。

李君玄伯夙究心于此，读法国古朗氏之《古代希腊罗马社会》而好之，译成国语，以飨学者。于序文中拟撮举吾国古代社会状况以与希腊、罗马对照；而文字綦繁，不能冠于译本之上；乃别加整理而勒为《中国古代社会新研究》的专著。专著凡三册，第一册仍为"希腊罗马古代社会"，分为"家的通论"至"中国与希腊罗马古代相同制度表"之十章。其第二册及第三册，则为"中国图腾制度及政权的逐渐集中"一问题之详研；第二册偏于中国曾有图腾制度之证明，而第三册偏于政权逐渐集中的解释。承著者以初稿见示,特举其最精当的各点如下。

一、中国有图腾制:我们读《说文解字》,羌字下有"南方蛮闽从虫,北狄从犬,东方貉从豸,西方羌从羊,此六种也"等语,总疑是异族相轻的习气。读"天命玄鸟,降而生商"的诗句,强以燕至的季候为解。著者证明吾国有图腾制的经历,上述各条,均易解说;而姓氏与大小宗的由来,均洞悉源流了。

二、中国祀火的事迹:我们读《论语》钻燧致火的明文,与《周官》司爟的政令,不过认为周代的习惯罢了。寒食新火,且以介之推之死为附会。著者证明吾国曾有祀火之典,与希腊、罗马、印度相同;而且木主的代表,社神的普及,方明的位置,均为祀火的演变,可谓发千载之覆。

三、中国曾有母系制:我们读《吕览》"知母而不知有父"的记录,商颂、周颂之推原于有娀与姜嫄与姓之从女等等,素认为可疑。著者以中国曾行母系制释之,就无可疑了。

四、昭穆的更迭:昭穆之制,不能以孙可为王父尸,子不可为父尸之别嫌为解;而兄终弟及时期,尤滋聚讼。著者以民族学中所屡载之婚级释之,其义乃明。

五、尧舜的荐贤,尧舜的禅让,儒者传为美谈,孟子且以尧荐舜于天、舜荐禹于天缘饰之。著者以非洲民族杀毫君的典礼与埃及塞德典礼相对比,而唐虞往事,遂无复有艳称的价值。

其他新颖的发见,明通的考订,足以祛疑惑者尚多,不胜枚举。

举此五事,以介绍于读者。

中华民国二十八年七月十五日

李宗侗:《中国古代社会新研究初稿》,开明书店1939年版

文化论卷

世界观与人生观

　　世界无涯涘也,而吾人乃于其中占有数尺之地位;世界无终始也,而吾人乃于其中占有数十年之寿命;世界之迁流,如是其繁变也,而吾人乃于其中占有少许之历史。以吾人之一生较之世界,其大小久暂之相去,既不可以数量计;而吾人一生,又绝不能有几微逾出于世界以外。则吾人非先有一世界观,绝无所容喙于人生观。

　　虽然,吾人既为世界之一分子,绝不能超出世界以外,而考察一客观之世界,则所谓完全之世界观,何自而得之乎? 曰:凡分子必具有全体之本性;而既为分子,则因其所值之时地而发生种种特性;排去各分子之特性,而得一通性,则即全体之本性矣。吾人为世界一分子,凡吾人意识所能接触者,无一非世界之分子。研究吾人之意识,而求其最后之原素,为物质及形式。物质及形式,犹相对待也。超物质形式之畛域而自在者,唯有意志。于是吾人得以意志为世界各分子之通性,而即以是为世界之本性。

　　本体世界之意志,无所谓鹄的也。何则? 一有鹄的,则悬之有其所,达之有其时,而不得不循因果律以为达之之方法,是仍落于形式之中,含有各分子之特性,而不足以为本体。故说者以本体世界为黑暗之意志,或谓之盲瞽之意志,皆所以形容其异于现象世界各各之意志也。现象世界各各之意志,则以回向本体为最后之大鹄的。其间接以达于此大鹄的者,又有无量数之小鹄的。各以其间接于最后大鹄的之远近,为其大小之差。

最后之大鹄的何在?曰:合世界之各分子,息息相关,无复有彼此之差别,达于现象世界与本体世界相交之一点是也。自宗教家言之,吾人固未尝不可于一瞬间,超轶现象世界种种差别之关系,而完全成立为本体世界之大我。然吾人于此时期,既尚有语言文字之交通,则已受范于渐法之中,而不以顿法,于是不得不有所谓种种间接之作用,缀辑此等间接作用,使厘然有系统可寻者,进化史也。

统大地之进化史而观之,无机物之各质点,自自然引力外,殆无特别相互之关系。进而为有机之植物,则能以质点集合之机关,共同操作,以行其延年传种之作用。进而为动物,则又于同种类间为亲子朋友之关系,而其分职通功之例,视植物为繁。及进而为人类,则由家庭而宗族,而社会,而国家,而国际。其互相关系之形式,既日趋于博大,而成绩所留,随举一端,皆有自阂而通、自别而同之趋势。例如昔之工艺,自造之而自用之耳。今则一人之所享受,不知经若干人之手而后成。一人之所操作,不知供若干人之利用。昔之知识,取材于乡土志耳。今则自然界之记录,无远弗届。远之星体之运行,小之原子之变化,皆为科学所管领。由考古学、人类学之互证,而知开明人之祖先,与未开化人无异。由进化学之研究,而知人类之祖先与动物无异。是以语言、风俗、宗教、美术之属,无不合大地之人类以相比较。而动物心理、动物言语之属,亦渐为学者所注意。昔之同情,及最近者而止耳。是以同一人类,或状貌稍异,即痛痒不复相关,而甚至于相食。其次则死之,奴之。今则四海兄弟之观念,为人类所公认。而肉食之戒,虐待动物之禁,以渐流布。所谓仁民而爱物者,已成为常识焉。夫已往之世界,经其各分子之经营而进步者,其成绩固已如此。过此以往,不亦可比例而知之欤。

道家之言曰:"知足不辱,知止不殆。"又曰:"小国寡民,使有什伯之器而不用,使民重死而不远徙,虽有舟舆,无所乘之。虽有甲兵,无所陈之。使民复结绳而用之。甘其食,美其服,安其居,乐其俗。邻国相望,鸡狗之声相闻,民至老死而不相往来。"此皆以目前之幸福言之也。自进化史考之,则人类精神之趋势,乃适与相反。人满之患,虽自昔借为口实,而自昔探险新地者,率生于好奇心,而非为饥寒所迫。南北极苦寒之所,未必吾侪生活有直接利用之资料,而冒险探极者踵相接。由推轮而大辂,由桴楂而方舟,足以济不通矣;乃必进而为汽车、汽船及自动车之属。近则飞艇、飞机,更为竞争之的。其构造之初,必有若干之试验者供其牺牲,而初不以及身之不及利用而生悔。文学家、美术家最高尚之著作,被崇拜者或在死后,而初不以及身之不得信用而辍业。用以知:为将来牺牲现在者,又人类之通性也。

人生之初,耕田而食,凿井而饮,谋生之事,至为繁重,无暇为高尚之思想。自机械发明,交通迅速,资生之具,日趋于便利。循是以往,必有菽粟如水火之一日,使人类不复为口腹所累,而得专致力于精神之修养。今虽尚非其时,而纯理之科学,高尚之美术,笃嗜者固已有甚于饥渴,是即他日普及之朕兆也。科学者,所以祛现象世界之障碍,而引致于光明。美术者,所以写本体世界之现象,而提醒其觉性。人类精神之趋向,既毗于是,则其所到达之点,盖可知矣。

然则进化史所以诏吾人者:人类之义务,为群伦不为小己,为将来不为现在,为精神之愉快而非为体魄之享受,固已彰明而较著矣。而世之误读进化史者，乃以人类之大鹄的，为不外乎其一身与种姓之生存，而遂以强者权利为无上之道德。夫使人类果以一身之生存为最大之鹄的，则将如神仙家所主张，而又何有于种姓？如曰人类固以绵延其种姓为最后之鹄的，则必以保持其单纯之种姓为第一义，而同姓相婚，其生不蕃。古今开明民族，往往有几许之混合者。是两者何足以为究竟之鹄的乎？孔子曰："生无所息。"庄子曰："造物劳我以生。"诸葛孔明曰："鞠躬尽瘁，死而后已。"是吾身之所以欲生存也。北山愚公之言曰："虽我之死，有子存焉。子又生孙，孙又生子，子又有子，子又有孙，子子孙孙，无穷匮也；而山不加增，何若而不平。"是种姓之所以欲生存也。人类以在此世界有当尽之义务，不得不生存其身体；又以此义务者非数十年之寿命所能竣，而不得不谋其种姓之生存；以图其身体若种姓之生存，而不能不有所资以营养，于是有吸收之权利。又或吾人所以尽义务之身体若种姓，及夫所资以生存之具，无端受外界之侵害，将坐是而失其所以尽义务之自由，于是有抵抗之权利。此正负两式之权利，皆由义务而演出者也。今曰：吾人无所谓义务，而权利则可以无限。是犹同舟共济，非合力不足以达彼岸，乃强有力者以进行为多事，而劫他人所持之棹楫以为己有，岂非颠倒之尤者乎？

昔之哲人，有见于大鹄的之所在，而于其他无量数之小鹄的，又准其距离于大鹄的之远近，以为大小之差。于其常也，大小鹄的并行而不悖。孔子曰："己欲立而立人，己欲达而达人。"孟子曰："好乐，好色，好货，与人同之。"是其义也。于其变也，绌小以申大。尧知子丹朱之不肖，不足授天下。授舜则天下得其利而丹朱病，授丹朱则天下病而丹朱得其利。尧曰，终不以天下之病而利一人，而卒授舜以天下。禹治洪水，十年不窥其家。孔子曰："志士仁人，无求生以害仁，有杀身以成仁。"墨子摩顶放踵，利天下为之。孟子曰："生与义不可得兼，舍生而取义。"范文正曰：

"一家哭，何如一路哭。"是其义也。循是以往，则所谓人生者，始合于世界进化之公例，而有真正之价值。否则庄生所谓天地之委形委蜕已耳，何足选也。

　　　　　　巴黎《民德杂志》创刊号"社论二"；参阅《旅
　　　　　　欧教育运动》，世界社 1916 年版

杜威六十岁生日晚餐会演说词

（1919 年 10 月 20 日）

今日是北京教育界四团体公祝杜威博士六十岁生日的晚餐会。我以代表北京大学的资格，得与此会，深为庆幸。我所最先感想的，就是博士与孔子同一生日，这种时间的偶合，在科学上没有什么关系；但正值博士留滞我国的时候，我们发现这相同的一点，我们心理上不能不有特别感想。

博士不是在我们大学说：现今大学的责任，就该在东西文明作媒人么？又不是说：博士也很愿分负此媒人的责任么？博士的生日，刚是第六十次；孔子的生日，已经过二千四百七十次，就是四十一又十个六十次，新旧的距离很远了。博士的哲学，用十九世纪的科学作根据，用孔德的实证哲学、达尔文的进化论、詹美士的实用主义递演而成的，我们敢认为西洋新文明的代表。孔子的哲学，虽不能包括中国文明的全部，却可以代表一大部分；我们现在暂认为中国旧文明的代表。孔子说尊王，博士说平民主义；孔子说女子难养，博士说男女平权；孔子说述而不作，博士说创造。这都是根本不同的。因为孔子所处的地位、时期，与博士所处的地位、时期，截然不同；我们不能怪他。

但我们既然认旧的亦是文明，要在他里面寻出与现代科学精神不相冲突的，非不可能。即以教育而论，孔子是中国第一个平民教育家。他的三千个弟子,有狂的,有狷的,有愚的,有鲁的,有辟的,有喭的,有富的如子贡,有贫的如原宪;所以东郭、子思说他太杂。这是他破除阶级的教育的主义。他的教育,用礼、乐、射、御、书、数的六艺作普通学;用德行、政治、言语、文学的四科作专门学。照《论语》所记的,问仁的有若干,他的答语不一样;问政的有若干,他的答语也不是一样。这叫作是"因材施教"。可见他的教育,是重在发展个性,适应社会,绝不是拘泥形式,专讲划一的。孔子说:"学而不思则罔,思而不学则殆。"这就是经验与思想并重的意义。他说:"多闻阙疑,慎言其余,多见阙殆,慎行其余。"这就是试验的意义。

我觉得孔子的理想与杜威博士的学说,很有相同的点。这就是东西文明要媒合的证据了。但媒合的方法,必先要领得西洋科学的精神,然后用他来整理中国的旧学说,才能发生一种新义。如墨子的名学,不是曾经研究西洋名学的胡适君,不能看得十分透彻,就是证据。孔子的人生哲学与教育学,不是曾研究西洋人生哲学与教育学的,也绝不能十分透彻,可以适用于今日的中国。所以我们觉得返忆旧文明的兴会,不及欢迎新文明的浓挚。因而对于杜威博士的生日,觉得比较那尚友古人,尤为亲切。自今以后,孔子生日的纪念,再加了几次或几十次,孔子已经没有自身活动的表示;一般治孔学的人,是否于社会上有点贡献是一个问题。博士的生日,加了几次以至几十次,博士不绝的创造,对于社会上必更有多大的贡献。这是我们用博士已往的历史可以推想而知的。兼且我们作孔子生日的纪念,与孔子没有直接的关系;我们作博士生日的庆祝,还可以直接请博士的赐教。所以对于博士的生日,我们觉得尤为亲切一点。我谨代表北京大学全体举一觞,祝杜威博士万岁!

《北京大学日刊》1919 年 10 月 22 日

我的新生活观

（1920 年 10 月）

什么叫旧生活？是枯燥的，是退化的。什么叫新生活？是丰富的，是进步的。旧生活的人，是一部分不作工，又不求学的，终日把吃喝嫖赌作消遣。物质上一点也没有生产，精神上也一点没有长进。又一部分是整日作苦工，没有机会求学，身体上疲乏得了不得，所作的工是事倍功半，精神上得过且过，岂不全是枯燥的么？不作工的人，体力是逐渐衰退了；不求学的人，心力又逐渐萎靡了；一代传一代，更衰退，更萎靡，岂不全是退化么？新生活是每一个人，每日有一定的工作，又有一定的时候求学，所以制品日日增加。还不是丰富的么？工是愈练愈熟的，熟了出产必能加多；而且"熟能生巧"，就能增出新工作来。学是有一部分讲现在作工的道理，懂了这个道理，工作必能改良。又有一部分讲种工作的道理，懂了那种道理，又可以改良别种的工；从简单的工改到复杂的工；从容易的工改到繁难的工。从出产较少的工改到出产较多的工。而且有一种学问，虽然与工作没有直接的关系，但是学了以后，眼光一日一日的远大起来，心地一日一日的平和起来，生活上无形中增进许多幸福。这还不是进步的吗？要是有一个人肯日日作工，日日求学，便是一个新生活的人;有一个团体里的人,都是日日作工,日日求学,便是一个新生活的团体;全世界的人都是日日作工,日日求学,那就是新生活的世界了。

《蔡孑民先生言行录》

何谓文化

（1921 年 2 月 14 日）

我没有受过正式的普通教育，曾经在德国大学听讲，也没有毕业，哪里配在学术讲演会开口呢？我这一回到湖南来，第一，是因为杜威、罗素两先生，是世界最著名的大哲学家，同时到湖南讲演，我很愿听一听。第二，是我对于湖南，有一种特别感想。我在路上，听一位湖南学者说："湖南人才，在历史上比较的很寂寞，最早的是屈原；直到宋代，有个周濂溪；直到明季，有个王船山，真少得很。"我以为蕴蓄得愈久，发展得愈广。近几十年，已经是湖南人发展的时期了。可分三期观察：一、是湘军时代：有胡林翼、曾国藩、左宗棠及同时死战立功诸人。他们为满清政府尽力，消灭太平天国，虽受革命党菲薄，然一时代人物，自有一时代眼光，不好过于责备。他们为维持地方秩序，保护人民生命，反对太平，也有片面的理由。而且清代经康熙、雍正以后，汉人信服满人几出至诚。直到湘军崛起，表示汉人能力，满人的信用才丧尽了。这也是间接促成革命。二、是维新时代：梁启超、陈宝箴、徐仁铸等在湖南设立时务学堂，养成许多维新的人才，戊戌政变，被害的六君子中，以谭嗣同为最。他那思想的自由、眼光的远大，影响于后学不浅。三、是革命时代：辛亥革命以前，革命党重要分子，湖南人最多，如黄兴、宋教仁、谭人凤等，是人人知道的。后来洪宪一役，又有蔡锷等恢复共和。已往的人才，已经如此热闹，将来宁可限量？此次驱逐张敬尧以后，励行文治，且首先举行学术讲演会，表示凡事推本学术的宗旨，尤为难得。我很愿来看看。这是我所以来的缘故。已经来了，不能不勉强说几句话。我知道湖南人对于新文化运动，有极高的热度。但希望到会诸君想想，哪一项是已经实行到什么程度？应该什么样的求进步？

文化是人生发展的状况，所以从卫生起点，我们衣食住的状况，较之茹毛饮血、穴居野处的野蛮人，固然是进化了。但是我们的着衣吃饭，果然适合于生理么？偶然有病能不用乩方药签与五行生克等迷信，而利用医学药学的原理么？居室的光线空气，足用么？城市的水道及沟渠，已经整理么？道路虽然平坦，但行人常觉秽气扑鼻，可以不谋改革么？

卫生的设备，必需经费，我们不能不联想到经济上。中国是农业国，湖南又是产米最多的地方；俗语说"湖广熟，天下足"，可以证明。但闻湖南田每亩不过收谷三石，又并无副产。不特不能与欧美新农业比较，就是较之江浙间每亩得米三石，又可兼种蔬麦等，亦相差颇远。湖南富有矿产，有铁，有锑，有煤。工艺品如绣货、瓷器，亦皆有名。现在都还不大发达。因为交通不便，输出很不容易。考湖南面积比欧洲的瑞士、比利时、荷兰等国为大，彼等有三千以至七千启罗迈当的铁路，而湖南仅占有粤汉铁路的一段，尚未全筑。这不能不算是大缺陷。

经济的进化，不能不受政治的牵制。湖南这几年，政治上苦痛，终算受足了。幸而归到本省人的手，大家高唱自治，并且要从确定省宪法入手，这真是湖南人将来的生死关头。颇闻为制宪机关问题，各方面意见不同，此事或不免停顿。要是果有此事，真为可惜。还望大家为本省全体幸福计，彼此排除党见，协同进行，使省宪法得早日产出，自然别种政治问题,都可迎刃而解了。

近年政治家的纠纷,全由于政客的不道德,所以不能不兼及道德问题。道德不是固定的,随时随地,不能不有变迁,所以他的标准,也要用归纳法求出来。湖南人性质沉毅,守旧时固然守得很凶,趋新时也趋得很急。遇事能负责任,曾国藩说的"扎硬寨,打死仗",确是湖南人的美德。但也有一部分的人似带点夸大、执拗的性质,是不可不注意的。

上列各方面文化,要他实行,非有大多数人了解不可,便是要从普及教育入手。罗素对于俄国布尔什维克的不满意,就是少数专制多数。但这个专制,是因多数未受教育而起的。凡一种社会,必先有良好的小部分,然后能集成良好的大团体。所以要有良好的社会,必先有良好的个人,要有良好的个人,就要先有良好的教育。教育并不是专在学校,不过学校是严格一点,最初自然从小学入手。各国都以小学为义务教育,有定为十年的,有八年的,至少如日本,也有六年。现在有一种人,不满足于小学教育的普及,提倡普及大学教育。我们现在这小学教育还没有普及,还不猛进么?

若定小学为义务教育,小学以上,尚应有一种补习学校。欧洲此种学校,专为已入工厂或商店者而设,于夜间及星期日授课。于普通国语、数学而外,备有各种职业教育,任学者自由选习。德国此种学校,有预备职业到二百余种的。国中有一二邦,把补习教育规定在义务教育以内,至少二年。我们学制的乙种实业学校,也是这个用意,但仍在小学范围以内。于已就职业的人,不便补习。鄙意补习学校,还是不可省的。

进一步,是中等教育。我们中等教育,本分两系:一是中学校,专为毕业后再受高等教育者而设;一是甲种实业学校,专为受中等教育后即谋职业者而设。学生的父兄沿了科举时代的习惯,以为进中学与中举人一样,不筹将来能否再进高等学校,姑令往学。及中学毕业以后,即令谋生,殊觉毫无特长,就说学校无用。有一种教育家,遂想在中学里面加职业教育,不知中等的职业教育,自可在甲种实业学校中增加科目,改良教授法;初不必破坏中学本体。又现在女学生愿受高等教育的,日多一日,各地方收女生的中学很少,湖南止有周南代用女子中学校一所,将来或增设女子中学,或各中学都兼收女生,是不可不实行的。

再进一步,是高等教育。德国的土地比湖南止大了一倍半,人口多了两倍,有大学二十。法国的土地,比湖南大了一倍半,人口也止多了一倍半,有大学十六。别种专门学校,两国都有数十所。现在我们不敢说一省,就全国而言,只有国立北京大学,稍为完备,如山西大学、北洋大学,规模都还很小。尚有外人在中国设立的大学,也是有名无实的居多。以北大而论,学生也只有两千多人,比较各国都城大学学生在万人以上的,就差得远了。湖南本来有工业、法政等专门学校,近且筹备大学。为提高文化起见,不可不发展此类高等教育。

教育并不专在学校,学校以外,还有许多的机关。第一是图书馆。凡是有志读书而无力买书的人,或是孤本、抄本,极难得的书,都可以到图书馆研究。中国各地方差不多已经有图书馆,但往往止有旧书,不添新书。并且书目的编制、取书的方法、借书的手续,都不便利于读书的人,所以到馆研究的很少。我听说长沙有一个图书馆,不知道内容什么样。

其次是研究所。凡大学必有各种科学的研究所,但各国为便利学者起见,常常设有独立的研究所。如法国的巴斯笃研究所,专研究生物化学及微生物学,是世界最著名的。美国富人,常常创捐基金,设立各种研究所,所以工艺上新发明很多。我们北京大学,虽有研究所,但设备很不完全。至于独立的研究所,竟还没有听到。

其次是博物院。有科学博物院,或陈列各种最新的科学仪器,随时公开讲演，或按着进化的秩序，自最简单的器械，到最复杂的装置，循序渐进，使人一览了然。有自然历史博物院，陈列矿物及动植物标本，与人类关于生理病理的遗骸，可以见生物进化的痕迹，及卫生的需要。有历史博物院，按照时代，陈列各种遗留的古物，可以考见本族渐进的文化。有人类学博物院，陈列各民族日用器物、衣服、装饰品以及宫室的模型、风俗的照片，可以作文野的比较。有美术博物院，陈列各时代各民族的美术品，如雕刻、图画、工艺、美术，以及建筑的断片等，不但可以供美术家的参考；并可以提起普通人优美高尚的兴趣。我们北京有一个历史博物馆，但陈列品很少。其余还没有听到的。

其次是展览会。博物院是永久的，展览会是临时的。最通行的展览会，是工艺品、商品、美术品，尤以美术品为多。或限于一个美术家的作品，或限于一国的美术家，或征及各国的美术品。其他特别的展览会，如关于卫生的、儿童教育的，还多。我们前几年在南京开过一个劝业会，近来在北京、上海，开了几次书画展览会，其余殊不多见。

其次是音乐会。音乐是美术的一种，古人很重视的。古书有《乐经》《乐记》。儒家礼、乐并重，除墨家非乐外，古代学者，没有不注重音乐的。外国有专门的音乐学校，又时有盛大的音乐会。就是咖啡馆中，也要请几个人奏点音乐。我们全国还没有一个音乐学校，除私人消遣，沿照演旧谱，婚丧大事，举行俗乐外，并没有新编的曲谱，也没有普通的音乐会，这是文化上的大缺点。

其次是戏剧。外国的剧本，无论歌词的、白话的，都出文学家手笔。演剧的人，都受过专门的教育。除了最著名的几种古剧以外，时时有新的剧本。随着社会的变化，时有适应的剧本，来表示一时代的感想。又发表文学家特别的思想，来改良社会，是最重要的一种社会教育的机关。我们各处都有戏馆，所演的都是旧剧。近来有一类人想改良戏剧，但是学力不足，意志又不坚定，反为旧剧所同化，真是可叹。至于影戏的感化力，与戏剧一样，传布更易。我们自己还不能编制，外国输入的，又不加取缔，往往有不正当的片子，是很有流弊的。

其次是印刷品，即书籍与报纸。他们那种类的单复，销路的多寡，与内容的有无价值，都可以看文化的程度。贩运传译，固然是文化的助力，但真正文化是要自己创造的。

以上将文化的内容，简单的说过了。尚有几句紧要的话，就是文化是要实现的，不是空口提倡的。文化是要各方面平均发展的，不是畸形的。文化是活的，是要时时进行的，不是死的，可以一时停滞的。所以要大家在各方面实地进行，而且时时刻刻的努力，这才可以当得文化运动的一句话。

《北京大学日刊》1921 年 2 月 14 日

中国的文艺中兴

——在比利时沙洛王劳工大学演说词

（1923 年 10 月 10 日）

（上略）鄙人今日的讲题，为《中国的文艺中兴》。中国虽离欧洲很远，而且中国的语言文字，欧洲人很不易懂，因此中国人的思想，很难传过欧洲来。在西方所得到的中国消息，多是由游客的记述、著作家对于中国的著作，和日常报纸所录的短小新闻等等得来。但游历的人往往仅在中国居住几个月，就以为游完中国，他们所见的，自然多是皮毛的事。描写中国的著作家，大多数也是没有很精深的观察的。至于日常报纸的新闻，真实的地方更少。所以中国的真面目，往往被他们说错。

考欧洲的群众，多以为中国是一个很秘密的、不可知的地方。其实照懂得欧洲也懂得中国的人看来，中国和欧洲，只表面上有不同的地方，而文明的根本是差不多的。倘再加留意，并可以察出两方文明进步的程序，也是互相仿佛的。至于这方面的进步较速，那方较迟，是因为环境不同等等的缘故。欧洲历史上邻近的国家，大都已经有很高的文明，欧洲常可以吸收他们的文化，故"文艺的中兴"，在欧洲久已成为过去事实。至于中国，则所有相近的民族，除印度以外，大都绝无文明可言。数千年来,中国文明只在他固有的范围内、固有的特色上进化,故"文艺的中兴",在中国今日才开始发展。

鄙人今试将中国文明在时间上进化的程序说来,并将他和欧洲文明进化的程序略为比较。欧洲文化最远,推源埃及,其次是希腊、罗马。后来容纳希伯来文化,演成中世纪的经院哲学。后来又容纳阿拉伯文化,并回顾希腊、罗马文化,演成文艺中兴的学术。仅此科学、美术,积渐发展,有今日的文明。

中国的文化,自西历纪元前二十七世纪至前二十世纪,有农、林、工、商等业,有封建与公举元首的制度,有法律,有教育制度,有天文学、医学,有音乐、雕刻、图画,正与埃及相类。

从纪元前十二世纪到前三世纪,所定的制度,见《周礼》一书的,从饮食、衣服、居室,到疗病、葬死,都有很详明的规划;农业上已经有地质学、化学的预备;工业上开矿、冶金、陶器等,都已有专门的研究;教育上自小学以至大学,粗具规模,且提倡胎教方法;美术上音律的调节,色彩与花纹的分配,材料与形式的选择,都很有合于美术公例的。那时候,说水、火、木、金、土五行的箕子,很像说天气水土四元的恩培多克勒;专以人生哲学为教育,而以问答为教授的孔子,很像苏格拉底;由玄学演出处世治事方法的老子、庄子,很像柏拉图;以数学、物理学、论理学、政治学、道德学教人的墨子,很像亚里斯多德;其余哲学家、法学家,与希腊、罗马时代学者相像的,还有许多,时代也相去不远。所以这个时期的文明,可以与欧洲的希腊、罗马时代相比较。

从西历纪元一世纪起,印度佛教传入,与老子、庄子的玄学相接近,而暴进一步,所以大受信仰;这一时期内翻译的、著作的都很多,而且建设几种学派,为印度所没有的,比较欧洲的新柏拉图还要热闹。

十一世纪以后到十七世纪,讲孔子学的学者,采用印度哲学,发展中国固有的学说,他们严正的行为,与斯多葛学派相像;他们深沉的思想,与经院哲学相像。这一时期可与欧洲中古时代的文明相比。

十八世纪起,有许多学者专门研究言语学、历史学、考古学,他们所用的方法,与欧洲科学家一样,这是中国文艺中兴的开端。因为欧洲自然科学的情形,还没有介绍到中国,所以研究的范围小一点儿。直到最近三十年,在国内受高等教育与曾经在欧美留学的学者,才把欧洲的真正文化输入中国,中国才大受影响,与从前接触印度文化相像,也与欧洲人从前受阿拉伯文化的影响相像,这是中国文艺中兴发展的初期。现在中国曾受高等教育而在各界服务的人,大多数都尽力于介绍欧洲文化,或以近代科学方法,整理中国固有的学术,俾适用于现代。国内学校和学生人数,均日有增加。女子教育向来忽略,今亦发展,国内各大学及多少专门学校,均有女子足迹。除此新式学校外,还有多少旧式学校,继续在乡下传布初级教育。其余每年派往欧美留学的少年男女,以千数百计,这些智识分子,将来都是尽力于文艺中兴事业的。现时所有的进步,本已不少,不过与中国的面积和人口比较起来,还觉得他很稀微。但正是因为面积大,人口多,故只能慢慢儿进步。譬如一小杯水,投糖少许,不久而甜味已透;若水量加多,要得同样的甜味,不但要加糖,还要加溶解的时间。

中国现时大局,觉有些不安,但这也不过是一九一〇年革命应有的结果。这革命以完全改变中国为目的,有改变,当然有些扰乱,暂时这样,不久秩序当然恢复。而且虽有这些政治的扰乱,进步的程序并没有中辍。近数年来,各种新工厂、银行等增加之数,和对外贸易之数,很可以给我们几个良好的证据。照我个人推想,再加四十年的功夫,则欧洲自十六世纪至十九世纪所得的进步,当可实现于中国。那时候中国文化,必可以与欧洲文化齐等,同样的有贡献于世界。

说到中国将来的乐观，一定有人想起德皇威廉第二的"黄祸论"，以为中国兴盛起来，必将侵略欧洲，为白种人的大害。这也是一种误会。我意欲将中国五千年历史的根本思想说一说，就可以见得中国文化发展后，一定能与欧洲文化融合，而中国人与欧洲人，必更能为最亲切的朋友。试举几条最重要的中国人根本思想如下：

（一）平民主义　照西历纪元前四世纪的学者孟子所说的，中国当纪元前二十四世纪时，君主的后继人，由君王推荐后，必要经国民的承认。以纪元前十二世纪的学者箕子所说的："国王若有大疑，于谋及卿士外，还要谋及庶人。"纪元前十二世纪，已经有大事询众庶的制度，那时候的国王曾经说："天视自我民视，天听自我民听。"纪元前四世纪学者孟子说："民为贵，君为轻。"又说君主的用人、杀人，要以"国人皆曰可用、皆曰可杀"作标准。后来凡有评论君主或官吏的贤否的，没有不以得民心与否作标准的。至于贵族、平民的阶级，纪元前六世纪的学者，如孔子、墨子等已经反对，纪元前四世纪已渐渐革除，纪元前三世纪以后，已一概废绝。凡有政治舞台上人物，不是从同乡选举的，就是由政府考取的。所以前十二年一次革命，就能变君主专制为共和立宪。

（二）世界主义　西元前二十四世纪的君主，已经被历史家称为协和万邦。前六世纪的哲学者孔子，分政治进化为三级：第一级是视本国人为自家人，而视野蛮国为外人；第二级视各种文明国都为自家人，而视野蛮国为外人；第三是野蛮国都被感化为文明国，大小远近合一，人人有士君子的人格，就叫作太平的世界。他的学生曾参作《大学》，就于治国以外，再说平天下。所以中国历代的学者，从没有提倡偏隘的爱国主义的。

（三）和平主义　因为中国从没有持偏隘爱国主义的学说，所以各学者没有不反对侵略政策而赞成德化政策的。西元前二十三世纪的历史家，曾记一段古事说：虞朝的时候，有苗国不来修好，派兵来打，他仍不服，这边就罢兵兴文治，隔了七十日，有苗就来修好了。前六世纪的孔子说："远人不服，则修文德以来之。"同世纪的墨子主张练兵自卫，对于侵略的国家，比为盗贼。前七世纪已经有人发起弭兵会。前四世纪有一派学者专以运动"非攻"为标帜。孟子说："善战者服上刑。"又有人曰："我善为战，大罪也。"后来的文学家，没有不描写战争的苦痛，而讴歌和平时代的。现在因为外国帝国主义的可怕，我们当然提倡体育，想做到人人有可以当兵的资格，然而纯为自卫起见，绝不是主张侵略的。

（四）平均主义　现今世界最大的问题，是劳工与资本的交涉。在俄国已经执行最激烈的办法，为各国所恐怖。中国古代已经有过一个比较他舒服很多的无产制度了。照孟子所说，与纪元二世纪的历史家所记的，中国自西元前二十三世纪到前四世纪，都是行平均地权的制度，就是划九百亩为一方，分作井式，中百亩为公田，外八百亩由家受，每家自耕百亩外，又合力以耕公田。人民二十岁受田，六十岁归田。二十岁以下、六十岁以上，皆为国家所养。这种制度，到西元前二十三世纪，才渐渐改变。然而纪元一、五及十一世纪，均有试验恢复，虽没有成功，然可见这种制度，没有极端的死去。而且自纪元前四世纪至纪元后十九世纪，多数政治学者，还是要主张恢复他的。在理论上，相传五千年以前，创立农业的君主，有两句格言："一夫不耕，天下或受其饥；一妇不织，天下或受其寒。"就是人人应作工的意义。后来四世纪的许行，就主张君主要与民并耕，不得自居劳心的阶级，空受人民豢养，那其余的更不待言了。就是孔子也说："不患寡而患不均，不患贫而患不安。"又说："货恶其弃于地也，不必归于己；力恶其不出于身也，不必为己。"总之，均劳逸，均产业，是中国古今的普通思想，说政治的总以"民多甚富，亦无甚贫"为标准，巨富的人常以财产平均分授于儿女，数传以后，便与常人无异。而且富人必须为族人、亲戚、朋友代谋生利，小的为宗族置义田、设义学，大的为地方办公益及慈善事业。若有自私自利的人，积财而不肯散，人人都看不起他。其次，则富人生活，与贫人之单简几相等。所以中国的贫富阶级，相去终不很远，就是新式的大公司组织输入中国，一方面一切优待工人的善法同时输入，中国人尽量采用。一方面公司股票并不集中于少数人，不能产生欧洲式资本家。若将来平均产业的理论，全世界都能实行的时候，中国自可很和平的行起来。

（五）**信仰自由主义**　希腊亚里斯多德曾提出中庸主义，但与欧洲人凡事都趋极端的性质不很相投，所以继承的很少。中国自西元前二十四世纪的贤明的君主，已经提出"中"字作为一切行为的标准。后来前六世纪的孔子极力提倡"中庸"。中庸是没有过，也没有不及，所以两种相反的性质如刚柔和介等类，一到中庸的境界，都没有不可以调和的。故中国从没有宗教战争，如欧洲基督教与伊斯兰教，或如基督教中新教与旧教的样子。中国有一种固有的祖先教，经儒家修正后，完全变为有意识的纪念，以不神秘为象征，与奥古斯特·孔德所提议的人道教相似。旧有的多神教变为道教，并不曾与儒教有多大的冲突；佛教传入以后，也是这样，有注意佛、儒相同的。总之，中国人是从异中求出相同的点，去调和他们，不似欧洲人专从异处着眼。伊斯兰教传入以后，也是这样；基督教传入以后，也是这样。很有许多书说基督教与儒教的主张有相同的，各教的主持者虽间或有夸张本教、攻击异教的理论，但是普通人很少因信仰而起争执的。所以信仰自由主义，在欧洲没有定入宪法以前，在中国早已实行了。

在欧洲，很有人以为中国人排外，尤排异教，常以义和团那事为证据，这也是一种误会。试一研究义和团暴动的远近原因，就可以明白了。我记得义和团动作的前数年，有德国人因两个德国天主教〔牧〕师被杀而占据胶州的事情，德国那一次的横暴，比最近意大利占领希腊哥甫岛还要厉害。今次全球反对意大利这个行动，而在德国横压中国那时候，各国没有一句话说反对。所谓公义者，何其善变？不独不反对，而且各国先后效德人的行为，三数年间，中国港口完全为外人所占据。其次，则外国人在中国种种强横，几不视中国人是人的样子。说到外国传教师，则其中固有真正的传教师，然而行动出了他教师范围以外的，不知多少，他们的宗教，大都教人互相亲爱，而他们常常把人民分作种种派别。复次，则他们借政府的力量，常常阻抗中国行政及司法的动作。譬如，遇有他们教民犯罪、为官吏判罚等等，他们居然直来干涉，阻止行刑，或要求放人。诸如此类，说也不尽，到后来凡遇因犯法被法庭搜捕的，多走去外国教堂躲避，教堂变了犯人的安乐国。这种事情，无论中国人难忍，我想在任何国，也无人能忍受的。以上所说的，就是激起义和团暴动的直接或间接的原因，当时适遇满洲皇室中有几个人物，愤外交和战争的失败，或痛恨外人对于中国不公平的行为，常存报复的心。义和团一起，他们于是有机可乘。照此说来，那一次的事情，外人实应负一部分责任。今完全将责任推归于中国，是绝对不公平的。且除直隶及山西一部分，其余全国都没有人赞成，在扬子江流域及南方，外人均受特别的保护。所以义和团暴乱，并非中国一种国民的运动，尤为显明。

　　照鄙人所见到的中国人根本思想是如此的。所以敢说：中国文艺中兴完成后，中国复兴以后，不独无害于欧洲，而且可与欧洲互相辅助，和尽力赞助国际事业，为人类谋最大的幸福。

《东方杂志》第 21 卷第 3 号，1924 年 2 月 10 日

中华民族与中庸之道

——在亚洲学会演说词

（1930 年 11 月 20 日）

我等所生活的世界,是相对的,而我人恒取其平衡点。例如在生理上,循环系动脉与静脉相对而以心脏为中点;消化系吸收与排泄相对而以胃为中点。在心理概念上,就空间言,有左即有右,有前即有后,有上即有下,而我等个人即为其中心。以时间言,有过去即有将来,而我人即以现在为中点。这都是自然而然,谁也不能反对的。在行为上,也应有此原则,而西洋哲学家,除亚里斯多德曾提倡中庸之道外(如勇敢为怯懦与卤莽的折中,节制为吝啬与浪费的折中等),鲜有注意及此的;不是托尔斯泰的极端不抵抗主义,便是尼采的极端强权主义;不是卢梭的极端放任论,就是霍布斯的极端干涉论;这完全因为自希腊民族以外,其他民族性,都与中庸之道不投合的缘故。独我中华民族,凡持极端说的,一经试验,辄失败;而为中庸之道,常为多数人所赞同,而且较为持久。这可用两种最有权威的学说来证明他:一是民元十五年以前二千余年传统的儒家;一是近年所实行的孙逸仙博士的三民主义。

儒家所标举以为模范的人物,始于四千年前的尧、舜、禹,而继以三千五百年前的汤，三千年前的文、武。《论语》记尧传位于舜，命以"允执厥中"。舜的执中怎样？《礼记·中庸》篇说道："舜好察迩言，执其两端，用其中于民。"《尚书》说舜以典乐的官司教育，命他教子弟要"直而温，宽而栗，刚而无虐，简而无傲"；直宽与刚简，虽是善德；但是过直就不温，过宽就不栗，过刚就虐，过简就傲，用温、栗、无虐、无傲作界说，就是中庸的意思。舜晚年传位于禹，也命他允执厥中。禹的执中怎样？孔子说："禹菲饮食而致孝乎鬼神；恶衣服而致美乎黻冕，卑宫室而尽力乎沟洫。"若是因个人衣食住的尚俭而对于祭品礼服与田间工事都从简率，便是不及；又若是因祭品礼服与田间工事的完备，而对于个人的衣食住，也尚奢侈，便是太过。禹没有不及与过，便是中庸。汤的事迹，可考的很少，但孟子说"汤执中"，是与尧、舜、禹一样。文、武虽没有中庸的标榜，但孔子曾说："张而弗弛，文、武弗能也；弛而弗张，文、武弗为也；一张一弛，文武之道也。"是文、武不肯为张而弗弛的太过，也不肯为弛而弗张的不及，一张一弛，就是中庸。至于儒家的开山孔子曾说："道之不行也，贤者过之，不肖者不及也；道之不明也，知者过之，愚者不及也。"又尝说："过犹不及。"何等看重中庸！又说："质胜文则野，文胜质则史，文质彬彬，然后君子。"是求文质的中庸。又说："君子之于天下也，无适也，无莫也。义之与比。"又说："我无可无不可。"是求可否的中庸。又说："君子惠而不费，劳而不怨，欲而不贪，泰而不骄，威而不猛。"他的弟子说："孔子温而厉，威而不猛，恭而安。"这都是中庸的态度。孔子的孙子子思作《中庸》一篇，是传述祖训的。

在儒家成立的时代，与他同时并立的，有极右派的法家，断言性恶，取极端干涉论；又有极左派的道家，崇尚自然，取极端放任论。但法家的政策，试于秦而秦亡；道家的风习，试于晋而晋亡。在汉初，文帝试用道家，及其子景帝，即改用法家；及景帝之子武帝，即罢黜百家，专尊孔子，直沿用至清季。可见极右派与极左派，均与中华民族性不适宜，只有儒家的中庸之道，最为契合，所以沿用至二千年。现在国际交通，科学输入，于是有新学说继儒家而起，是为孙逸仙博士的三民主义。

三民主义虽多有新义，为往昔儒者所未见到，但也是以中庸之道为标准。例如持国家主义的，往往反对大同；持世界主义的，又往往蔑视国界，这是两端的见解。而孙氏的民族主义，既谋本民族的独立，又谋各民族的平等，是为国家主义与世界主义的折中。尊民权的或不愿有强有力的政府，强有力的政府又往往蹂躏民权，这又是两端的见解。而孙氏的民权主义，给人民以四权，专关于用人、制法的大计，谓之政权；给政府以五权，关于行政、立法、司法、监察、考试等庶政，谓之治权。人民有权而政府有能，是为人民与政府权能的折中。持资本主义的，不免压迫劳动；主张劳动阶级专政的，又不免虐待资本家，这又是两端的见解。而孙氏的民主主义，一方面以平均地权、节制资本、防资本家的专横；又一方面行种种社会政策，以解除劳动者的困难。要使社会上大多数的经济利益相调和而不相冲突，这是劳资间的中庸之道。其他保守派反对欧化的输入，进取派又不注意国粹的保存；孙氏一方面主张恢复固有的道德与智能，一方面主张学外国之所长，是为国粹与欧化的折中。又如政制上，或专主中央集权，或专主地方分权，而孙氏则主张中央与地方之权限，采均权制度。凡事务有全国一致之性质的，划归中央；有因地制宜之性质的，划归地方。不偏于中央集权或地方分权，是为集权与分权的折中。其他率皆类此。

由此可见，孙博士创设这种主义，成立中国国民党，实在是适合于中华民族性，而与古代的儒家相当；与其他国家主义派不及大异。所以当宪政时期尚未达到以前，中国国民党不能不担负训政的责任。

《东方杂志》第 28 卷第 1 号，1931 年 1 月
10 日

三十五年来中国之新文化

(1931 年 6 月 15 日)

　　中国是有旧文化的,四千年以前的文化,为经传所称道的,是否确实,在今日尚是问题。三千年以前的殷墟,已发见铜器时代的文化。二千年前,周代文物灿然,是否受异族文化影响,亦尚在研究中。然两汉文化,固已融和南北,整理百家,自成一系。从汉季到隋、唐,与印度文化接触。翻译宣传,与固有文化,几成对待,但老庄一派,恰相迎合;自宋以后禅学、理学,又同化佛学而成为中国特殊的产物。元、明以来,输入欧风,自天算以外,影响无多;直至近三十五年,始沦浃于各方面,今姑分三节,记叙概略。

一、生活的改良得用食衣住行等事来证明

　　(一)**食**　吾国食品的丰富,烹饪的优越,孙中山先生在学说中,曾推为世界各国所不及;然吾国人在食物上有不注意的几点:一、有力者专务适口,无力者专务省钱。对于蛋白质、糖质、脂肪质的分配,与维太命的需要,均未加以考量。二、自舍筵席而用桌椅,去刀而用箸后,共食时

匙、箸杂下,有传染疾病的危险。近年欧化输入,西餐之风大盛,悟到中国食品实胜西人,唯食法尚未尽善;于是有以西餐方式食中馔的,有仍中餐旧式而特置公共匙、箸,随意分取的;既可防止传染,而各种成分,也容易分配。又旧时印度输入之持斋法,牛乳、鸡卵,亦在禁例,自西洋蔬食法流行以后,也渐渐改良。

（二）衣　中国古代衣冠,过于宽博,足以表示威仪,而不适于运动。满洲服式,便于骑射,已较古服为简便,但那时礼服,夏季有实地纱、麻纱、葛纱的递换,冬季有珍珠毛、银鼠、灰鼠、大毛貂褂等递换,至为繁缛。民国元年,改用国际通用礼服,又为维持国货起见,留长袍、马褂制,为乙种礼服,沿用至今。清代无檐的帽,不适于障蔽日光,故现多采用西式,然妇女戴帽的尚少。男子剪辫,女子剪发,不但可以省却打辫梳头的时间,而且女子也免掉许多的首饰;旧时的"剃头店",在大都市中,已为新式的"理发处"所战胜。革履也有战胜布履、缎履的趋势,布履、缎履的流行,也多数改为左右异向的,不似从前的浑同了。

（三）住　吾国住宅,北方用四合式,南方用几进几间式,都有大院落,通光通风,视欧式为胜。然有数缺点:一、结构太散漫(南式尤甚);二、多用木料,易于引火;三、厕所不洁。所以交通便利的地方,多有采用西式的,尤以旅馆为甚。又冬季取暖,北方多用煤炉,南方或用炭盆,均有吸入炭酸的危险;现都用有烟筒的煤炉代他,也有用热气管的。个人所用的手炉、足炉,现均用热水瓶或热水袋代他了。

（四）行　距今五十年前,已有轮船招商局,但航业推广,至今仍无何等成绩。五十六年前,有吴淞铁道,不久即毁。五十年前,又有唐胥铁道。其他京沪线、沪杭甬线、平汉线、津浦线、北宁线、平绥线等等,大抵是最近三十五年以内所完成的。总计全国铁道,干线长一〇五八二点七四八公里,支线长一八二六点五二八公里。最近经营公路,进步颇速,现在已成的共五一二一〇里。公路亦名汽车路,公路既开,汽车的应用渐广;偶有几处兼行电车,于是北方的骡车,南方的轿子,渐被淘汰。而且航空业也开始试验,将来发展,未可限量。交通既便,旅行的风气渐开;从前止有佞佛的人,假"烧香""朝山"等名,游历山水;现则有旅行社代办各种旅行上必需的条件,游人颇为方便,民众也渐知旅行有益于卫生,所以流行渐广。夏季的海水浴场,如北戴河、青岛等;山中的避暑所,如北平的西山、江西的匡庐、杭州的莫干山等,都是三十五年来的新设备。

二、社会的改组此三十五年中均有剧烈的改变

　　(一)家庭　婚姻的关系,旧制以嗣续为立足点,而且认男子为主体,注重于门第的相当;凭"媒妁之言"而用"父母之命"来决定。所以有幼年订婚,甚而至于"指腹为婚"。若结婚而无子,则古代可以出妻,而近代亦许纳妾。自男女平权的理论确定,婚姻的意义,基于两方的爱情,而以一夫一妻为正则。所以男女两方,不论是否经媒妁的绍介,而要待两方相识相爱以后,始征求父母的同意,抑或由父母代为择配,亦必征求子女的同意,而后敢代为决定。有子与否,绝对不足以为离婚的条件;而离婚案乃均起于感情的改变。

　　夫妇的结合,既以感情为主,于是姑妇的关系、姑嫂的关系、妯娌的关系苟与夫妇的感情有冲突时,均不得不牺牲之;所以大家庭制渐减,而小家庭乃勃兴。

　　(二)教育　小家庭的组织,势不能用旧日家塾法,各延师课其子弟,于是采用西方学制;自幼稚园而小学,而中学,而大学。并旧日设馆授徒,及学官、书院等制,一概改变。是谓新学制。新学制的组织,托始于民元前十年(清光绪二十八年)的学堂章程,自蒙养院以至大学院,规

模粗具。其后名称及年限，虽屡有修改，而大体不甚相远。最后一次，于民国十七年规定的是幼稚园以上，小学六年，分初高二级；中学六年，亦分初高两级；大学六年，其上有研究院。与高级小学及中学同等的，尚有补习学校；与中学同等的别有职业学校及师范学校；与大学同等而年限稍减的尚有专修科。

（三）**印刷业及书业**　教育制度既革新，第一需要的，为各学校的教科书。旧式刻版法，旷日持久，不能应急；于是新式的印刷业，应运而兴。最初由欧洲输入的是石印术，大规模的石印业，如同文书局、图书集成公司等，均为三十五年以前的陈迹。三十五年来最发达的印刷业，为排印法。商务印书馆，即发起于是时，于馆中分设编译、印刷、发行等所，于上海总发行所外，又设分发行所于各地，规模很大。民国元年，中华书局继之而起。最近又有世界书局、大东书局等。

（四）**工业**　印刷业以外，各种新式工厂，同时并起。其数量以民国八年为最盛。依前北京农商部统计，是年有工厂三百三十五所，资本总额为银一万三千三百十二万七千圆。其中以纺织、面粉、铁工、电气等工业为最发展。工厂既兴，于是劳工保护、劳资仲裁等法，亦应时势之需要而实现。

（五）**商业**　商业上的新建设，有银行。取山西帮汇票号而代他。在财政部注册的，现已有六十余所。推行于各地方的，有农民银行，可以矫正典当与小钱店重利盘剥的弊害。又有百货商店，如永安、先施、新新等公司，于购物者至为利便。其规模较小而且含有改良作用的，是消费合作社，现亦渐渐流行了。

（六）**农业**　农学的教育设立以后，各地方多有农事试验场与造林区的设置。现在成绩已著的，是新农具的试用，与人造肥料的流行。蚕种改良，亦于江苏、浙江、山东等省已著成效。

（七）度量衡新制　度量衡的划一，二十四年前（清光绪三十三年），清政府已有划一度量衡计划，责成农工商部与度支部会订。前二十一年，农工商部奏定两制并用；一为营造尺库平制，一为万国制。民国元年，工商部议决用万国通制为权度标准，经国务会议通过。十八年二月，国民政府颁度量衡法，采用万国公制为标准制；并暂设辅制，称曰市用制。市用制，长度以公尺三分之一为市尺；重量以公斤二分之一为市斤；容量即以公升为市升。

（八）政治　孙中山先生在五十年前，已开始革命运动，自称于乙酉年（民元前二十七年）始决倾覆清廷创建民国之志。及乙巳（民元前七年）成立同盟会，以"驱除鞑虏，恢复中华，建立民国，平均地权"四语，列在誓词上。那时候保皇的止想满州皇室维新变法，排满的止想有汉人代满人而为皇帝；绝不想有一个民国，可以实现于中华。但辛亥革命以后，竟能实现，虽有袁世凯的筹安、张勋的复辟，均不能摇动他。民国十四年七月，国民政府在广州成立，实行军政；及定都南京后，于十七年十月试行行政、立法、司法、考试、监察五院制；而于十九年确定为训政时期，对于人民为行使选举、罢免、创制、复决四权的训练。这真是历史上空前的纪录了。

三、学术的演进兹分为科学、美术两类

（一）科学　科学的研究，除由各大学所设的实验室外，以实业部的地质调查所成立于民国五年，与科学社的生物研究所成立于十一年的为最早。十七年，始有国立中央研究院成立，设研究所凡九所；并设自然历史博物馆。十八年，又有国立北平研究院成立，分设六部。今按科学门类，分别叙述如下：

（子）物理学　各大学有理科的,都有物理学一系,近年中央、中山、北京、清华、浙江、燕京诸大学,均有研究的设备。对于电学、光学方面,注意的颇多,爱克斯光线与无线电的研究,各大学进行的已有数处。中央研究院之物理研究所,兼具国家标准局性质,本应有绝对标准的制定;现为目前需要计,先装置副标准。此种基本装置,一、标准时钟;二、比较电阻及电压装置;三、气压温度空气等装置;四、恒频率发电机的装置;五、无线电台;六、铂电阻温度计的装置等。研究工作,为:一、重力测量;二、低压下摩擦生电的试验;三、晶体颤动及高频率电波的研究;四、测量高频电波的研究;五、发生高频电波的研究等。北平研究院理化部物理研究所的研究工作,为:一、中国北部各地经纬度重力加速率及地磁等的测定;二、光带吸收的研究;三、关于镭矿调查及关于镭质放射研究;四、爱克斯光线及近代物理研究;五、无线电。

（丑）化学　国内化学研究机关,约可分为三种:其一,为大学中的化学系,其中又可分为理学院的化学系,及其余专科的化学系(如属于医学、农学、工学等院的)。其二,关于农工机关的化验处,如商品检验所等处。其三,特设的研究机关,如中央研究院的化学研究所等。理学院的化学系,除教课外,兼进行研究的,为数尚不多;但其中有数大学,确已有研究计划。如中央大学化学系研究室,对于研究,颇有具体计划,例如对于有机综合法的改良、格林耶反应、格鲁太密酸的化学、铍与其合金的研究、有机定性分析的研究等,俱在进行中。中山大学化学系,对于有机化学,亦颇有贡献。清华大学化学系,对于有机综合与理论化学,亦有研究的计划。北京大学及东北大学,对于化学设备,俱颇充足,实验室地位亦宽,颇适宜于研究。至私立大学中化学的设备较充足的,为数亦不少,例如燕京大学、东吴大学、沪江大学、福建协和大学等处,均有可以供给简单研究的设备;所研究的问题,大概属于各种农工业原料的分析,间有及于制造的。至于专科大学的化学系,其中颇有设备甚佳且为专门研究的。例如北平协和医学院的生物化学系与药物化学系,设备俱佳;生物化学系所研究的,为有机化学与生物化学的关系;理论化学与生物化学的关系;新陈代谢及营养。而药物化学系,对于中国药,如延胡索等,颇有发明。又如北平大学之农业化学系,对于农艺化学诸问题,颇多研究,例如豆饼的营养价值、豆饼食品的制造法、菌类生活素研究、油类脱色法、柿中酸类及无机成分研究等。又如中央大学医学院生物化学系,对于营养化学,研究颇多。至于各处特设的化学机关,其研究范围,较为专一。例如上海商品检验所的化验处,所进行的,有植物油类检验、牲畜正副产品类检验,及其他农产农用品的检验。上海市社会局工业物品试验所,所化验物品,不亚十余种。至于专以研究化学为事的,国立的有中央研究院的化学研究所,北平研究院理化部的化学研究所;私立的有中华工业化学研究所。中央的化学研究所,成立于民国十七年,其工作分四组进行,为:无机理论化学组;有机生物化学组;分析化学组;应用化学组。其研究范围,目前暂限于中国药料、纸料、油脂、陶料诸问题,以图国产原料的应用。同时对于基本化学诸问题,如有机化学综合法、气体平衡、生物发育时的化学及各种分析方法,加以研究。北平的化学研究所,所研究的:一、无机化学中复质化学的研究;二、研究分析国产金石药品;三、研究分析国产化学工艺制造品;四、研究分析河北一带水泉;五、研究分析河北一带土壤;六、研究分析国内各种燃料;七、近代纯粹化学研究。中华工业化学研究所,所研究的,均为工业化学上切要问题,其研究已告段落的,有维太命防腐浆、退色药水、乳化蓖麻子油等。

　　(寅)地质学　地质研究机关,以北平地质调查所为最早,开办于民国五年。其研究范围,为地质、古生物、矿产。其历年来所办重要事项:一、测制全国地质图,已测成的,有直隶、山东、山西全省及安徽、江苏、热河、绥远之一部。二、调查全国矿产,对于煤铁,尤为注意,有专书及详图。三、研究与地质学有关的各种科学问题,如岩石,矿物等项,现亦有出版物颇多。此外尚有临时调查诸工作,其出版物有汇报、专报、特刊及中国古生物志等各十余种。中央研究院之地质研究所,成立于十七年一月,分四组:一、地层古生物组;二、岩石矿物组;三、应用地质组;四、地象组(包括构造地质及地质物理)。其三年来的工作:一、调查湖北矿产;二、与地质调查所分任秦岭山脉地层及地质构造之研究;三、在安徽、江西、江苏、浙江等省研究各地之地层、地质构造与矿产;四、调查中国东海岸岩石现象与海岸的变迁;五、关于地质物理的工作两种,一以扭转天秤研究上海冲积层以下的岩石层,一在室内研究岩石的杨氏弹性常数。两广地质调查所,成立于十六年九月,曾分组至广西、广东各江流域及西沙群岛,并至贵州、四川等处调查地质,成绩甚良。湖南地质调查所,成立不过三年,对于湖南煤田及各种经济矿苗,颇多调查。浙江矿产调查所,成立于十七年,调查本省矿产,兼及土壤、肥料与农产物。江西地质调查所,成立于十七年,在逐渐进展中。至于各大学有地质学系的,为数颇多;较为著名的,如北京大学的地质学系,与北京地质调查所有密切关系。中央、中山两大学的地质学系,均有相当设备,于授课外,调查该校附近的地质。

　　(卯)生物学　生物学研究机关,以科学社生物研究所为最早,成立于十一年,分两组,一为植物组,研究植物分类与植物生态。对于各省植物调查,尤为注意,例如与浙江大学农学院合作,研究浙省植物;与静生生物调查所合作,调查四川植物;至于浙江天目山、南京紫金山及其他各处之植物生长状况,多在研究中,所采集的各种植物,已经整理鉴别的,有一万种;尚未完全整理的,有二万余。又一组为动物组,其研究范围颇广;一部分为动物神经的研究;一部分为中国各种新种动物的说明;一部分为中国长江及沿海动物有系统的调查;又一部分为动物形态及生理的研究。历年所采集标本极多:十八年在山东沿海,采得动物标本一万五千余。同年,长江一带,采得标本万余。其中相同者千余种;其他各处采集,成绩亦略相等;研究报告,已出版的二十余种。中央研究院自然历史博物馆,成立于十八年。搜罗中国西南部动植物标本,最为丰富。第一次广西科学调查团,采得植物五万份,脊椎及无脊椎动物约九千余份。十八年,复有四川鸟类采集、长江鱼类采集;十九年,组织贵州自然历史调查团,成绩皆极满意。其研究工作,除关于分类研究外,尤注意于中国动植物的分区。印行专著、图谱、丛刊等,约十余种。静生生物调查所,为纪念范静生先生而设,成立于十八年。亦分动植物两部,调查及研究中国动植物分类,旁及经济动植物学与动植物生态学、木材解剖学等,已有出版品四五种。北平研究院植物学研究所,成立于十八年,调查及研究中国北部植物,有出版品二种。中山大学农林学院,有农林植物研究所,成立于十七年;其研究目的,在于求农植物改良,旁及于分类、分布、生理、生态诸学;其研究材料,大概为中国南部植物,尤注意的是广东植物;出版品有图谱与植物志诸书。至于各大学的生物研究,其性质较为广泛。如清华大学生物学系及生物研究所,除采集外,作生理遗传及生态的研究;对于金鱼研究,颇加注意。厦门大学植物系,除普通研究外,注意福建植物及下等隐花植物与海藻植物。河南大学理学院生物系,为遗传(研究果蝇、豚鼠、兔子)、植物生理、鱼类分类、动物解剖诸研究。又如各省昆虫局,对于各省虫类颇多研究,历史较久的,是江苏省昆虫局,成立于九年。

(辰)天文学　天文学研究机关,以佘山天文台为最早;成立于民元前十二年,其工作:一、测时;二、行星与恒星的摄影研究;三、小行星受木星影响研究。出年报,已至第十七卷。其次,齐鲁大学天文台,成立于民国六年,其工作:一、授时;二、观日月斑点形象。出版品有天文书籍四种。其次青岛观象台天文磁力科,成立于民国十三年,其工作:一、授时;二、天体摄影观测;三、天体位置推算等。出版品有报告书及观象日报。其次为中央研究院天文研究所,成立于民国十六年,其工作:一、首都授时;二、全国授时;三、测量经纬度;四、研究太阳、行星、恒星等。出版品有国历、国民历、天文年历、集刊、别刊等九种。其次为中山大学天文台,成立于民国十八年,其工作:一、授时;二、观测变星;三、观测太阳斑点。出版品有两月刊。

(巳)气象学　国内各处天文台,俱附设有气象测候所。专研气象的机关,为中央研究院气象研究所及其附属之各气象测候所。其本所研究事业,除普通测候及天文预报外,特别注意于高空研究,历次举放气球,成绩颇佳。现方联络及接收国内各处气象测候所,远至内蒙、新疆等处。今年在首都举行气象会议,到的有三十余团体,议决联络及统一国内测候通讯办法。又开班训练测候人才。其次为上海徐家汇天文台。虽以天文名,而进行工作,大概俱属气候及地震测候,所出报告,种类颇多。其次如南通军山气象台,测候设备亦多。至于青岛观象台、北平观象台及中山大学天文台等,亦皆有气象研究普通设备及各种自记仪器云。

(午)医学　医学研究,以同济大学医学院为最早,其生理学研究馆,成立于民元前十二年,所研究的是心理的生理学,尤注意于中国人与欧洲人的比较,已有出版品数种。其次成立的为解剖学研究馆,成立于民元前四年,所研究的,为东方民族比较解剖学,已有出版品一种。尚有病理学研究馆,专研究中国方面的民族比较病理学。药物学研究馆,研究中国的药物;均附设于宝隆医院。北平协和医学院,隶属于美国罗氏驻华医社,成立于民国十年,经费较充,设备较为完全。该院设十二系:

解剖学系,研究解剖、组织、细胞、胚胎、人类诸学;生理学系,研究人类生理;生理化学系,研究有机生物化学新陈代谢、食物化学及营养学;药物学系,研究植物学、有机化学、生理与药物作用的关系;细菌学系,研究细菌学、免疫学、霉菌学系;病理学系;卫生学系;内科学系;外科学系;妇产科学系;眼科学系;爱克斯光学系等。分别用科学方法,研究各种病理,其研究报告,发表于欧美及中国之杂志中,已有百余篇。其他如杭州医院,为热带病及寄生虫的研究。中央大学医学院,与红十字总医院合作,各系教授均有研究,论文散见于各杂志的,已有二十余篇,均为后起而极有希望的。

(未)工程学　工程研究,在中央研究院工程研究所中已设立的,尚只有陶瓷及钢铁两试验场。陶瓷试验场所研究的:一、坯泥的研究;二、瓷泥的分析;三、国内各地瓷泥性质的研究;四、瓷釉的研究。钢铁试验场所研究的:一、采集国内各厂矿所产之生铁与焦炭,试制铸钢与器具钢;二、研究制模手术;三、研究关于冶炼方面各问题;四、研究繁难铸铁机件。

(申)心理学　北京大学、中山大学、浙江大学均有实验心理学的设备;专设的研究机关,为中央研究院的心理研究所,设在北平。所研究的:一、修订皮纳智力测验;二、研究食品对于神经系发展及学习能力的影响;三、研究大声惊吓对于习得能力的影响;四、研究输精管隔断的各种影响;五、编辑心理学名词。

(酉)历史语言学　中央研究院历史语言研究所设在北平,分三组:第一组,关于史学各方面及文艺考订等;第二组,关于语言学各方面及民间文艺等;第三组,关于考古学、人类学、民族学等。第一组研究标准:一、以商周遗物,甲骨、金石、陶瓦等,为研究上古史的对象;二、以敦煌材料及其他中亚近年出现的材料为研究中古史的对象;三、以内阁大库档案,为研究近代史的对象。其属于个人研究的:一、中国经典时代语言的及历史的研究;二、以流传的及最近发现的梵文手抄本与番经汉藏对勘;三、由蒙文蒙古源流及清文译本,作蒙古源流研究;四、以金石文字校勘先秦的典籍及研究经典上各项问题;五、以古代遗物文字花纹等研究古代文化及民族迁移中所受外来文化的影响;六、编定北平图书馆所藏敦煌卷子目录;七、编定金石书目;八、辑校宋元逸词;九、搜访南明弘光、隆武、永历三朝史料,编纂南明史及南明史的专题研究。第二组所研究的:一、全国各省方言的调查,求知各地方言的分配变迁来源等;二、音档的设置,为保存各地方言材料永久的记录起见,依照德、法各国音档方法,灌收方言话片;三、古代音韵研究;四、西夏研究;五、语言实验室工作,尤注重我国声调的实验。该组已完成的工作,较为重要的:一、慧琳一切经音义反切考;二、瑶歌记音;三、厦门音系研究;四、藏歌记音;五、耶稣会士在音韵学上贡献的研究;六、闽音研究。第三组的工作,以发掘与考订为中心。发掘事项,计河南安阳殷墟三次,山东历城龙山城子崖一次,黑龙江齐齐哈尔石器时代墓葬一次。殷墟与城子崖发掘的效果:一、大宗刻字甲骨的发现;二、大宗陶器、陶片的发现;三、大宗兽骨的发现;四、地层的认识;五、与甲骨文同时的石器、铜器的发现。

　　(戊)社会科学　社会科学研究的机关,有中央研究院的社会科学研究所,分设四组:一、法制学组;二、经济学组;三、社会学组;四、民族学组。法制学组所研究的:一、陪审制度,已有报告;二、犯罪问题,先从监犯调查入手;三、上海租界问题,就法理与事实两方面详加研究;四、华侨在中外条约上及列国法律上所受的待遇;五、中国近代外交史研究;六、国际法典编纂会议议题研究。经济学组已完成的,有六十五年来中国国际贸易统计。现在所研究的:一、中国国际贸易统计的改进问题;二、中国国际贸易研究;三、杨树浦工人住宅调查;四、统计学名词汇;五、所得税问题。社会学组的工作,现方集中于农村问题:一、计划全国农村调查,先就无锡、保定两处实地调查;二、研究中国农村的封建社会性;三、研究资本主义在中国农村中的发展。出版品:《亩的差异》《黑龙江的农民与地主》等等,已有六种。民族学组所研究的:一、广西凌云瑶人的调查及研究;二、台湾民族的调查及研究;三、松花江下游赫哲人的调查及研究;四、世界各民族结绳记事与原始文字的研究;五、外国民族名称汉译;六、西南民族研究资料的搜集。与该所社会学组同年成立,而且有分工互助的契约的,是中华教育文化基金董事会所设立的社会调查所,从事于社会问题的各项研究与调查,调查工人生活,尤多贡献;出有《第一次中国劳动年鉴》《指数公式总论》《社会科学杂志》等刊物十余种。其他各大学所研究的,大抵趋重于中外社会现状与其趋势,所有出版物,亦以通论及偏于理论者为多。各种学会,方面较多,如辽宁东北法学研究会,志在发扬本国法律优点,并普及法律知识于民众,所出法学新报及法律常识等杂志,即本此立论。北平朝阳大学法律评论社所出周刊,亦与同调。又如上海东吴大学法律学院注重于中西法律比较的研究。中国社会科学会注重于书报的译述,谋增进民众社会常识。中国经济学社及社会经济研究会,致力于本国经济现状与现代经济问题等,均有特殊的贡献云。

(二) 美术　吾国古代乐与礼并重;科举时代,以文学与书法试士,间设画院,宫殿寺观的建筑与富人的园亭,到处可以看出中国人是富于美感的民族;但最近三十五年,于美术上也深受欧洲的影响,分述于下:

(子) 美术学校　吾国美术学校,以私立上海美术专门学校为最早,成立于民国元年,初名上海图画美术院,设绘画科两班,学生十二人。是年七月,于正科外设选科。三年,改绘画科为西洋画科。四年一月,增设艺术师范科。九年四月,更名上海美术学校;十年八月,更名上海美术专门学校。现有中国画、西洋画、艺术教育及音乐四系,学生五百人。继此而起的,有国立美术学校两所。一在北平,一在杭州。北平一校,成立于民国七年,初名北京美术学校,设绘画、图案两科。九年,设专门部的图画,手工师范科。十一年改称北京美术专门学校,设国画、西画、图案三系及图画手工师范系。十五年二月又改名国立艺术专门学校,增设音乐、戏剧两系。十七年编入北平大学,名为艺术学院,增设建筑系,改图案系为实用美术系,合之音乐、戏剧、国画、西画各系,共成立六系,学生三百五十名。杭州一校,成立于民国十七年三月,初名艺术院,设中国画、西洋画、雕塑、图案四系,而外国语用法文;秋,合并中国画及西洋画为绘画系。十八年十月,改名美术专科学校,学生二百二十六人。其非专设的学校而附设于大学的,有国立中央大学教育学院的艺术教育科与艺术专修科。艺术教育科,分国画、西洋画、手工、音乐四组,均四年毕业。艺术专修科,分图画、工艺、音乐三组,为培养中等学校师资而设,三年毕业。

(丑)博物院与展览会　　收藏古物与美术品,本属于私人的嗜好。近始有公开的机关,一如各地方所设古物保存所就是。其内容较为丰富的,是北平的古物陈列所与故宫博物院。古物陈列所,成立于民国初年,设于乾清门外太和、中和、保和及文华、武英等殿,所陈列的都是奉天、热河两行宫的物品;书画占最多数,更番展览;其他瓷、漆、金、玉的器物,亦为外间所寡有的。故宫博物院,成立于十四年十月,设于乾清门内各宫殿。故宫的建筑与园林,本有美术的价值;昔为清皇室所占有,自十四年后,次第开放,公诸民众。至于宫中物品,除书籍及档册外,美术品甚多,书画八千余件,陶瓷六千余件;其他铜器、玉器及各种宝石、象牙的器物,以刻镂见长的,为数尤多。除这种永久的陈列所以外,又有一种短期的陈列所,就是展览会。自国内美术学校成立,在国外留学的美术家渐渐回国以后,在大都会中,时时有学校或个人的展览会;其规模较大的,是十六年的北京艺术大会,为北京艺术专门学校所发起,自五月十一日至六月三日,绘画的出品在三千件以上,并有音乐戏剧。其后有十八年的全国美术展览会,为教育部所主持,会场设上海普育堂,四月十日开会,一个月始毕。所陈列的,第一部,书画,千二百三十一件;第二部,金石,七十五件;第三部,西画,三百五十四件;第四部,雕刻,五十七件;第五部,建筑,三十四件;第六部,工艺美术,二百八十八件;第七部,美术摄影,二百二十七件。又有日本美术家出品,八十件。每日并有收藏家分别借陈的古书画。

(寅)建筑术　在欧洲美术学校中有建筑一科,我国各校为经费所限,尚不能设此科,但新式建筑,已经为我国人所采用了。起初用纯粹西式,或美或丑,毫无标准。后来有美国建筑家,窥破纯粹欧式与环境不相调和的弱点,乃创一种内用欧式而外形仍用华式的新格,初试用于南京的金陵大学与金陵女子大学,继又试用于北平的协和医院与燕京大学,被公认为美观。于是北平的国立北平图书馆,南京的铁道部、励志社等皆采此式。将来一切建筑,固将有复杂的变化,但是调和环境的原则,必不能抹杀了。

(卯)摄影术　摄影术本一种应用的工艺,而一入美术家的手,选拔风景,调剂光影,与图画相等;欧洲此风渐盛,我国现亦有光社、华社等团体,为美术摄影家所组织的。光社设在北平,成立于十二年,初名艺术写真研究会,十三年改名光社。每年在中央公园董事会开展览会,观众在万人以上,十六年以来,已出年鉴两册。华社设在上海,成立于十六年,曾开展览会数次,印刷品有社员《郎静山摄影集》。上海又有天鹏艺术会,印有《天鹏摄影杂志》。

(辰)书画摹印　摹印古代书画,始于神州国光社,继起的有文明书局及有正书局等。其后商务印书馆及中华书局,也有这种印本,并于碑帖画册以外,兼及屏联堂幅,而故宫博物院所出《故宫》月刊,亦以故宫藏品的摄影,次第公布。其专印新印图画及雕刻的,有《美育》杂志等。

（巳）音乐　自新学制制定以后,学校课程中,就有音乐、唱歌等课,于是师范学校中,亦有此等科目。这是采用西欧乐器与音乐教授法的开始。在艺术学校,亦有设音乐系的。八年,北京大学设音乐研究会,九年,北京女子高等师范学校设音乐科,同时有一种管弦乐的演奏会。十六年十月,始有国立音乐院,成立于上海,十八年改名音乐专科学校;校中设预科、本科,并附设师范科。本科分理论作曲、钢琴、提琴及声乐四组;初学各生,入学后第一年不分组。又有选科,专为对于音乐曾有研究、欲继续专攻一门者而设。该校成立以后,举行教员演奏大会及学生演奏会多次,又有由一部分教员所组织的弦乐演奏会,每月举行一次。九年一月,北京大学的音乐研究会,曾编印《音乐杂志》,十一年停办。十九年,音乐专科学校又编印《乐艺》季刊。

（午）文学　文学的革新,起于戊戌(民元前十四年);一方面梁启超、夏曾佑、谭嗣同等用浅显恣肆的文章,畅论时务,打破旧日古文家拘守义法,模仿史、汉、韩、苏的习惯;一方面林獬、陈敬第等发行白话报,输灌常识于民众;但皆不过以此为智育的工具,并没有文学革命的目标。至民国七年,胡适、陈独秀、钱玄同、周作人等,始排斥文言的文学,而以白话文为正宗的文学。其中尤以胡适为最猛进,作《白话文学史》以证明白话的身价;于是白话散文逐有凌驾古文的趋势。至于白话诗与剧本,虽亦有创作与翻译的尝试,但未到成熟时期,于社会上尚无何等显著的影响。最热闹的是小说:第一,是旧小说的表彰,如《水浒》《红楼梦》《儒林外史》等,都有人加以新式标点,或考定版本异同。唐以后的短篇,宋以后的平话,或辑成汇编,或重印孤本,均有销行的价值。第二,是外国小说的翻译,林纾与魏易合译英文小说数十种,为兹事发端。最近几年,译本的数量激增,其中如《少年维特之烦恼》《工人绥惠略夫》《沙宁》等,影响于青年的心理颇大。第三,是文学家的创作,这一时期中,以创作自命的颇多,举其最著的:鲁迅的《阿Q正传》等,以抨击旧社会劣点为目的,而文笔尖刻,足投时好。而茅盾的《动摇》《追求》《幻灭》,亦颇轰动一时。新进作家沈从文著有《蜜柑集》等,也是被人传诵的。至于文学期刊,最近几年,时作时辍的甚多;其中能持久而自成一派的,如《小说月报》的平正,《语丝》的隽永,《新月》的犀利,《真善美》的凝练,均有可观。

(未)演剧　演剧的改良,发起于留日学生的春柳社,以提倡白话剧为主,译日文剧《不如归》,自编《社会钟》《家庭恩怨》等剧。民国二年公演,四年,即解散。八年,南通设伶工学社,招小学毕业的学生,分戏剧、音乐两班教授,历六年,曾在新式剧场演过。现在广州有戏剧研究所,北平有戏剧专科学校,均偏重旧剧改良。至于白话剧,自春柳社解散以后,仍有人续演,称为文明戏,多浅薄。较为深造的,北平有陈大悲,上海有洪深、田汉,山东有赵太侔,均曾在国外研究戏剧,汉组织南国剧社,太侔组织实验剧院。

(申)影戏　影戏本为教育上最简便的工具,近日各都市盛行的,都以娱乐为最大目的。中国人自编的甚少,且多为迎合浅人的心理而作。输入的西洋影片,亦多偏于富刺激性的。他们的好影响,还不及恶影响的多。

(酉)留声机与无线电播音机　留声机传唱本国与外国的歌唱,流行甚广;间亦用以传播遗训,教授外国语。无线电播音机,可以不出门而选听远地的乐歌,亦渐渐流行。

(戌)公园　我国有力者向来专致力于大门以内的修饰,庭园花石,虽或穷极奢侈;而大门以外,如何秽恶,均所不顾。三十五年来,都市中整理道路,留意美化,业已开端;而公园的布置,各县皆有,实为文化进步的一征。如首都的第一公园、莫愁湖公园、五洲公园,北平的中央公园、北海公园等,均于市民有良好的影响,其他可以类推。

综观所述新文化的萌芽,在这三十五年中,业已次第发生;而尤以科学研究机关的确立为要点。盖欧化优点即在事事以科学为基础;生活的改良,社会的改造,甚而至于艺术的创作,无不随科学的进步而进步。故吾国而不言新文化就罢了,果要发展新文化,尤不可不于科学的发展,特别注意呵!

《最近三十五年之中国教育》,商务印书馆
1931 年 6 月版

复国联文化合作院主任班纳函

(1933 年 7 月 15 日)

班纳（Henri Bonnet）先生足下：

在上海得领大教为幸。别后，又得上年十二月八日惠函，并关于国际知识合作社之印刷品，使鄙人对于国际知识合作之内容，益益明了，尤为感谢。

我等读二千年前孔子之徒所作《大学》有云："物格而后知至；知至而后意诚；意诚而后心正；心正而后身修；身修而后家齐；家齐而后国治；国治而后天下平。"是以世界和平为目的，而下手的方法，乃发端于格物而致知。

又读孔子之徒所著《春秋公羊传大义》，有三世进化说，谓"据乱世，内其国而外诸夏；升平世，内诸夏而外夷狄，太平世，夷狄进至于爵，大小远近若一，人人有士君子之行"。以大小远近若一为目的，而其内容则在人人有士君子之行。虽当时所说之天下，未及现在五大洲之广，当时所说之国，亦正由封建之侯国而渐形成为独立对峙之强国，亦未及今日列强互竞之严酷，然其痛国际纷争之祸，而弭兵非攻之学说，成为一家言，而注重于士君子之模范，以格物致知为起点，正与诸君子之提倡知识合作以促成国际和平之大业，不谋而合也。

　　且也中国知识阶级，虽未尝不勉力于创造；而对于外界之异文化，未尝不尽量接受。以印度哲学之输入观之，可为例证。在西历纪元前六世纪至四世纪间，中国已有尚无为、描写理想国之老子；建设伦理学、政治学之孔子，唱导民权论之孟子，建设论理学之荀子，主张兼爱、尚同而又建设物理学、工程术之墨子，于相对世界中推想绝对世界之庄子。不但与希腊诸哲学家相类似，而与印度的外道与佛说，亦有可互相印证之点。然自西元二世纪顷，一与印度哲学相接触，则输入恐后，于所译之印度经论著书阐明者，不知若干卷。且嗣后全脱佛教仪式，而专取其精义，以融入中国固有学说之中，以成为宋明儒者之理学，在社会上占极大势力，而当年政治上亦有巨大之影响。盖中国知识阶级愿与印度学者合作之结果也。

　　不但如此，在印度文化未与中国接触以前，中国之音乐及建筑、雕塑、图画等，已有一种程度；且已稍稍采取波斯及西域各民族之所长，以参变化；及印度音乐及各种美术，随哲学而输入，一切皆受其影响，而仍与中国固有之趣味相谐和。其中如建筑、雕塑，尤自印度间接而得希腊风。是实中国与欧洲古代文化相交通之始也。

　　中国知识阶级，虽以固有哲理与美术与印度所输入者相融合，而并不以此自足。最近时期，得闻西洋哲学各派之理论，则亦以从前欢迎印度哲学之热诚欢迎之，或先学西洋各国文字而读其原本，或译成中国文而广为传布。西洋哲学史与西洋哲学名著，为大学文科中应有之课程。西洋之文学、音乐，及各种美术，亦为中国文学家、美术家所欢迎。新设之音乐学校与美术学校，多采取欧洲法式也。

　　且中国知识阶级亦非偏尚文哲而忽视实科者，如印书法、指南针、火药等之发明，均远在欧人以前，唯中古以降，保守而无进步耳。及最近时期,与欧美之科学及工艺相接触,则亦急起直追,唯恐不及,故各级学校中,均有关于理工之教材,而大学则设有理工等科。

中国旧有之学官及书院,本为考取较为高等之学者,而予以专门研究之机会。唯偏于哲学、文学及政治学耳。及采取欧美方式而为新学制,则以小学及初级中学为普及常识之机关;而自高中至大学,则为养成专门人才之机关;然为培养创造之人才起见,于大学中设有研究院,以备大学教授与毕业生之研究;而更由中央政府设立中央研究院,以备学者之自由研究;其中一方面以世界公用之方法研究世界公有之问题,冀有普通之贡献;一方面则用中国固有之方法,参用欧美最新之方法,就中国特有之材料而研究之,以冀有特殊之贡献。

要之,鉴于世界未曾解决之问题,尚复甚多,而愿与欧美学者共负一部分之责任,则中国知识阶级公有之大愿也。鄙人谨敢代表中国知识阶级,敬谢先生合作之提议,而贡其深愿合作之诚意,幸先生及合作社诸君子垂鉴焉。

《申报月刊》第 2 卷第 7 期,1933 年 7 月 15 日

吾国文化运动之过去与将来

（1934 年 6 月 13 日）

吾人一说到文化运动，就不能不联想到欧洲的文艺复兴，因为他实在是文化运动上最显著的一个例证。在空间上，发起于意大利，次第到英、法、德诸国，渐渐的普及于全欧。在时间上，发端于十三、十四世纪之间，极盛于十六世纪，对于最近几世纪，也还有不少的影响。在内容上，以思想自由为原则，所以产生适合人情的文艺、注重实证的科学、提倡人权的理论，后来宗教改革，美、法共和，也是要推源于此的。

因而观察我国的文化运动，也可用欧洲的文艺复兴作一种参证。我国当战国时代，诸子百家，同时并起，可以当欧洲的希腊。后来，汉武帝用董仲舒议罢黜百家，儒家言俨然有国教的资格，与欧洲中古时代的基督教相当。此后，由印度输入佛教，民间的多神信仰，又仿佛教而编为道教，然亦不能夺儒家之席，而渐被其同化。到宋、明时代，儒者又把佛、道两家抽象的理论，融合到儒家学说里面去，就叫理学。这正与欧洲中古时代的烦琐哲学相当。直至清代，学者始渐悟空谈理义之无谓，乃用归纳法，治诂训考订，名曰汉学，即含有复古的意义；而经、子并治，恢复到董仲舒以前的状况了。到戊戌政变时代，有昌言改制、利用西学的运动，但仍依托孔教,正如文艺复兴时代,美术的形式,虽融入希腊风,但所取材料,还不脱基督教经典,也是过渡时期所不能免的现象。

直至辛亥革命,思想开放,政治上虽并不能实行同盟会的主张,而孙先生重科学、扩民权的大义,已渐布潜势力于文化上。至《新青年》盛行,五四运动勃发,而轩然起一大波,其波动至今未已。那时候以文学革命为出发点,而以科学及民治为归宿点(《新青年》中称为赛先生与德先生,就是英文中 science 与 democracy 两字,简译)。文学革命的工作,是语体文、语体诗。古代语体小说的整理与表彰,西洋小说的翻译,传说、民歌的搜集,话剧的试验,都是以现代的人说现代的话,打破摹仿盲从的旧习,正犹民族复兴以后,意、法、英、德各民族,渐改拉丁文著书的习惯,而用本民族的语言,正是民族思想解放的特征。在这个时候,知识阶级,已觉悟单靠得学位,图饭碗,并不算是学者,渴望有一种研究的机关。十几年来,次第成立的有中央研究院、北平研究院,最近有中山文化教育馆的研究部。各大学,如北京、清华、燕京等,亦往往设研究所;最近教育部且通令各大学建设研究机关。而其他学术团体,除科学社成立在先外,如普通性质的中华学艺社,专门性质的地质、生物、物理、化学、农学、工程、经济、社会等学会,都在这个时间次第成立了。一方面,那时候的学者,都感觉到我们四万万同胞中,识字的、有常识的人实在太少了,有这些没有受过教育的大多数人,无论有何等完善的宪法,是不过供少数知识阶级的工具,于全民是没有关系的。大家认孙先生于宪政时期以前设一个训政时期,是最妥当的;而且,自命为知识阶级的,尤不可不负训政的责任。除各级党部尽力于民众训练外,其他特别组织,如河北的定县,山东的邹平,江苏的徐公桥、黄墟、无锡、善人桥等,均以开通民智、改良敝俗为全民政治的准备。这种运动的方向是很对的。

我们读孙先生的三民主义,完全用语体文记录出来,是给我们一种作文的标准。孙先生说:"我们要学外国,是要迎头赶上去,不要向后跟着他。譬如学科学,迎头赶上去,便可以减少两百多年的光阴。"孙先生又说:"以人民管理政事,便是民权……现在是什么世界呢? 就是民权世界。"我们用这两种标准,来检点十余年来的文化运动,明明合于标准的,知道没有错误。我们以后还是照这方向努力运动,也一定不是错误,我们可以自信的了。

《中山文化教育馆季刊》创刊号,1934 年 8 月 15 日

教育论卷

对于新教育之意见

（1912 年 2 月 11 日）

近日在教育部与诸同人新草学校法令，以为征集高等教育会议之预备，颇承同志饷以说论。顾关于教育方针者殊寡，辄先述鄙见以为嚆引，幸海内教育家是正之。

教育有二大别：曰隶属于政治者，曰超轶乎政治者。专制时代（兼立宪而含专制性质者言之），教育家循政府之方针以标准教育，常为纯粹之隶属政治者。共和时代，教育家得立于人民之地位以定标准，乃得有超轶政治之教育。清之季世，隶属政治之教育，腾于教育家之口者，曰军国民教育。夫军国民教育者，与社会主义僢驰，在他国已有道消之兆。然在我国，则强邻交逼，亟图自卫，而历年丧失之国权，非凭借武力，势难恢复。且军人革命以后，难保无军人执政之一时期，非行举国皆兵之制，将使军人社会，永为全国中特别之阶级，而无以平均其势力。则如所谓军国民教育者，诚今日所不能不采者也。

虽然，今之世界，所恃以竞争者，不仅在武力，而尤在财力。且武力之半，亦由财力而孳乳。于是有第二之隶属政治者，曰实利主义之教育，以人民生计为普通教育之中坚。其主张最力者，至以普通学术，悉寓于树艺、烹饪、裁缝及金、木、土工之中。此其说创于美洲，而近亦盛行于欧陆。我国地宝不发，实业界之组织尚幼稚，人民失业者至多，而国甚贫。实利主义之教育，固亦当务之急者也。

是二者，所谓强兵富国之主义也。顾兵可强也，然或溢而为私斗，为侵略，则奈何？国可富也，然或不免知欺愚，强欺弱，而演贫富悬绝，资本家与劳动家血战之惨剧，则奈何？曰教之以公民道德。何谓公民道德？曰法兰西之革命也，所标揭者，曰自由、平等、亲爱。道德之要旨，尽于是矣。孔子曰：匹夫不可夺志。孟子曰：大丈夫者，富贵不能淫，贫贱不能移，威武不能屈。自由之谓也。古者盖谓之义。孔子曰：己所不欲，勿施于人。子贡曰：我不欲人之加诸我也，吾亦欲毋加诸人。《礼记·大学》记曰："所恶于前，毋以先后；所恶于后，毋以从前；所恶于右，毋以交于左；所恶于左，毋以交于右。"平等之谓也。古者盖谓之恕。自由者，就主观而言之也。然我欲自由，则亦当尊人之自由，故通于客观。平等者，就客观而言之也。然我不以不平等遇人，则亦不容人之以不平等遇我，故通于主观。二者相对而实相成，要皆由消极一方面言之。苟不进之以积极之道德，则夫吾同胞中，固有因生禀之不齐，境遇之所迫，企自由而不遂，求与人平等而不能者。将一切恝置之，而所谓自由若平等之量，仍不能无缺陷。孟子曰："鳏寡孤独，天下之穷民而无告者也。"张子曰："凡天下疲癃残疾茕独鳏寡，皆吾兄弟之颠连而无告者也。禹思天下有溺者，由己溺之。稷思天下有饥者，由己饥之。伊尹思天下之人，匹夫匹妇有不与被尧舜之泽者，若己推而纳之沟中。"孔子曰："己欲立而立人，己欲达而达人。"亲爱之谓也。古者盖谓之仁。三者诚一切道德之根源，而公民道德教育之所有事者也。

教育而至于公民道德，宜若可为最终之鹄的矣。曰未也。公民道德之教育，犹未能超轶乎政治者也。世所谓最良政治者，不外乎以最大多数之最大幸福为鹄的。最大多数者,积最少数之一人而成者也。一人之幸福,丰衣足食也,无灾无害也,不外乎现世之幸福。积一人幸福而为最大多数,其鹄的犹是。立法部之所评议,行政部之所执行,司法部之所保护,如是而已矣。即进而达《礼运》之所谓大道为公,社会主义家所谓未来之黄金时代,人各尽所能,而各得其所需要,要亦不外乎现世之幸福。盖政治之鹄的,如是而已矣。一切隶属政治之教育,充其量亦如是而已矣。

　　虽然,人不能有生而无死。现世之幸福,临死而消灭。人而仅仅以临死消灭之幸福为鹄的,则所谓人生者有何等价值乎?国不能有存而无亡,世界不能有成而无毁,全国之民,全世界之人类,世世相传,以此不能不消灭之幸福为鹄的,则所谓国民若人类者,有何等价值乎?且如是,则就一人而言之,杀身成仁也,舍生取义也,舍己而为群也,有何等意义乎?就一社会而言之,与我以自由乎,否则与我以死,争一民族之自由,不至沥全民族最后之一滴血不已,不至全国为一大冢不已,有何等意义乎?且人既无一死生、破利害之观念,则必无冒险之精神,无远大之计划,见小利,急近功,则又能保其不为失节堕行身败名裂之人乎?谚曰:"当局者迷,旁观者清。"非有出世间之思想者,不能善处世间事,吾人即仅仅以现世幸福为鹄的,犹不可无超轶现世之观念,况鹄的不止于此者乎?

　　以现世幸福为鹄的者,政治家也;教育家则否。盖世界有二方面,如一纸之有表里:一为现象,一为实体。现象世界之事为政治,故以造成现世幸福为鹄的;实体世界之事为宗教,故以摆脱现世幸福为作用。而教育者,则立于现象世界,而有事于实体世界者也。故以实体世界之观念为其究竟之大目的,而以现象世界之幸福为其达于实体观念之作用。

　　然则现象世界与实体世界之区别何在耶?曰:前者相对,而后者绝对;前者范围于因果律,而后者超轶乎因果律;前者与空间时间有不可离之关系,而后者无空间时间之可言;前者可以经验,而后者全恃直观。故实体世界者,不可名言者也。然而既以是为观念之一种矣,则不得不强为之名,是以或谓之道,或谓之太极,或谓之神,或谓之黑暗之意识,或谓之无识之意志。其名可以万殊,而观念则一。虽哲学之流派不同,宗教家之仪式不同,而其所到达之最高观念皆如是。

然则,教育家何以不结合于宗教,而必以现象世界之幸福为作用?曰:世固有厌世派之宗教若哲学,以提撕实体世界观念之故,而排斥现象世界。因以现象世界之文明为罪恶之源,而一切排斥之者。吾以为不然。现象实体,仅一世界之两方面,非截然为互相冲突之两世界。吾人之感觉,既托于现象世界,则所谓实体者,即在现象之中,而非必灭乙而后生甲。其现象世界间所以为实体世界之障碍者,不外二种意识:一、人我之差别;二、幸福之营求是也。人以自卫力不平等而生强弱,人以自存力不平等而生贫富。有强弱贫富,而彼我差别之意识起。弱者贫者,苦于幸福之不足,而营求之意识起。有人我,则于现象中有种种之界划,而与实体违。有营求则当其未遂,为无已之苦痛。及其既遂,为过量之要索。循环于现象之中,而与实体隔。能剂其平,则肉体之享受,纯任自然,而意识界之营求泯,人我之见亦化。合现象世界各别之意识为浑同,而得与实体吻合焉。故现世幸福,为不幸福之人类到达于实体世界之一种作用,盖无可疑者。军国民、实利两主义,所以补自卫自存之力之不足。道德教育,则所以使之互相卫互相存,皆所以泯营求而忘人我者也。由是而进以提撕实体观念之教育。

提撕实体观念之方法如何?曰:消极方面,使对于现象世界,无厌弃而亦无执着;积极方面,使对于实体世界,非常渴慕而渐进于领悟。循思想自由、言论自由之公例,不以一流派之哲学一宗门之教义梏其心,而唯时时悬一无方体无始终之世界观以为鹄。如是之教育,吾无以名之,名之曰世界观教育。

虽然,世界观教育,非可以旦旦而聒之也。且其与现象世界之关系,又非可以枯槁单简之言说袭而取之也。然则何道之由？曰美感之教育。美感者,合美丽与尊严而言之,介乎现象世界与实体世界之间,而为津梁。此为康德所创造,而嗣后哲学家未有反对之者也。在现象世界,凡人皆有爱恶惊惧喜怒悲乐之情,随离合生死祸福利害之现象而流转。至美术则即以此等现象为资料,而能使对之者,自美感以外,一无杂念。例如采莲煮豆,饮食之事也,而一入诗歌,则别成兴趣。火山赤舌,大风破舟,可骇可怖之景也,而一入图画,则转堪展玩。是则对于现象世界,无厌弃而亦无执着也。人既脱离一切现象世界相对之感情,而为浑然之美感,则即所谓与造物为友,而已接触于实体世界之观念矣。故教育家欲由现象世界而引以到达于实体世界之观念,不可不用美感之教育。

五者,皆今日之教育所不可偏废者也。军国民主义、实利主义、德育主义三者,为隶属于政治之教育。(吾国古代之道德教育,则间有兼涉世界观者,当分别论之。)世界观、美育主义二者,为超轶政治之教育。

以中国古代之教育证之,虞之时,夔典乐而教胄子以九德,德育与美育之教育也。周官以卿三物教万民,六德六行,德育也;六艺之射御,军国民主义也;书数,实利主义也;礼为德育,而乐为美育。以西洋之教育证之,希腊人之教育为体操与美术,即军国民主义与美育也。欧洲近世教育家,如海尔巴脱氏纯持美育主义。今日美洲之杜威派,则纯持实利主义者也。

以心理学各方面衡之,军国民主义毗于意志;实利主义毗于知识;德育兼意志情感二方面;美育毗于情感;而世界观则统三者而一之。

以教育界之分言三育者衡之,军国民主义为体育;实利主义为智育;公民道德及美育皆毗于德育;而世界观则统三者而一之。

以教育家之方法衡之，军国民主义，世界观，美育，皆为形式主义；实利主义为实质主义；德育则二者兼之。

譬之人身：军国民主义者，筋骨也，用以自卫；实利主义者，胃肠也，用以营养；公民道德者，呼吸机、循环机也，周贯全体；美育者，神经系也，所以传导；世界观者，心理作用也，附丽于神经系，而无迹象之可求。此即五者不可偏废之理也。

本此五主义而分配于各教科，则视各教科性质之不同，而各主义所占之分数，亦随之而异。国语国文之形式，其依准文法者属于实利，而依准美词学者，属于美感。其内容则军国民主义当占百分之十，实利主义当占其四十，德育当占其二十，美育当占其二十五，而世界观则占其五。

修身，德育也，而以美育及世界观参之。

历史、地理，实利主义也。其所叙述，得并存各主义。历史之英雄，地理之险要及战绩，军国民主义也；记美术家及美术沿革，写各地风景及所出美术品，美育也；记圣贤，述风俗，德育也；因历史之有时期，而推之于无终始，因地理之有涯涘，而推之于无方体，及夫烈士、哲人、宗教家之故事及遗迹，皆可以为世界观之导线也。

算学，实利主义也，而数为纯然抽象者。希腊哲人毕达哥拉斯以数为万物之原，是亦世界观之一方面；而几何学各种线体，可以资美育。

物理化学，实利主义也。原子电子，小莫能破，爱耐而几（energy），范围万有，而莫知其所由来，莫穷其所究竟，皆世界观之导线也；视官听官之所触，可以资美感者尤多。

博物学，在应用一方面，为实利主义；而在观感一方面，多为美感。研究进化之阶段，可以养道德，体验造物之万能，可以导世界观。

图画，美育也，而其内容得包含各种主义：如实物画之于实利主义，历史画之于德育是也。其至美丽至尊严之对象，则可以得世界观。

唱歌,美育也,而其内容,亦可以包含种种主义。

手工,实利主义也,亦可以兴美感。

游戏,美育也;兵式体操,军国民主义也;普通体操,则兼美育与军国民主义二者。

上之所著,仅具辜较,神而明之,在心知其意者。

满清时代,有所谓钦定教育宗旨者,曰忠君,曰尊孔,曰尚公,曰尚武,曰尚实。忠君与共和政体不合,尊孔与信教自由相违(孔子之学术,与后世所谓儒教、孔教当分别论之。嗣后教育界何以处孔子,及何以处孔教,当特别讨论之,兹不赘),可以不论。尚武,即军国民主义也。尚实,即实利主义也。尚公,与吾所谓公民道德,其范围或不免有广狭之异,而要为同意。唯世界观及美育,则为彼所不道,而鄙人尤所注重,故特疏通而证明之,以质于当代教育家,幸教育家平心而讨论焉。

《临时政府公报》第 13 号,1912 年 2 月 11 日

就任北京大学校长之演说

（1917 年 1 月 9 日）

五年前，严几道先生为本校校长时，余方服务教育部，开学日曾有所贡献于本校。诸君多自预科毕业而来，想必闻知。士别三日，刮目相见，况时阅数载，诸君较昔当必为长足之进步矣。予今长斯校，请更以三事为诸君告。

一曰抱定宗旨　诸君来此求学，必有一定宗旨，欲知宗旨之正大与否，必先知大学之性质。今人肄业专门学校，学成任事，此固势所必然。而在大学则不然，大学者，研究高深学问者也。外人每指摘本校之腐败，以求学于此者，皆有做官发财思想，故毕业预科者，多入法科，入文科者甚少，入理科者尤少，盖以法科为干禄之终南捷径也。因做官心热，对于教员，则不问其学问之浅深，唯问其官阶之大小。官阶大者，特别欢迎，盖为将来毕业有人提携也。现在我国精于政法者，多入政界，专任教授者甚少，故聘请教员，不得不聘请兼职之人，亦属不得已之举。究之外人指摘之当否，姑不具论。然弭谤莫如自修，人讥我腐败，而我不腐败，问心无愧，于我何损？果欲达其做官发财之目的，则北京不少专门学校，入法科者尽可肄业法律学堂，入商科者亦可投考商业学校，又何必来此大学？所以诸君须抱定宗旨，为求学而来。入法科者，非为做官；入商科者，非为致富。宗旨既定，自趋正轨。诸君肄业于此，或三年，或四年，时间不为不多，苟能爱惜光阴，孜孜求学，则其造诣，容有底止。若徒志在做官发财，宗旨既乖，趋向自异。平时则放荡冶游，考试则熟读讲义，不问学问之有无，唯争分数之多寡；试验既终，书籍束之高阁，毫不过问，敷衍三四年，潦草塞责，文凭到手，即可借此活动于社会，岂非与求学初衷大相背驰乎？光阴虚度，学问毫无，是自误也。且辛亥之役，吾人之所以革命，因清廷官吏之腐败。即在今日，吾人对于当轴多不满意，亦以其道德沦丧。今诸君苟不于此时植其基，勤其学，则将来万一因生计所迫，出而任事，担任讲席，则必贻误学生；置身政界，则必贻误国家。是误人也。误己误人，又岂本心所愿乎？故宗旨不可以不正大。此余所希望于诸君者一也。

二曰砥砺德行　方今风俗日偷，道德沦丧，北京社会，尤为恶劣，败德毁行之事，触目皆是，非根基深固，鲜不为流俗所染。诸君肄业大学，当能束身自爱。然国家之兴替，视风俗之厚薄。流俗如此，前途何堪设想。故必有卓绝之士，以身作则，力矫颓俗。诸君为大学学生，地位甚高，肩此重任，责无旁贷，故诸君不唯思所以感己，更必有以励人。苟德之不修，学之不讲，同乎流俗，合乎污世，己且为人轻侮，更何足以感人。然诸君终日伏首案前，营营攻苦，毫无娱乐之事，必感身体上之苦痛。为诸君计，莫如以正当之娱乐，易不正当之娱乐，庶于道德无亏，而于身体有益。诸君入分科时，曾填写愿书，遵守本校规则，苟中道而违之，岂非与原始之意相反乎？故品行不可以不谨严。此余所希望于诸君者二也。

三曰敬爱师友　教员之教授，职员之任务，皆以图诸君求学之便利，诸君能无动于衷乎？自应以诚相待，敬礼有加。至于同学共处一堂，尤应互相亲爱，庶可收切磋之效。不唯开诚布公，更宜道义相勖，盖同处此校，毁誉共之。同学中苟道德有亏，行有不正，为社会所訾詈，己虽规行矩步，亦莫能辩，此所以必互相劝勉也。余在德国，每至店肆购买物品，店主殷勤款待，付价接物，互相称谢，此虽小节，然亦交际所必需，常人如此，况堂堂大学生乎？对于师友之敬爱，此余所希望于诸君者三也。

余到校视事仅数日，校事多未详悉，兹所计划者二事。一曰改良讲义。诸君既研究高深学问，自与中学、高等不同，不唯恃教员讲授，尤赖一己潜修。以后所印讲义，只列纲要，细微末节，以及精旨奥义，或讲师口授，或自行参考，以期学有心得，能裨实用。二曰添购书籍。本校图书馆书籍虽多，新出者甚少，苟不广为购办，必不足供学生之参考，刻拟筹集款项，多购新书，将来典籍满架，自可旁稽博采，无虞缺乏矣。今日所与诸君陈说者只此，以后会晤日长，随时再为商榷可也。

《东方杂志》第 14 卷第 4 号，1917 年 4 月

在爱国女学校之演说

（1917 年 1 月 15 日）

本校初办时，在满清季年，含有革命性质。盖当时一般志士，鉴于满清政治之不良，国势日蹙，有如人之罹重病，恐其淹久而至于不可救药，必觅良方以治之，故群起而谋革命。革命者，即治病之方药也。上海之革命团，名中国教育会。革命精神所在，无论其为男为女，均应提倡，而以教育为根本。故女校有爱国女学，男校有爱国学社，以教育会员担任办理之责，此本校名之所由来也。其后几经变迁，男校因"苏报案"而解散，中国教育会亦不数年而同志星散，唯女校存立至今。辛亥革命时，本校学生多有从事于南京之役者，不可谓非教育之成效也。当满清政府未推倒时，自以革命为精神。然于普通之课程，仍力求完备。此犹家人一面为病者求医，一面于日常家事，仍不能不顾也。至民国成立，改革之目的已达，如病已医愈，不再有死亡之忧。则欲副爱国之名称，其精神不在提倡革命，而在养成完全之人格。盖国民而无完全人格，欲国家之隆盛，非但不可得，且有衰亡之虑焉。造成完全人格，使国家隆盛而不衰亡，真所谓爱国矣。完全人格，男女一也。兹特就女子方面讲述之。

夫完全人格，首在体育。体育最要之事为运动。凡吾人身体与精神,均含一种潜势力,随外围之环境而发达。故欲其发达至何地位,即能至何地位。若有障碍而阻其发达,则萎缩矣。旧俗每为女子缠足,不许擅自出门行走,终日幽居,不使运动,久之性质自变为懦弱。光阴日消磨于装饰中,且养成依赖性,凡事非依赖男子不可。苟无男子可依赖,虽小事亦望而生畏。倘不幸地方有争战之事,敌兵尚未至,畏而自尽者比比矣,又安望其抵抗哉。是皆不运动不发达其身体之故,卒养成懦弱性质,以减杀其自卫之能力与胆量也。欧美各国女子,尚不能免此,况乎中国。闻本校有体育专修科,不特各科完备,且于拳术尤为注意,此最足为自卫之具,望诸生努力,切勿间断。即毕业之后,身任体操教员者,固应时时练习,即担任别种事业者,亦当时时练习。盖此等技术,不练则荒,久练益熟,获益非浅鲜也。

次在智育。智育则属精神方面。精神愈用愈发达,吾前已言及矣。盖人之心思细密,方能处事精详。而习练此心思使之细密,则有赖于科学。就其易于证明者言之,如习算学,既可以增知识,又可以使脑力反复运用,入于精细详审一途。研究之功夫既深,则于处事时,亦须将前一事与后一事比较一番,孰优孰劣,了然于胸,而知识亦从比较而日广矣。故精究科学者,必有特别之智慧胜于恒人,亦由其脑筋之灵敏也。

更言德育。德育实为完全人格之本。若无德,则虽体魄智力发达,适足助其为恶,无益也。今先言我国女子之缺点。女子因有依赖男子之性质,不求自立,故心中思虑毫无他途,唯有衣服必求鲜艳,装饰必求美丽。何也? 以其无可自恃也。而虚荣心于女子为尤甚,如喜闻家中之人做官,喜与有势力人往还,皆是。故高尚之品行,未可求诸寻常女界中也。今欲养成女子高尚之品行,非使其除依赖性质有自立性质不可。然自立不可误解,非傲慢自负,轻视他人之谓,乃自己有一定之职业,以自谋生活之谓。夫人果能自谋生活,不仰食于人,则亦无暇装饰,无取虚荣矣。尚有一端,女子之处家庭者,大凡姑媳妯娌间,总是不和,甚至诟谇。其故何在?盖旧时习惯,女子死守家庭,不出门一步,不知社会情状,更不知世界情状,所通声息者,家中姑媳妯娌间而已。耳目心思之范围,既限于极小之家庭,自然只知琐细之事。而所争者,亦只此琐细之事。若是而望女子之品行日就高尚,难乎其难!盖其所处之势使然也。虽然,女子之缺点固多,而优点亦不少。今举其一端,如慈善事业,恻隐之心,女子胜于男子。不过昔时专在布施,反足养成他人懒惰之习。今则当推广爱人以德、与人为善之道。凡有善举,宜使受之者亦出其劳力有益于社会,则其仁慈之心,为尤恳挚矣。女子讲自由,在脱除无理之束缚而已,若必侈大无忌,在在为无理之自由,则为反对女学者所借口,为父兄者必不喜送女子入学。盖不信女学为培养女德之所,而谓女学乃损坏女德之地,非女学之幸也。

又今日女子入学读书后,对于家政,往往不能操劳,亦为所诟病。必也入学后,家庭间之旧习惯,有益于女德者保持勿失,而益以学校中之新知识,则治理家庭各事,必较诸未受过教育者,觉井井有条。譬如裁缝,旧时只知凭尺寸剪裁而已,若加以算学知识,则必益能精。如烹饪,旧时亦只知其当然,若加以化学知识,则必合乎卫生。其他各事,莫不皆然。倘女学生能如此,则为父兄者有不乐其女若妹之入学者乎?夫女子入校求学,固非脱离家庭间固有之天职也。求其实用,固可相辅而行者也。美国有师范学校,教授各科,俱用实习,不用书籍。假如授裁缝时,为之讲解自上古至现在衣服之变更,有野蛮时代之衣服与文明时代之衣服,是即历史科也。为之讲解衣服之原料,如丝之产地、棉之产地等,则地理科也。衣服之裁剪,有算法焉。其染色之颜料,有理化之法则焉,是即数学理化科也。推之烹饪等科,亦复如是。寓学问于操作中。可见女学固养成女子完全之人格,非使女子入学后,即放弃其固有之天职也。即如体操科中之种种运动,近亦有人主张徒事运动而无生产为不经济,有欲以工作代之者。庶不消耗金钱与体力,使归实用。此法以后必当盛行。益可见徒知读书,放弃家事,为不合于理矣。

《东方杂志》第 14 卷第 1 号,1917 年 1 月

《北京大学月刊》发刊词

（1918 年 11 月 10 日）

北京大学之设立，既二十年于兹，向者自规程而外，别无何等印刷品流布于人间。自去年有《日刊》，而全校同人始有联络感情、交换意见之机关，且亦借以报告吾校现状于全国教育界。顾《日刊》篇幅无多，且半为本校通告所占，不能载长篇学说，于是有《月刊》之计划。

以吾校设备之不完全，教员之忙于授课，而且或于授课以外，兼任别种机关之职务，则夫《月刊》取材之难，可以想见。然而吾校必发行《月刊》者，有三要点焉：

一曰尽吾校同人所能尽之责任 所谓大学者，非仅为多数学生按时授课，造成一毕业生之资格而已也，实以是为共同研究学术之机关。研究也者，非徒输入欧化，而必于欧化之中为更进之发明；非徒保存国粹，而必以科学方法，揭国粹之真相。虽曰吾校实验室、图书馆等，缺略不具；而外界学会、工场之属，无可取资，求有所新发明，其难固倍蓰于欧美学者。然十六、七世纪以前，欧洲学者，其所凭借，有以逾于吾人乎？即吾国周、秦学者，其所凭借，有以逾于吾人乎？苟吾人不以此自馁，利用此简单之设备、短少之时间，以从事于研究，要必有几许之新义，可以贡献于吾国之学者，及世界之学者。使无月刊以发表之，则将并此少许之贡献，亦靳而不与，吾人之愧歉当何如耶？

二曰破学生专己守残之陋见　吾国学子，承举子、文人之旧习，虽有少数高才生知以科学为单纯之目的，而大多数或以学校为科举，但能教室听讲，年考及格，有取得毕业证书之资格，则他无所求；或以学校为书院，暧暧昧昧，守一先生之言，而排斥其他。于是治文学者，恒蔑视科学，而不知近世文学，全以科学为基础；治一国文学者，恒不肯兼涉他国，不知文学之进步，亦有资于比较；治自然科学者，局守一门，而不肯稍涉哲学，而不知哲学即科学之归宿，其中如自然哲学一部，尤为科学家所需要；治哲学者，以能读古书为足用，不耐烦于科学之实验，而不知哲学之基础不外科学，即最超然之玄学，亦不能与科学全无关系。有《月刊》以网罗各方面之学说，庶学者读之，而于专精之余，旁涉种种有关系之学理，庶有以祛其褊狭之意见，而且对于同校之教员及学生，皆有交换知识之机会，而不至于隔阂矣。

三曰释校外学者之怀疑　大学者，"囊括大典，网罗众家"之学府也。《礼记·中庸》曰："万物并育而不相害，道并行而不相悖。"足以形容之。如人身然，官体之有左右也，呼吸之有出入也，骨肉之有刚柔也，若相反而实相成。各国大学，哲学之唯心论与唯物论，文学、美术之理想派与写实派，计学之干涉论与放任论，伦理学之动机论与功利论，宇宙论之乐天观与厌世观，常樊然并峙于其中，此思想自由之通则，而大学之所以为大也。吾国承数千年学术专制之积习，常好以见闻所及，持一孔之论。闻吾校有近世文学一科，兼治宋、元以后之小说、曲本，则以为排斥旧文学，而不知周、秦、两汉文学，六朝文学，唐、宋文学，其讲座固在也；闻吾校之伦理学用欧、美学说，则以为废弃国粹，而不知哲学门中，于周、秦诸子，宋、元道学，固亦为专精之研究也；闻吾校延聘讲师，讲佛学相宗，则以为提倡佛教,而不知此不过印度哲学之一支,借以资心理学、论理学之印证,而初无与于宗教,并不破思想自由之原则也。论者知其一而不知其二,则深以为怪。今有《月刊》以宣布各方面之意见,则校外读者,当亦能知吾校兼容并收之主义,而不至以一道同风之旧见相绳矣。

以上三者,皆吾校所以发行《月刊》之本意也。至《月刊》之内容,是否能副此希望,则在吾校同人之自勉,而静俟读者之批判而已。

《北京大学月刊》第 1 卷第 1 号,1919 年 1 月

教育之对待的发展

（1919 年 2 月）

吾人所处之世界，对待的世界也。磁电之流，有阳极则必有阴极；植物之生，上发枝叶，则下茁根荄，非对待的发展乎？初民数学之知识，自一至五而已，及其进步，自五而积之，以至于无穷大，抑亦自一而折之，以至于无穷小，非对待的发展乎？古人所观察之物象，上有日月星辰，下有动植水土而已；及其进步，则大之若日月之组织，恒星之光质，小之若微生植物之活动，原子电子之配置，皆能推测而记录之，非对待的发展乎？

教育之发展也亦然。在家族主义时代所教训者，夫妇、亲子、兄弟间之关系，孝弟亲睦而已。及其进而为家族的国家主义，则益以君臣、朋友二伦，所扩张者犹是人与人之关系。而管仲之制，士之子恒为士，农之子恒为农，工之子恒为工，商之子恒为商，幼而习焉，不见异物而迁。李斯之制，焚诗书百家语，欲习法令者，以吏为师。是个人职业教育之自由犹被限制也。进而为立宪的国家，一方面认个人有思想、言论、集会之自由，是为个性的发展；一方面有纳税、当兵之义务，对于国家而非对于君主，是为群性的发展。于是有所谓国民教育者。两方面发展之现象，亦以渐分明。虽然,群性以国家为界,个性以国民为界,适于甲国者,不必适于乙国。于是持军国民主义者,以军人为国民教育之标准;持贵族主义者,以绅士为标准;持教会主义者,以教义为标准;持实利主义者,以资本家为标准。个人所有者,为"民"权而非"人"权;教育家所行者,为"民权的"教育而非"人格的"教育。自人类智德进步,其群性渐溢乎国家以外,则有所谓世界主义若人道主义;其个性渐超乎国民以上而有所谓人权若人格。

科学研究也,工农集会也,慈善事业之进行也,既皆为国际之组织,推之于一切事业,将无乎不然;而个人思想之自由,则虽临之以君父,监之以帝天。囿之以各种社会之习惯,亦将无所畏葸而一切有以自申。盖群性与个性的发展,相反而适以相成,是今日完全之人格,亦即新教育之标准也。

吾友黄郛君著《欧战之教训及中国之将来》,对于吾国教育之计划,有曰:"立国于二十世纪,非养成国民兼具两种相反对之性质不可:曰个人性与共同性……今次欧战教训,无论其国民对于国家如何忠实,若仅能待命而动,无独立独行之能力者,终不足以担负国家之大事。年前法国教育家钮渥曾著一论,谓'从前世人尝有一疑问,谓教育之目的,究系为个人乎?抑为社会与国家乎?如为个人也,宜助长个性之发达,是与共同组织有碍也;如为社会与国家也,宜奖励共同性之养成,是阻止个性之发达也。吾今敢确切答复曰:此后国家之生存,必须全体国民同时具备此两面之资格而后可。故此后教育家之任务,在发见一种方法,能使国民内包的个性发达,同时使外延的社会与国家之共同性发达而已矣。'盖唯此二性具备者,方得谓此后国家所需要之完全国民也。"黄君之言,足以证教育对待的发展之义矣。余惜其仅为国民教育言,一间未达,故广其义,以著于篇,备今之言新教育者参考焉。

《新教育》第 1 卷第 1 期,1919 年 2 月

不愿再任北京大学校长的宣言

（1919 年 6 月 15 日）

（一）我绝对不能再作那政府任命的校长：为了北京大学校长是简任职，是半官僚性质，便生出许多官僚的关系，哪里用呈，哪里用咨，天天有一大堆无聊的照例的公牍。要是稍微破点例，就要呈请教育部，候他批准。什么大学文、理科叫作本科的问题，文、理合办的问题，选科制的问题，甚而小到法科暂省学长的问题，附设中学的问题，都要经那拘文牵义的部员来斟酌。甚而部里还常常派了什么一知半解的部员来视察，他报告了，还要发几个训令来训饬几句。我是个痛恶官僚的人，能甘心仰这些官僚的鼻息么？我将进北京大学的时候，没有想到这一层，所以两年有半，天天受这个苦痛。现在苦痛受足了，好容易脱离了，难道还肯投入去么？

（二）我绝对不能再作不自由的大学校长：思想自由，是世界大学的通例。德意志帝政时代，是世界著名开明专制的国家，他的大学何等自由。那美、法等国，更不必说了。北京大学，向来受旧思想的拘束，是很不自由的。我进去了，想稍稍开点风气，请了几个比较的有点新思想的人，提倡点新的学理，发布点新的印刷品，用世界的新思想来比较，用我的理想来批评，还算是半新的。在新的一方面偶有点儿沾沾自喜的，我还觉得好笑。哪知道旧的一方面，看了这点半新的，就算"洪水猛兽"一样了。又不能用正当的辩论法来辩论，鬼鬼祟祟，想借着强权来干涉。于是教育部来干涉了，国务院来干涉了，甚而什么参议院也来干涉了，世界有这种不自由的大学么？还要我去充这种大学的校长么？

（三）我绝对不能再到北京的学校任校长：北京是个臭虫窠（这是民国元年袁项城所送的徽号，所以他那时候虽不肯到南京去，却有移政府到南苑去的计划）。无论何等高尚的人物，无论何等高尚的事业，一到北京，便都染了点臭虫的气味。我已经染了两年有半了，好容易逃到故乡的西湖、鉴湖，把那个臭气味淘洗净了。难道还要我再作逐臭之夫，再去尝尝这气味么？

我想有人见了我这一段的话，一定要把"我不入地狱，谁入地狱"的话来劝勉我。但是我现在实在没有到佛说这句话的时候的程度，所以只好谨谢不敏了。

蔡元培手稿

回任北京大学校长在全体学生
欢迎会上的演说词

（1919 年 9 月 20 日）

别来忽忽四个月，今日得与诸君相见，我心甚为愉快。但自我出京以后，诸君经了许多艰难危险的境遇；我卧病在乡，不能稍效斡旋维持之劳，实在抱歉得很。我以为诸君一定恨我骂我，要与我绝交了；不意我屡次辞职，诸君要求复职，我今勉强来了，与诸君相见，诸君又加以欢迎的名目，并陈极恳挚之欢迎词，真叫我感谢之余，惭愧的了不得。

诸君的爱国运动，事属既往，全国早有公论，我不必再加评论。唯我从各方面观察，觉得在这时期，看出诸君确有自治的能力，自动的精神，想诸君也能自信。诸君但能在校中保持这种自治的能力，管理上就不成问题。能发展这种自动的精神，学问上除得几个积学的教员随时指导，有图书仪器足供参考试验外，没有什么别的需要。至于校长一职，简直可不必措意了。

诸君都知道，德国革命以前是很专制的，但是他的大学是极端的平民主义；他的校长与各科学长，都是每年更迭一次，由教授会公举的；他的校长，由四科教授迭任，如甲年所举是神学科教授，乙年所举是医学科教授,丙年所举是法学科教授,丁年所举是哲学科教授,周而复始,照此递推。诸君试想,一科的教授,当然与他科的学生很少关系;至于神学科教授,尤为他科的学生所讨厌的。但是他们按年轮举,全校学生,从没有为校长生问题的。这是何等精神呵!

我初到北京大学,就知道以前的办法是,一切校务都由校长与学监主任庶务主任少数人办理,并学长也没有与闻的,我以为不妥。所以第一步组织评议会,给多数教授的代表,议决立法方面的事;恢复学长权限,给他们分任行政方面的事。但校长与学长,仍是少数。所以第二步组织各门教授会,由各教授与所公举的教授会主任,分任教务。将来更要组织行政会议,把教务以外的事务,均取合议制。并要按事务性质,组织各种委员会,来研讨各种事务。照此办法,学校的内部,组织完备,无论何人来任校长,都不能任意办事。即使照德国办法,一年换一个校长,还成问题么?

这一次爱国运动,要是认定单纯的目的,到对德和约绝不签字,曹、陆、章免职,便算目的达到,可以安心上课了。不幸牵入校长问题,又生出许多枝节,这不能不算是遗憾。所望诸君此后,能保持自治的能力,发展自动的精神,并且深信大学组织,日臻稳固,不但一年换一个校长,就是一年换几个校长,对于诸君研究学问的目的,是绝无妨碍的。诸君不要再为校长的问题分心,这就不辜负我们今日的一番聚会了。

《北京大学日刊》1919 年 9 月 22 日

回任北京大学校长在全校教职员
欢迎会上的演说词

（1919 年 9 月 20 日）

最近四个月，校中正值多事，全赖诸先生合力维持，鄙人卧病故乡，不能稍稍分劳，正抱歉的了不得。今日在此相见，诸先生乃又以欢迎为言，并陈过承奖借之欢迎词，鄙人更加惭愧了。

学校是有机的组织，校中职员，普通语分为教员、职员两部，其实没有一事不互相关联的。不是平日间互相了解，合力进行，那校务早已停滞，还能进行到现在的状况么？

学潮期内，多有仓卒发生的事变，各人观察不同，间生误会，但不过一时现象；一转瞬间，仍是互相了解，合力进行，所以能维持大学，作种种开学的预备，到今日竟能照常开学。

经了这一次经验，平日间不知不觉间互相了解合力进行的习惯，加了一层深刻的印象。此后这种习惯的强度，必更加增，校务的进行必更顺利，这是鄙人敢断言的。鄙人深愿此后校中文牍，不要再循普通语为教员、职员的分别，竟按照规程，普称职员，并名称上界限也破除了。想诸先生也必赞成的。

　　总之,本校事务,是全体职员共同负责的。全体职员的组织,果然稳固,即有一二分子的变动,如更换校长等事,当然不成问题。鄙人今日既感谢诸先生见爱的盛意,尤不敢不把鄙人的感想宣布于诸先生,请诸先生教正。

《北京大学日刊》1919 年 9 月 22 日

义务与权利

——在北京女子师范学校演说词

（1919 年 12 月 7 日）

贵校成立，于兹十载，毕业生之服务于社会者，甚有声誉，鄙人甚所钦佩。今日承方校长属以演讲，鄙人以诸君在此受教，是诸君的权利；而毕业以后即当任若干年教员，即诸君之义务，故愿为诸君说义务与权利之关系。

权利者，为所有权、自卫权等，凡有利于己者，皆属之。义务则几尽吾力而有益于社会者皆属之。

普通之见，每以两者为互相对待，以为既尽某种义务，则可以要求某种权利，既享某种权利，则不可不尽某种义务。如买卖然，货物与金钱，其值相当是也。然社会上每有例外之状况，两者或不能兼得，则势必偏重其一。如杨朱为我，不肯拔一毛以利天下；德国之斯梯纳及尼采等，主张唯我独尊，而以利他主义为奴隶之道德。此偏重权利之说也。墨子之道，节用而兼爱。孟子曰：生与义不可得兼，舍生而取义。此偏重义务之说也。今欲比较两者之轻重，以三者为衡。

（一）以意识之程度衡之。下等动物，求食物，卫生命，权利之意识已具;而互助之行为,则于较为高等之动物始见之。昆虫之中,蜂、蚁最为进化。其中雄者能传种而不能作工。传种既毕,则工蜂、工蚁刺杀之,以其义务无可再尽,即不认其有何等权利也。人之初生,即知吮乳,稍长则饥而求食,寒而求衣,权利之意义具,而义务之意识未萌。及其长也,始知有对于权利之义务。且进而有公而忘私、国而忘家之意识。是权利之意识,较为幼稚;而义务之意识,较为高尚也。

(二)以范围之广狭衡之。无论何种权利,享受者以一身为限;至于义务,则如振兴实业、推行教育之类,享其利益者,其人数可以无限。是权利之范围狭,而义务之范围广也。

(三)以时效之久暂衡之。无论何种权利,享受者以一生为限。即如名誉,虽未尝不可认为权利之一种,而其人既死,则名誉虽存,而所含个人权利之性质,不得不随之而消灭。至于义务,如禹之治水,雷绥佛之凿苏彝士河,汽机、电机之发明,文学家、美术家之著作,则其人虽死,而效力常存。是权利之时效短,而义务之时效长也。

由是观之,权利轻而义务重。且人类实为义务而生存。例如人有子女,即生命之派分,似即生命权之一部。然除孝养父母之旧法而外,曾何权利之可言? 至于今日,父母已无责备子女以孝养之权利,而饮食之,教诲之,乃为父母不可逃之义务。且列子称愚公之移山也,曰:“虽我之死,有子存焉。子又生孙,孙又生子,子子孙孙,无穷匮也,而山不加增,何苦而不平?”虽为寓言,实含至理。盖人之所以有子孙者,为夫生年有尽,义务无穷;不得不以子孙为延续生命之方法,而于权利无关。是即人之生存,为义务而不为权利之证也。

唯人之生存,既为义务,则何以又有权利? 曰:盖义务者在有身,而所以保持此身,使有以尽义务者,曰权利。如汽机然,非有燃料,则不能作工,权利者,人身之燃料也。故义务为主,而权利为从。

　　义务为主，则以多为贵，故人不可以不勤；权利为从，则适可而止，故
人不可以不俭。至于捐所有财产，以助文化之发展，或冒生命之危险，而
探南北极、试航空术，则皆可为善尽义务者。其他若厌世而自杀，实为放
弃义务之行为，故伦理学家常非之。然若其人既自知无再尽义务之能
力，而坐享权利，或反以其特别之疾病若罪恶，贻害于社会，则以自由意
志而决然自杀，亦有可谅者。独身主义亦然，与谓为放弃权利，毋宁谓为
放弃义务。然若有重大之义务，将竭毕生之精力以达之，而不愿为室家
所累；又或自忖体魄，在优种学上者不适于遗传之理由，而决然抱独身主
义，亦有未可厚非者。

　　今欲进而言诸君之义务矣。闻诸君中颇有以毕业后必尽教员之义
务为苦者。然此等义务，实为校章所定。诸君入校之初，既承认此校章
矣。若于校中既享有种种之权利，而竟放弃其义务，如负债不偿然，于心
安乎？毕业以后，固亦有因结婚之故，而家务、校务不能兼顾者。然胡彬
夏女士不云乎："女子尽力社会之暇，能整理家事，斯为可贵。"是在善于
调度而已。我国家庭之状况，烦琐已极，诚有使人应接不暇之苦。然使
改良组织，日就简单，亦未尝不可分出时间，以服务于社会。又或约集同
志，组织公育儿童之机关，使有终身从事教育之机会，亦无不可。在诸君
勉之而已。

　　　　　　　　　　　　　　　　　　　　　　《蔡孑民先生言行录》

《法政学报》周年纪念会演说词

(1920 年 10 月)

今天是贵校《法政学报》周年纪念会,承王校长及学报诸同人招来演说。兄弟对于法政学问本外行,但对于《法政学报》一年的成绩,颇有感想。

兄弟将贵报第一期翻阅,见刘先生及高先生的发刊词,都是对于社会上看不起法政学生发出一番感慨。社会上所以看不起法政学生,也有原故的;但观一年来的《法政学报》,也可以去从前的病根了。

社会上所以看不起法政学生的是为什么?中国自维新以来,知道要取法外国,于是派留学生、办学校,以求栽培人才。那时候到日本学法政的很多,有大部分是入私立学校或入速成科,并不认真求学,甚有绝不到学校,也不读书,在日本过了多少时候,就买一张文凭回国了。中国新设的法政学校,也不知多少,大半不是认真教授,不过为谋私利而已。这种法政毕业生,既买得新招牌,便自以为很有本领。而中国因为从前法政之腐败,也以为应该用新学生。哪晓得这般新学生,腐败一如旧官僚,加之学得外国钻营的新法,就变为"双料官僚"。因此之故,所以社会上大家就看不起他。

　　人在社会上,大抵有三类阶级:第一,尽力多而报酬少的。这是最好的人,自然人人都欢迎他。第二,尽力与受报酬相当的。这也算是中等好人。第三,尽力少或未尝尽力(能力少或全无能力)而受报酬多的。这是最下等。譬如有人向一书店买书,所出之价,比预想应出之价低(以较少的报酬得较大的效用),自然很欢喜;若所出之价,虽不比预想应出之价低,但是那店子却很老实,定价划一不二,东西买错也是可以换的,这个店铺当然可以得信用;如果那店家专卖假货,或假冒招牌,像那假冒王麻子的,或映射王麻子的汪麻子、旺麻子,谁肯相信他? 从前那些糊里糊涂的法政学生,并没有一点真实学问,却要在社会上占优胜的地位,那就和假冒王麻子招牌去图高价一样,就是对于社会不尽劳力而要受报酬多的人,当然人人看不起他。千万法政学生,虽多半是假冒招牌,但其中亦非无一二好人,不过群众心理大抵以大半数埋没少数,所以就一律看不起他们了。

　　日本什么法政速成科现已无存,中国私立法政亦淘汰不少。兄弟两年前到北京的时候,还受了外来的刺激,对于法政学生,还没有看得起他。兄弟初到大学时,接见法科学生,也如此对他们说,那时候兄弟听说多数法政学生,不是抱求学的目的,不过想借此取得资格而已。譬如法科学生,对于各种教员的态度,就有种种不同。有一种教员,实心研究学问的,但是在政界没有什么势力,他们就看不起他。有一种教员,在政界地位甚高的,但是为着做官忙,时常请假,讲义也老年不改的,而学生们都要去巴结他呀。他们心中,还存着那科举时代老师照应门生的观念呀! 我当时对法科学生,已经揭穿这个话了。

　　后来兄弟读了贵报的发刊词,见得怎么的痛心疾首,才晓得诸君的一番自觉。兄弟以为这就是可以一洗从前法政学生的污点了。从前他们的心理,姑无论是正当与否,但这种学校,确确只好算是职业学校。职业学校,是专为毕业以后得饭碗的,确无研究学理之必要。譬如泥水匠作了几年徒弟,晓得打墙便了,并不要求怎么新式,或怎么才比从前的便利,怎么才比从前的坚固,或怎么才能够合于审美的观念。又譬如店子里的使用人,他并不要研究商业如何才能够发展,如何才能够迎合买者的心理,只要整天在柜子上做买卖,赚得碗饭吃便了,这就是我们中国职业教育的习惯。从前法政大学,大抵都是用一种官僚教育、职业教育。他们的旨趣,就是要学生不请假,把讲义背得熟,分数考得好,毕业后可以谋生便罢了,用不着出学报。学报就是超于职业教育以上而研究学理的用意。所以法政学生能出学报,就是把从前的病根都除去了。

大概办学报的利益有三:

一、可以提起学理的研究心。将来社会进步,法律、政治或可以不要。但现在未到此境,也要求改良进步。要求法律、政治的进步,就断非循诵条文可以了事,必要用功向学理方面研究。现在我国的专门教育,既不采英、美的教授法(由教员指定参考书,令学生先行研究,然后由教员择要考问),又不用德、法的教授法(由教员用新发明的来讲授,其他让学生自由研究),只是用现成的讲义,按部就班的去教学生。学生得了讲义,心满意足,安有进步?如今有了学报,学生必要发布议论,断不能抄讲义,必要于人人所知的讲义以外求新材料,就不能不研究学理了。

二、可以提起求新的思想。学报材料,后期应比前期好。可是每期必要有新材料,才可以引起读者的兴味。如第十期也和第一期一样,读者就讨厌了。所以学报不能不求进步,绝不可自满,必要一期一期往新思想里求去。

三、可以提起公德心。职业教育是抢饭碗的教育。抢饭碗的结果,就分出优胜劣败。因为想要得胜,就不能不争分数;因争分数之故,于是自己研究所得的便要秘密起来,留在心中,待考试时出之,以求多得分数,好去博个第一。有了这种恶根性,将来在社会上便生出许多嫉妒害人的事来。有了学报,有新知识的,便要公之大众,无论同学不同学,都要告诉他。如无新知识可以告人时,还要用许多方法去求有可以告人的。这岂不是养成科学为公的公德心么?

由上所说,学报既可以脱职业教育的恶习,以提起人学理的研究心,又可以促进进步的思想与养成非自利的公德心。兄弟对于《法政学报》,以此意表示欢迎。

凡办报最困难的,是第一年编辑还没有熟练,销行也还没有把握。到有了一年的经验,基础就可以巩固,并且可以希望进步了。《法政学报》既有一年的基础,将来必有进步可知,愿以此祝《法政学报》之繁盛。

《蔡孑民先生言行录》

读书与救国

——在杭州之江大学演说词

（1927 年 3 月 12 日）

　　今天承贵校校长费博士介绍，得来此参观，引为非常的荣幸！贵校的创设，有数十年的悠久历史，内中一切规模设备，甚是完美。不用说，这个学校是我们浙江唯一的最高学府。青年学子不必远离家乡，负笈千里，即可求得高深学问，这可不是我们浙江青年的幸福吗！

　　我看贵校的编制，分文、理二科，这正合西洋各大学以文、理为学校基本学科的本旨。我们大家晓得，攻文学的人，不独要在书本子里探讨，还当受大自然的陶熔。是以求学的环境，非常重要。请看英国牛津大学和美国哥伦比亚大学，他们都设在城外风景佳绝之地。因此，这两个学校里产出的文学巨子，亦较别校为多。贵校的校址，负山带河，面江背湖，空气固是新鲜，风景更属美丽。诸位求学于如此山明水秀之处所，自必兴趣丛生，收事半功倍之效。所以我很希望你们当中学文科的人，能多多造成几位东方之文学泰斗。

　　印度文明，太偏重于理想，不适合于二十世纪的国家。现在是科学竞争时代，物质万能时代，世界上的强国，无不是工业兴隆，对于声光化电的学问,研究得至微至细的。什么电灯啦、电报啦、轮船啦、火车啦,这些有利人类的一切发明,皆外人贡献的。我们中国就是本着古礼"来而不往,非礼也"的公式,也该有点发明,与世界各国相交换才是。这个责任,我希望贵校学理科的诸位,能自告奋勇地去担负起来。

　　现在国内一般人们,对于收回教育权的声浪,皆呼得非常之高,而我则以为这个时期还没到。试问国立的几所少数学校,是否能完全容纳中国的学生,而使之无向隅之憾呢?中国目下的情形,是需要人才的时候,不应该拘执于微末之争。至于教会学校的学生,对于爱国运动很少参加,便是无爱国的热忱,这个见解更是错了。学生在求学时期,自应唯学是务,朝朝暮暮,自宜在书本子里用功夫。但大家不用误会,我并不是说学生应完全的不参加爱国运动,总要能爱国不忘读书,读书不忘爱国,如此方谓得其要旨。至若现在有一班学生,借着爱国的美名,今日罢课,明天游行,完全把读书忘记了,像这样的爱国运动,是我所不敢赞同的。

　　我在外国已有多年,并未多见罢课的事情。只有法国一个高等学堂里,因换一教员,同时有二人欲谋此缺,一新派,一旧派,旧派为保守党,脑筋旧,所以政府主用新人物,因此相争,旧派乃联络全城的高等学校罢课。当时西人认为很惊奇的一回事。而我国则不然,自"五四"以后,学潮澎湃,日胜一日,罢课游行,成为司空见惯,不以为异。不知学人之长,唯知采人之短,以致江河日下,不可收拾,言之实堪痛心啊!

　　总之,救国问题,谈何容易,绝非一朝一夕空言爱国所可生效的。从前勾践雪耻,也曾用"十年生聚,十年教训"的工夫,而后方克遂志。所以我很希望诸位如今在学校里,能努力研究学术,格外穷理。因为能在学校里多用一点工夫,即为国家将来能多办一件事体。外务少管些,应酬以适环境为是,勿虚掷光阴。宜多多组织研究会,常常在试验室里下工夫。他日学成出校,为国效力,胸有成竹,临事自能措置裕如。一校之学生如是,全国各学校之学生亦如是,那末中国的前途,便自然一天光明一天了。

王裕凯笔记

中华民国教育宗旨

(1928 年 8 月 17 日)

中国国民党以三民主义建国,应以三民主义施教。从前所颁布之教育宗旨,自不适用。今特仰遵总理遗教,根据教育原理,订定中华民国教育宗旨如下:

恢复民族精神,发扬固有文化,提高国民道德,锻炼国民体格,普及科学知识,培养艺术兴趣,以实现民族主义。

灌输政治智识,养成运用四权之能力;阐明自由界限,养成服从法律之习惯;宣扬平等精义,增进服务社会之道德;训练组织能力,增进团体协作之精神;以实现民权主义。

养成劳动习惯,增高生产技能,推广科学之应用,提倡经济利益之调和,以实现民生主义。

提倡国际正义,涵养人类同情,期由民族自决,进于世界大同。

《大学院公报》第 1 年第 9 期,1928 年 9 月

说青年运动

（1928 年夏）

青年是求学的时期，青年运动，是指青年于求学以外，更为贡献于社会的运动。这种运动有两类：一是普通的，一是非常的。

普通的运动，如于夜间及星期日办理民众学校，于假期中尽有益社会之义务，如中央党部所列举的"识字运动""造林运动"等。这种运动，不但时间上无碍于学业，而经验上且可为学业的印证，于青年实为有益。

非常的运动，如"五四"与"三一八"等，完全为爱国心所驱迫，虽牺牲学业，亦有所不顾，这是万不得已而为之的。

青年的学业，为将来事业的准备，目前牺牲了一分学业，将来事业上，不知要受多少损失。孙中山先生所以能创定主义，率导革命，固仗天才，亦凭学力。我们读《孙文学说》《建国方略》与《三民主义》的演讲，很可以知道他的博学而深思。现在，我们袭了孙先生的余荫，想把亟应建设的事业，刻期实现，觉得很困难；这完全由于专门人才的不足，就是我们这一辈人，在青年时代，大半没有切切实实的用功，现在就想补习，也来不及了。个人成为废物，还是小事，把全民族的事业耽误了，这个关系很重大。既往不咎，来日大难，将来的事业，全靠现代青年去担任。一般青年,若不以前一辈人为前车之鉴,而仍旧不肯好好儿求学,到将来担任事业的时候,也同我们一样的无能。那时候国际的情形,比现在还要紧张,怕的中华民族,真要陷于万劫不复之地位了。

学业既这样重要,所以非有关乎国族存亡的大问题,断乎不值得牺牲的。若是为小小问题,如与一二教职员伤了感情,或为学校改换名称,要增加经费或校舍等,就认为运动的题目,因而罢课游行,甚至毁物殴人,都所不惜,这就完全失了青年运动的本义了。愿现代青年注意。

蔡元培手稿

牺牲学业损失与失土相等

（1931 年 12 月 14 日）

　　我今日所要报告的，是特种教育委员会的事。教育行政，本属教育部主管，政治会议所以设特种委员会，无非为国难期间，教育上颇有种种特殊问题，要集思广益，替教育部做一种特殊的准备。至对于教育部的职权，绝不有一毫的损害。

　　我们一谈到国难期间教育上特殊问题，我们就不能不立刻想到学生的爱国运动。学生爱国，是我们所最欢迎的，学生因爱国而肯为千辛万苦的运动，尤其是我们所佩服的；但是因爱国运动而牺牲学业，则损失的重大，几乎与丧失国土相等。试问欧战期间，德国财政上非常竭蹶，然而并不停办学校，把教育经费暂移到军费上去。因为学生是国家的命脉。征兵制的国家，且有人提议，著名学者虽其年龄在兵役义务期内，可以免服兵役者。此何以故？以学业为军队的后备，青年的资粮，不可轻易的牺牲。我们想一想：德国有了一个克虏伯，就能使本国的军械甲于世界；法国有了一个巴斯德，就能使本国酿酒、造丝、畜牧等事业特别稳固，国富顿增，而且为世界造福；美国有了一个爱迪生，就能使美国开了无数利源，于煤油、钢铁、铁路诸大王以外，显着他发明的长技。而且当国难时期,正是促进创造的机会,如萝卜制糖、海草取碘、从空气中吸取淡素等,皆因本国受封锁后,外货不到,自行创造的。现在我们军械不足,交通不便,财政尤感困难,正需要许多发明家如克虏伯、巴斯德、爱迪生这一类的人。我们的祖先,曾经发明过火药、指南针、印刷术等,知道我们民族不是没有创造力的。但是最近千年,教育上太偏于书本子了,所以发明的能力远不如欧美人。我们这一辈模仿他们还来不及,虽有时也有一点补充,但是惊人的大发明,还说不到。若是后一辈的能为大发明家,"有七年之病,求三年之艾",还可以救我们贫弱的国家;倘再因循下去,那真不可救药了。

青年的爱国运动,若仅在假期或课余为不识字的人演讲时局,或快邮代电发表意见,自是有益无损的举动。现在做爱国运动的青年,乃重在罢课游行,并有一部分不远千里,受了许多辛苦,到首都运动。一来一往,牺牲了多少光阴,牺牲了多少学业。单就这几万青年而论,居今日科学万能的时代,又其境遇可以受高等教育,安知其中没有几十名、几百名的发明家? 又安知其中没有少数的大发明家,可与巴斯德、爱迪生相等的? 当青年时期,牺牲这么多的光阴与学业,岂不是很可怜、很可惜的吗?

我们推想这些爱国的青年,所以不能安心上课,而要做此等特殊的运动,固然原因复杂,而其中最大的原因,则因激于爱国热忱,而误认原有的基本科学为不是救国要图。我们现在要检查学校课程,是否有可以暂行酌量减少,而代以直接关系国难的教科?

最直接的自然是军事训练,这本来是各地学生自己要求的。现在首都以外各地方学生,何以竟要牺牲了受训练的光阴,而换为奔走? 是否现在的军事训练,尚有加紧的必要? 我们所以设军事训练组,请军事家研究这种问题。

其次若时局现状，若各国实力的比较，若各种国防上、经济上、交通上应有的准备，包含许多问题，若得专家详悉讲述，不但可以振刷精神，而且于现在及将来均有益处。我们所以设特别演讲组，不但与各学校固有教员商量，而且请著名的学者次第到各地讲演。

为特别讲演上材料的搜集与整理，我们设编辑组；为照料已经到京的爱国运动者，使减少困难，免蹈危险，我们设总务组。

以上各组，现在暂由政治会议所派定之委员分别担任，将延请专门学者加入，以收集思广益〔之〕效。将来国难会议成立后，若有关于教育的部分，本会的工作可以移交，则本会即可取消。

《中央周报》1931 年 12 月 21 日

我在北京大学的经历

（1934年1月1日）

北京大学的名称，是从民国元年起的。民元以前，名为京师大学堂，包有师范馆、仕学馆等，而译学馆亦为其一部。我在民元前六年，曾任译学馆教员，讲授国文及西洋史，是为我在北大服务之第一次。

民国元年，我长教育部，对于大学有特别注意的几点：一、大学设法、商等科的，必设文科；设医、农、工等科的，必设理科。二、大学应设大学院（即今研究院），为教授、留校的毕业生与高级学生研究的机关。三、暂定国立大学五所，于北京大学外，再筹办大学各一所于南京、汉口、四川、广州等处。（尔时想不到后来各省均有办大学的能力。）四、因各省的高等学堂，本仿日本制，为大学预备科，但程度不齐，于入大学时发生困难，乃废止高等学堂，于大学中设预科。（此点后来为胡适之先生等所非难，因各省既不设高等学堂，就没有一个荟萃较高学者的机关，文化不免落后；但自各省竞设大学后，就不必顾虑了。）

是年，政府任严幼陵君为北京大学校长。两年后，严君辞职，改任马相伯君。不久，马君又辞，改任何锡侯君，不久又辞，乃以工科学长胡次珊君代理。民国五年冬，我在法国，接教育部电，促回国，任北大校长。

我回来,初到上海,友人中劝不必就职的颇多,说北大太腐败,进去了,若不能整顿,反于自己的声名有碍。这当然是出于爱我的意思。但也有少数的说,既然知道他腐败,更应进去整顿,就是失败,也算尽了心。这也是爱人以德的说法。我到底服从后说,进北京。

我到京后,先访医专校长汤尔和君,问北大情形。他说:"文科预科的情形,可问沈尹默君;理工科的情形,可问夏浮筠君。"汤君又说:"文科学长如未定,可请陈仲甫君。陈君现改名独秀,主编《新青年》杂志,确可为青年的指导者。"因取《新青年》十余本示我。我对于陈君,本来有一种不忘的印象,就是我与刘申叔君同在《警钟日报》服务时,刘君语我:"有一种在芜湖发行之白话报,发起的若干人,都因困苦及危险而散去了,陈仲甫一个人又支持了好几个月。"现在听汤君的话,又翻阅了《新青年》,决意聘他。从汤君处探知陈君寓在前门外一旅馆,我即往访,与之订定。于是陈君来北大任文科学长,而夏君原任理科学长,沈君亦原任教授,一仍旧贯;乃相与商定整顿北大的办法,次第执行。

我们第一要改革的,是学生的观念。我在译学馆的时候,就知道北京学生的习惯。他们平日对于学问上并没有什么兴会,只要年限满后,可以得到一张毕业文凭。教员是自己不用功的,把第一次的讲义,照样印出来,按期分散给学生,在讲坛上读一遍,学生觉得没有趣味,或瞌睡,或看看杂书,下课时,把讲义带回去,堆在书架上。等到学期、学年或毕业的考试,教员认真的,学生就拼命的连夜阅读讲义,只要把考试对付过去,就永远不再去翻一翻了。要是教员通融一点,学生就先期要求教员告知他要出的题目,至少要求表示一个出题目的范围;教员为避免学生的怀恨与顾全自身的体面起见,往往把题目或范围告知他们了。于是他们不用功的习惯,得了一种保障了。尤其北京大学的学生,是从京师大学堂老爷式学生嬗继下来。(初办时所收学生,都是京官,所以学生都被称为老爷,而监督及教员都被称为中堂或大人。)他们的目的,不但在毕业,而尤注重在毕业以后的出路。所以专门研究学术的教员,他们不见得欢迎。要是点名时认真一点,考试时严格一点,他们就借个话头反对他,虽罢课也所不惜。若是一位在政府有地位的人来兼课,虽时时请假,他们还是欢迎得很,因为毕业后可以有阔老师做靠山。这种科举时代遗留下来劣根性,是于求学上很有妨碍的。所以我到校后第一次演说,就说明:"大学学生,当以研究学术为天职,不当以大学为升官发财之阶梯。"然而要打破这些习惯,止有从聘请积学而热心的教员着手。

那时候因《新青年》上文学革命的鼓吹,而我们认识留美的胡适之君,他回国后,即请到北大任教授。胡君真是"旧学邃密"而且"新知深沉"的一个人,所以一方面与沈尹默、兼士兄弟,钱玄同、马幼渔、刘半农诸君以新方法整理国故,一方面整理英文系。因胡君之介绍而请到的好教员,颇不少。

我素信学术上的派别是相对的,不是绝对的;所以每一种学科的教员,即使主张不同,若都是"言之成理、持之有故"的,就让他们并存,令学生有自由选择的余地。最明白的是胡适之君与钱玄同君等绝对的提倡白话文学,而刘申叔、黄季刚诸君仍极端维护文言的文学;那时候就让他们并存。我信为应用起见,白话文必要盛行,我也常常作白话文,也替白话文鼓吹。然而我也声明:作美术文,用白话也好,用文言也好。例如我们写字,为应用起见,自然要写行楷,若如江艮庭君的用篆隶写药方,当然不可;若是为人写斗方或屏联,作装饰品,即写篆隶章草,有何不可?

那时候各科都有几个外国教员,都是托中国驻外使馆或外国驻华使馆介绍的,学问未必都好,而来校既久,看了中国教员的阑珊,也跟了阑珊起来。我们斟酌了一番,辞退几人,都按着合同上的条件办的。有一法国教员要控告我;有一英国教习竟要求英国驻华公使朱尔典来同我谈判,我不答应。朱尔典出去后,说:"蔡元培是不要再做校长的了。"我也一笑置之。

我从前在教育部时,为了各省高等学堂程度不齐,故改为各大学直接的预科。不意北大的预科,因历年校长的放任与预科学长的误会,竟演成独立的状态。那时候预科中受了教会学校的影响,完全偏重英语及体育两方面;其他科学比较的落后,毕业后若直升本科,发生困难。预科中竟自设了一个预科大学的名义,信笺上亦写此等字样。于是不能不加以改革,使预科直接受本科学长的管理,不再设预科学长。预科中主要的教课,均由本科教员兼任。

我没有本校与他校的界限,常为之通盘打算,求其合理化。是时北大设文、理、工、法、商五科,而北洋大学亦有工、法两科。北京又有一工业专门学校,都是国立的。我以为无此重复的必要,主张以北大的工科并入北洋,而北洋之法科,刻期停办。得北洋大学校长同意及教育部核准,把土木工与矿冶工并到北洋去了。把工科省下来的经费,用在理科上。我本来想把法科与法专并成一科,专授法律,但是没有成功。我觉得那时候的商科,毫无设备,仅有一种普通商业学教课,于是并入法科,使已有的学生毕业后停止。

我那时候有一个理想,以为文、理两科,是农、工、医、药、法、商等应用科学的基础,而这些应用科学的研究时期,仍然要归到文、理两科来。所以文、理两科,必须设各种的研究所;而此两科的教员与毕业生必有若干人是终身在研究所工作,兼任教员,而不愿往别种机关去的。所以完全的大学,当然各科并设,有互相关联的便利。若无此能力,则不妨有一大学专办文、理两科,名为本科;而其他应用各科,可办专科的高等学校,如德、法等国的成例,以表示学与术的区别。因为北大的校舍与经费,绝没有兼办各种应用科学的可能,所以想把法律分出去,而编为本科大学;

然没有达到目的。

那时候我又有一个理想，以为文、理是不能分科的。例如文科的哲学，必植基于自然科学；而理科学者最后的假定，亦往往牵涉哲学。从前心理学附入哲学，而现在用实验法，应列入理科；教育学与美学，也渐用实验法，有同一趋势。地理学的人文方面，应属文科；而地质地文等方面属理科。历史学自有史以来，属文科；而推原于地质学的冰期与宇宙生成论，则属于理科。所以把北大的三科界限撤去而列为十四系，废学长，设系主任。

我素来不赞成董仲舒罢黜百家、独尊孔氏的主张。清代教育宗旨有"尊孔"一款，已于民元在教育部宣布教育方针时说他不合用了。到北大后，凡是主张文学革命的人，没有不同时主张思想自由的；因而为外间守旧者所反对。适有赵体孟君以编印明遗老刘应秋先生遗集，贻我一函，属约梁任公、章太炎、林琴南诸君品题。我为分别发函后，林君复函，列举彼对于北大怀疑诸点；我复一函，与他辩。这两函颇可窥见那时候两种不同的见解，所以抄在下面。①

这两函虽仅为文化一方面之攻击与辩护，然北大已成为众矢之的，是无可疑了。越四十余日，而有五四运动。我对于学生运动，素有一种成见，以为学生在学校里面，应以求学为最大目的，不应有何等政治的组织。其有年在二十岁以上，对于政治有特殊兴趣者，可以个人资格参加政治团体，不必牵涉学校。所以民国七年夏间，北京各校学生，曾为外交问题，结队游行，向总统府请愿；当北大学生出发时，我曾力阻他们，他们一定要参与；我因此引咎辞职。经慰留而罢。到八年

---

① 指林琴南致蔡元培的信函及蔡元培的复函《致〈公言报〉函并附答林琴南君函》，本书均未载。

五月四日，学生又有不签字于巴黎和约与罢免亲日派曹、陆、章的主张，仍以结队游行为表示，我也就不去阻止他们了。他们因愤激的缘故，遂有焚曹汝霖住宅及攒殴章宗祥的事，学生被警厅逮捕者数十人，各校皆有，而北大学生居多数；我与各专门学校的校长向警厅力保，始释放。但被拘的虽已保释，而学生尚抱再接再厉的决心，政府亦且持不做不休的态度。都中喧传政府将明令免我职而以马其昶君任北大校长，我恐若因此增加学生对于政府的纠纷，我个人且将有运动学生保持地位的嫌疑，不可以不速去。乃一面呈政府，引咎辞职；一面秘密出京，时为五月九日。

那时候学生仍每日分队出去演讲，政府逐队逮捕，因人数太多，就把学生都监禁在北大第三院。北京学生受了这样大的压迫，于是引起全国学生的罢课，而且引起各大都会工商界的同情与公愤，将以罢工、罢市为同样之要求。政府知势不可侮，乃释放被逮诸生，决定不签和约，罢免曹、陆、章，于是五四运动之目的完全达到了。

五四运动之目的既达，北京各校的秩序均恢复，独北大因校长辞职问题，又起了多少纠纷。政府曾一度任命胡次珊君继任，而为学生所反对，不能到校；各方面都要我复职。我离校时本预定绝不回去，不但为校务的困难，实因校务以外，常常有许多不相干的缠绕，度一种劳而无功的生活，所以启事上有"杀君马者道旁儿；民亦劳止，汔可小休；我欲小休矣"等语。但是隔了几个月，校中的纠纷，仍在非我回校，不能解决的状态中，我不得已，乃允回校。回校以前，先发表一文，告北京大学学生及全国学生联合会，告以学生救国，重在专研学术，不可常为救国运动而牺牲。到校后，在全体学生欢迎会演说，说明德国大学学长、校长均每年一换，由教授会公举；校长且由神学、医学、法学、哲学四科之教授轮值；从未生过纠纷，完全是教授治校的成绩。北大此后亦当组成健全的教授会,使学校绝不因校长一人的去留而起恐慌。

那时候蒋梦麟君已允来北大共事,请他通盘计划,设立教务、总务两处;及聘任、财务等委员会,均以教授为委员。请蒋君任总务长,而顾孟余君任教务长。

北大关于文学、哲学等学系,本来有若干基本教员,自从胡适之君到校后,声应气求,又引进了多数的同志,所以兴会较高一点。预定的自然科学、社会科学、文学、国学四种研究所,止有国学研究所先办起来了。在自然科学与社会科学方面,比较的困难一点。自民国九年起,自然科学诸系,请到了丁巽甫、颜任光、李润章诸君主持物理系,李仲揆君主持地质系。在化学系本有王抚五、陈聘丞、丁庶为诸君,而这时候又增聘程寰西、石蘅青诸君。在生物学系本已有钟宪鬯君在东南西南各省搜罗动植物标本,有李石曾君讲授学理,而这时候又增聘谭仲逵君。于是整理各系的实验室与图书室,使学生在教员指导之下,切实用功;改造第二院礼堂与庭园,使合于讲演之用。在社会科学方面,请到王雪艇、周鲠生、皮皓白诸君;一面诚意指导提起学生好学的精神,一面广购图书杂志,给学生以自由考索的工具。丁巽甫君以物理学教授兼预科主任,提高预科程度。于是北大始达到各系平均发展的境界。

我是素来主张男女平等的。九年,有女学生要求进校,以考期已过,姑录为旁听生。及暑假招考,就正式招收女生。有人问我:“兼收女生是新法,为什么不先请教育部核准?”我说:“教育部的大学令,并没有专收男生的规定;从前女生不来要求,所以没有女生;现在女生来要求,而程度又够得上,大学就没有拒绝的理。”这是男女同校的开始,后来各大学都兼收女生了。

我是佩服章实斋先生的。那时候国史馆附设在北大,我定了一个计划,分征集、纂辑两股;纂辑股又分通史、民国史两类;均从长编入手。并编历史辞典。聘屠敬山、张蔚西、薛阆仙、童亦韩、徐贻孙诸君分任征集编纂等务。后来政府忽又有国史馆独立一案,别行组织。于是张君所编的民国史,薛、童、徐诸君所编的辞典,均因篇帙无多,视同废纸;止有屠君在馆中仍编他的《蒙兀儿史》,躬自保存,没有散失。

我本来很注意于美育的,北大有美学及美术史教课,除中国美术史由叶浩吾君讲授外,没有人肯讲美学。十年,我讲了十余次,因足疾进医院停止。至于美育的设备,曾设书法研究会,请沈尹默、马叔平诸君主持。设画法研究会,请贺履之、汤定之诸君教授国画;比国楷次君教授油画。设音乐研究会,请萧友梅君主持。均听学生自由选习。

我在爱国学社时,曾断发而习兵操,对于北大学生之愿受军事训练的,常特别助成;曾集这些学生,编成学生军,聘白雄远君任教练之责,亦请蒋百里、黄膺白诸君到场演讲。白君勤恳而有恒,历十年如一日,实为难得的军人。

我在九年的冬季,曾往欧美考察高等教育状况,历一年回来。这期间的校长任务,是由总务长蒋君代理的。回国以后,看北京政府的情形,日坏一日,我处在与政府常有接触的地位,日想脱离。十一年冬,财政总长罗钧任君忽以金佛郎问题被逮,释放后,又因教育总长彭允彝君提议,重复收禁。我对于彭君此举,在公议上,认为是蹂躏人权、献媚军阀的勾当;在私情上,罗君是我在北大的同事,而且于考察教育时为最密切的同伴,他的操守,为我所深信,我不免大抱不平,与汤尔和、邵飘萍、蒋梦麟诸君会商,均认有表示的必要。我于是一面递辞呈,一面离京。隔了几个月,贿选总统的布置,渐渐的实现;而要求我回校的代表,还是不绝,我遂于十二年七月间重往欧洲,表示决心;至十五年,始回国。那时候,京津间适有战争,不能回校一看。十六年,国民政府成立,我在大学院,试行大学区制,以北大划入北平大学区范围,于是我的北京大学校长的名义,始得取消。

　　综计我居北京大学校长的名义,十年有半;而实际在校办事,不过五年有半,一经回忆,不胜惭悚。

　　　　《东方杂志》第 31 卷第 1 号,1934 年 1 月
　　　　1 日

复兴民族与学生自治

——在大夏大学学生自治会演说词

（1935 年 6 月 5 日）

我们为什么要复兴民族？

复兴民族的意思，就是说，此民族并不是没有出息的，起先是很好的，后来不过是因为环境的压迫，以致退化，现在有了觉悟，所以想设法去复兴起来。复兴二字，在西方本为 Renaissance 一字，在西洋中世纪以前，本有极光明的文化，后为黑暗时期所埋没，后来又赖大家的努力，才恢复以前的光明，因而名之曰"复兴"。中国古时文化很盛，古书中常有记载，周朝的文物制度与希腊差不多，周季，有儒、墨、名、法、道家的哲学，此后如汉、唐的武功，也不能抹煞的。但到了现在，我们觉得事事都不如人，不但军事上、外交上不能与列强抗衡，就是所用的货物也到处觉得外国的物美价廉，胜于国货，这不能不说是我们的劣点。然而我们不能自认为劣等的民族，而只认为民族的退化，所以要复兴。

民族乃集合许多分子而成，现在欲复兴民族，须将民族全部分提高起来，提高些什么呢？我们的答案是：

第一，体格——中国民族为什么不中用，第一步乃是身体不健全，死亡率、病象、作工能力、体育状况，无论哪一种统计，都显出我们民族的弱点，所以要复兴民族，第一步是设法使大家的身体强健起来。我闻张君俊先生说，中国民族衰老的现象，南方人智力较胜于北方人，而体力都较逊于北方人；北方人体魄强壮而智力远逊于南人，因北方常有黄河之灾，且常为游牧民族所侵略，因而民族之优秀者均迁南方，此为历史证明的事实。如南北朝时代，如辽金元时代皆是，但南方气候潮湿，多寄生虫，不适宜优秀民族的发展。为复兴民族计，宜注重北方的开发。我以为北方固要开发，而南方亦可补救，我们若能发展北方人之智慧，增加南方人的体力，何尝不可用人为的力量，来克服自然呢？巴拿马旧以多蚊而不能施工事，后用科学灭蚊法而运河乃成。我们欲使民族强健起来，一定可用人力来做到。

第二，知识及能力——中国人的智能，并非不如外国人。中山先生在民族主义演讲中说“恢复中国固有的智能”，足以证明。如指南针、印刷术、火药的发明，长城、运河等建设，素为外人所称道。但到现在，科学的创造、建设的能力，各民族正非常发达，而我民族则不免落伍，然我们追想祖先的智力与能力，知道我们绝非不能复兴的。例如波兰，虽经亡国之惨变，今仍能恢复，即有民族文化之故：远之如哥白尼之天文，近之如居礼夫人〔之〕化学，及其他著名之文学家、美术家，都是主动力，可以证明固有的智能足以兴国的。

第三，品性的修养——一民族之文化，一面在知识之发展，一面则赖其品性优良。向来称优良之品性为道德。道德不是绝对的，是相对的，是因各地方各时期的不同而定的。不过其中有一抽象的原则，是不可不注意的。此原则即为“爱人如己”。他的消极方面即为“己所不欲，勿施于人”；其量则“由近而远”，初则爱己、爱家，继则爱族、爱乡、爱国，而至爱世界的人类，此种道德观念，与其用信条来迫促他，还不如用美感来陶冶他。我们看美术的进步，亦是由近而远，初用以文身，继用以装饰身体，或装饰花纹于用品上，远则用以装饰宫室，且进而美化都市，其观念渐行扩大，由近而远，正与道德观念相应。

总之，复兴民族之条件为体格、智能和品性。这种条件，是希望个个人都能做到的。目前中国具了这三条件之人，请问有多少？可说是少数。但我们希望以后能达到。不过如何去达到呢，还不能不有赖于最有机会的人——学生，尤其是大学生，先来做榜样了。

大夏大学设在郊外，早已采取了牛津、剑桥大学的导师制，更有做榜样的资格。故如欲复兴民族，应由你们做起。在这里，我得介绍一位章渊若先生，他是提倡自力主义的，就是说人人都要从自己做起来再说。我现在就要劝诸位自己先做起来。学生自治会，就是促进各人自己努力的机关。

第一，以体育互相勉励——提倡体育是一个改进民族的很好的办法。日本人提倡体育，很有进步，就影响到了全体民族，所以，我们不能不有认识，体育乃是增加身体的健康，同时谋民族的健康，而非为出风头。以前的选手制，常犯了偏枯的毛病，根本失却了体育的本意，因而，常会发生下面的几种错误：（一）不平均——体育为少数人所专有；（二）太偏重——一部分选手则太偏于运动，牺牲了其他功课。今后对于体育之认识，则为根据于卫生的知识，不一定要求其做国手。听说贵大学现在实行普及体育，学生自治会又在促进普及体育的成功，这是可喜的。

第二，以知识及能力的增进互相勉励——大学内天天有教师讲授，但单靠教师讲授是不足的。还要自己去用功才行。用功要得法，单独的与集合的用功，都有优点，可以并行。同学之互相切磋，那是很有益的。自治会的组织，与同学的知能增进，有直接关系。从前我们有读书会，大家选定几本书,每人认一本去读,读了分期摘要报告,或加以批评,如听了觉得有兴味的,自己再去详读,否则,也就与自己读过无异了。这一类互助的方法很多,对于学问,很有补益的。

第三,以品性修养互相勉励——彼此互相检点,对于不应为的事情,互相告诫;对于应为的事情,互相督促;固然是自治会应有的条件,然完全为命令式的,如"你应该这样""你不应该怎样",有时反引起对方的反感。所以我主张以美术来代替宗教,希望人人都有一种自然而然的善意。因为人类所以有不应为而为的事情,大抵起于自私自利的习惯。有时候迫于贪生怕死的成见,那就无所不为了。唯有美术的修养,能使人忘了小己,超然于生死利害之外,若人能有此陶冶,无论何等境遇,均不失其当为而为,不当为而不为之气概。前十七八年,我长北京大学时,北京还没有一个艺术学校,全国还没有一个音乐学校,所以我在北大内发起音乐研究会、书画研究会,使学生有自由选习的机会。现在艺术的空气已弥漫全国,上海一市,音乐艺术的人才尤为众多,贵自治会如有此等计划,必不难实现了。

贵自治会如能于上列三者,加意准备,则复兴民族的希望,已有端倪,我不能不乐观。

王凤楼、蒋照祖记

《晨报》1935 年 7 月 1 日

蔡元培先生年表^①

史少秦

1868年,出生于浙江省绍兴府山阴县城内笔飞坊笔飞弄。

1892年春,中进士(二甲第三十四名),授翰林院庶吉士。

1894年,授职翰林院编修。

1898年,对清政府政治改革失望,携眷离开北京,返回家乡绍兴,开始从事教育事业。

1902年,与蒋智由、叶瀚等在上海发起成立中国教育会,后被推为事务长(即会长),开始了反清革命生涯。

1904年11月中下旬,在上海发起创立光复会,任会长。

1905年10月27日,在上海由黄兴主盟加入同盟会,被正式委派为上海分会会长。

1907年6月—1911年12月,游学德国,入莱比锡大学听课与研究。

---

① 本年表根据蔡元培:《自写年谱》;高平书:《蔡元培年谱》,中华书局1980年版;周天度:《蔡元培传》,人民出版社1984年版附录年谱,整理而成。

1912年1月3日,出任中华民国临时政府教育总长。

2月18日,受孙中山委派,作为专使北上迎接袁世凯赴南京就任大总统。

3月10日,袁世凯在北京就任临时大总统,蔡元培代表孙中山致祝词。

冬,携家眷赴德,入莱比锡大学听课,翌年夏,宋教仁遇刺之后,受孙中山之召回国。

1913年9月—1916年10月,二次革命失败之后,携家眷赴法国。

1917年1月4日,就职北京大学校长,9日,在北京大学发表就职演说。

1919年5月2日,时任外交委员会委员长汪大燮赴蔡宅,告知巴黎和会中国外交失败,徐世昌政府准备在和约上签字的消息,蔡元培当即告知北大学生代表。

5月4日下午1时,北京各大高校学生三千余人齐集天安门,举行示威游行,著名的五四运动爆发。游行学生到达赵家楼曹汝霖住宅时,捣毁曹宅室内陈设器物,殴打章宗祥,最后放火烧了曹宅,史称"火烧赵家楼"。当晚,蔡元培出席了北京大学学生为营救被捕学生召开的全体大会,表示释放被捕学生,蔡可负完全责任。

5月8日,徐世昌政府决定撤免蔡元培北大校长职务。蔡元培决定辞职,并向政府递交辞呈。

1920年11月—1921年8月,在法国、比利时、德国、奥地利和美国等国进行考察。

1922年4月25日,与李大钊、陶行知等联名发表《我们的政治主张》,刊登在《东方杂志》第19卷第8号。

1924年1月20日,中国国民党第一次全国代表大会在广州召开,孙中山以总理身份担任主席。由孙中山提名,蔡元培被选为候补中央监察委员。

1925年6月24日,致电北京大学及全国各团体,对国内反帝爱国运动表示支持,"深以不克躬与为憾"。并要求督促政府废除不平等条约,与列强另签平等新约。7月中旬,再次致电北大负责人,对于"国内运动集中于收回国权"表示赞许,主张推动外交,并重申废除不平等条约的主张。

1926年1月4日,国民党第二次全国代表大会在广州举行,被选为中央监察委员,以后历次代表大会均被选为中央监委。

11月14日,为反对孙传芳盘据东南,策划苏浙皖三省自治运动,与褚辅成、许世英、沈钧儒、黄炎培等组织的苏浙皖三省联合会是日在上海开成立会,通过章程。30日,苏浙皖三省联合会全体委员招待中外记者,蔡元培任主席并致词。

12月19日,杭州各界联合会开会宣布浙江自治,通过《浙江省政府组织大纲》,蔡元培被选为省府委员。12月23日,孙传芳下令取缔苏浙皖三省联合会,通缉蔡元培、沈钧儒、褚辅成、许世英等七十余人。

1927年3月28日,和吴稚晖、李石曾等在上海召开国民党中央监察委员会常务会议,被推为主席。4月2日,与吴稚晖、李石曾、张静江、古应芬、陈果夫、李宗仁和黄绍竑八人召开中央监察委员"全体会议",并担任主席。

4月27日,被南京政府任命为教育行政委员会委员。

5月9日,国民党中央政治会议议决设立中央研究院,被推为筹备委员。

9月18日,被推选为国民政府委员及常务委员。19日,被推选为国民党中央特别委员会常务委员。

1928年2月21日,在外交部长黄郛就职典礼上致词,认为国民党"所悬最重要之外交方针,在取消一切不平等条约",要求黄"努力向前,使废除不平等条约之目的,得早日实现"。

3月10日,由于司法部长王宠惠出国未归,兼任代理司法部长。

4月23日,在蔡元培等人的提议下,国民党中央政治会议决定设立国立中央研究院,蔡元培任院长。

5月15日,以全国教育会议议长之名义,为济南事件致电国际联盟秘书长德兰孟以及美国总统柯立芝各一电,"且为和平及正义起见,有以制止日本在华之作战行动"。

6月9日,国立中央研究院第一次院务会议在上海召开,蔡元培为大会主持人,宣告国立中研院正式成立。

8月8日,国民党二届五中全会召开,与谭延闿联名向全会提出关于外交问题的提案,坚决主张废除不平等条约。此外,向全会提出关于青年运动的提案,认为"青年运动现今不宜继续"。

8月17日,向国民党中央政治会议和国民政府请辞中央政治会议委员、大学院长、国民政府委员、代理司法部长本兼各职。随即携眷定居上海。

1932年12月17日,和宋庆龄、杨杏佛、黎照寰、林语堂等在上海组织中国民权保障同盟,蔡元培先生被推为副主席,主席为宋庆龄先生。后以中国民权保障同盟筹备委员会名义发表宣言,揭露国民党政府任意践踏民主、摧残人权,表示要为释放国内政治犯、争取人民的民主自由权利而斗争。同日,和宋庆龄、杨杏佛等以民权保障同盟负责人之名义致电蒋介石、宋子文、于学忠,强烈抗议对许德珩、侯外庐等学生的非法逮捕,要求立即释放。国民党被迫于12月21日释放许德珩等人。

12月30日,中国民权保障同盟中外记者招待会在上海召开,宣告同盟的成立。蔡元培先生在致词中着重说明"我们所愿意保障的是人权"。任同盟临时中央执行委员会委员、副会长。

　　1940年3月3日，早晨起床失足跌倒，因为年高体衰，虽经输血等治疗，但病情仍然危急。

　　3月5日9时45分，在医院逝世。灵枢安葬于香港仔华人永远坟场。

图书在版编目 (CIP) 数据

蔡元培论学集 / 蔡元培著；史少秦编 .—北京：
商务印书馆, 2019.7（2020.4 重印）
（中国近代法政文献资料丛编）
ISBN 978-7-100-17205-9

Ⅰ . ①蔡… Ⅱ . ①蔡… ②史… Ⅲ . ①法学－文集
Ⅳ . ① D90-53

中国版本图书馆 CIP 数据核字（2019）第 052992 号

中国近代法政文献资料丛编

蔡元培论学集

蔡元培　著

史少秦　编

商 务 印 书 馆 出 版
（北京王府井大街 36 号　邮政编码 100710）
商 务 印 书 馆 发 行
江苏凤凰数码印务有限公司印刷
ISBN　978-7-100-17205-9

2019 年 7 月第 1 版　　　开本　880×1240　1/32
2020 年 4 月第 2 次印刷　印张　13

定价：58.00 元